U0628368

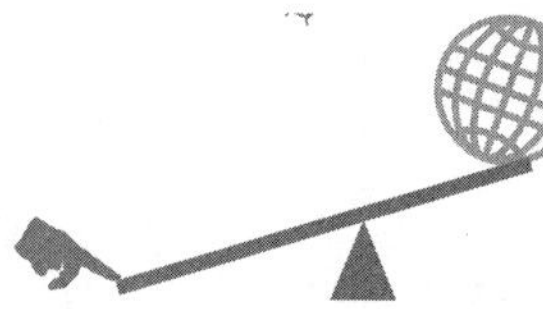

物理教学与翻转课堂

钱 伟 著

吉林教育出版社

图书在版编目（CIP）数据

物理教学与翻转课堂 / 钱伟著. — 长 春 : 吉林教育出版社, 2019.6
ISBN 978-7-5553-7362-9

Ⅰ. ①物… Ⅱ. ①钱… Ⅲ. ①中学物理课—课堂教学—教学研究 Ⅳ. ①G633.72

中国版本图书馆CIP数据核字(2019)第142895号

WULI JIAOXUE YU FANZHUAN KETANG

物理教学与翻转课堂

著　　者 钱　伟

责任编辑 王　威　　　　装帧设计 周　凡

出版发行 吉林教育出版社

（长春市同志街1991号　　130021）

印　　刷 三河市元兴印务有限公司

开　　本 889mm×1194mm　1/16

印　　张 15

字　　数 200千字

版　　次 2020年6月第1版

印　　次 2020年6月第1次印刷

定　　价 108.00元

如有印装质量问题，请直接与承印厂联系调换

前　言

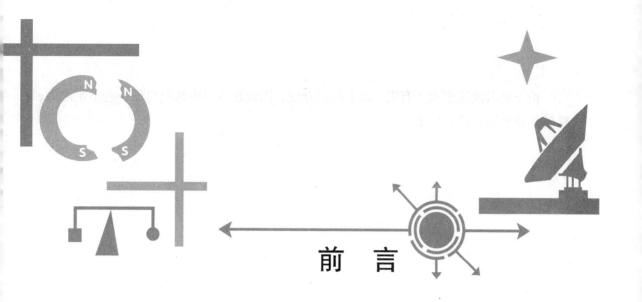

当前中学物理教学，受传统的知识观和行为主义心理学的影响，以学生被动接受物理客观知识为主要目的，并把物理教学异化成为一种目的鲜明的系统的灌输、启发、教化、培养的社会功利性活动而非文化性活动，因此就没有意识到物理教学的“悟物穷理”之真谛，以及物理作为实验学科注重培养学生主体探究精神之养育，使物理教学呈现出了去物理化、去主体化的趋向。

为了适应当前物理教育的需要，尤其是国家对于具备现代物理教育理念和教育方法的合格中学物理教师的需要，作者结合多年的工作学习经验，结合学生需求，编著了这本中学物理适用的初步改革性教材。本书的结构是以《中学物理课程标准》为依据，力图阐明物理学科现代教育理论的若干基本观点，反映中学物理学科教育的特点和总结中学物理教育改革的初步成果，做到理论与实践相结合，切合中学物理教学当前的需要。

全书共十三章，第一章为中学物理教学理论，包括中学物理教学过程、教学原则、教学方法以及中学物理教育的核心内容，目的是让学生学会将现代教育理念在物理课教学中体现出来，并掌握物理教学的基本方法。第二、三章为中学物理教学技能、备课与说课，是第一章内容的细化和分解，目的是使学生进一步掌握中学物理教学的方法。其中第三章中学物理教学技能，是作为即将成为中学物理教师的大学生所迫切需要掌握的基本技能，重点讲述了作为物理教师要如何应用各种教学技能来体现该课程特点和教学目的。第四章教学实践讲述了在校内校外如何进行教学实践活动以提高自己的教学能力。第五章至第十二章以理性的视角开展多样式的“翻转课堂”本土实践，从中学物理翻转课堂模式的构建，微观教学的组织与实施、技术支撑、教学评价等方面，总结了多样化的“翻转课堂”的路径，探索了适合中国实际的“翻转课堂”教学模式。

由于笔者的认识水平有限，加上时间仓促，因此在本书中难免出现一些不足之处，恳请教育界同仁批评指正。

目 录

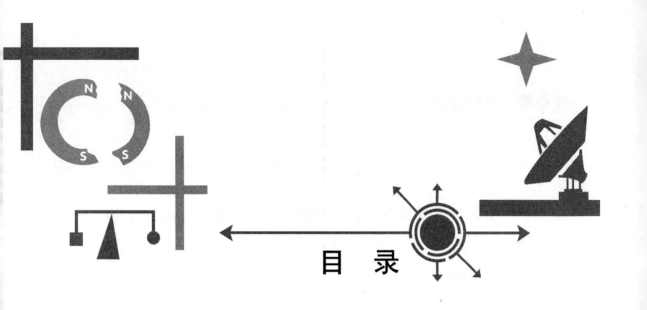

第一章

中学物理教学理论

第一节　中学物理教学过程

为了正确而有效地进行教学工作，不断提高教学质量，必须正确认识和理解中学物理教学过程，以及中学物理教学的特点和规律，理解和掌握中学物理教学原则。只有这样，才能使我们的教学符合客观规律，符合学科和学生的要求，才能合理地分析和处理教材，选择有效的教学方法和手段，顺利地安排、组织教学活动，以全面地完成中学物理教学的目的和任务。

一、教学过程

关于教学过程，从不同的观点和不同的角度来看，有不同的认识和理解，古今中外的教育家，对教学过程都进行过各种的探索和解释。例如，孔子关于学习过程和教学过程的主张，可以概括为学、思、行。夸美纽斯认为，教学要从观察到理解、记忆，从感知事物到文字、概念。赫尔巴特把教学过程看作是一个新旧观念联系和系统化的过程。杜威则认为教学过程是学生直接经验不断改造和增大意义的过程。在当代，依据皮亚杰、布鲁纳等人的学说，人们把教学过程看作是一个发现和认知结构不断构造的过程。

（一）教学过程本质上是一种认识的过程

从认识论的观点来看，教学过程本质上是一种认识的过程，不过这种认识又有其特殊性，不同于一般的认识和其他形式的认识。把教学过程看作是一种认识过程，就把握了它的根本和整体，足以概括教学过程的各种成分、各个方面、各种属性。认识过程的普遍规律是支配教学过程的根本规律，它为揭示教学过程的运动规律提示了总的方向和根本线索。

但是，教学作为一种认识过程，又有它的特殊性。总的来说，它的特殊性就在于它是学生个体的认识，是教育的认识。作为教育，它是认识性的教育；作为认识，它是教育性的认识，不同于一般认识和其他形式的认识。首先，教学是个体认识，不同于人类历史总认识。它可以依靠他人、前人的实践而不只是个人的实践，依靠语言及其他信息工具，可以保存、接受知识，占有前人、他人的经验，这样就无须事事去亲身经验了，也无须简单地重复人类历史总认识了。其次，学生这个个体认识，又不同于其他个体认识。学生是受教育者，学生的个体认识纳入教育过程，它区别于教学以外的认识。因此，这种认识便具有三个基本特点，即间接性（主要是学习间接经验），领导性（学生的认识是由教师领导着进行的），教育性（学生进行认识的过程，同时也是使学生在德、智、体、美、劳各方面得到发展的过程）。

依据上述的基本观点来研究物理教学，我们认为，物理教学过程是根据一定的培养目标、教学目的和学生身心发展的特点，在教师的指导下，运用各种教学手段和方法，使学生通过各种活动认识物理世界，掌握物理学科的基本结构（即物理学的基本概念，基本规律和理论，基本方法以及它们之间的联系），训练基本技能，促进智力、能力和非智力因素的全面发展，形成辩证唯物主义世界观基础和培养良好的道德品质的过程。

（二）构成教学过程的要素及其相互关系

我们对物理教学过程做了初步的分析与概括，下面我们从教学过程中的各要素及其相互联系方面做进一步的探讨。

一个教学过程是由多种因素构成的。这些因素之间有着密切的联系，形成整体功能。主要的因素称为要素。那么，教学过程含有哪些要素呢？目前，有几种不同的看法，如“三要素说”“四要素说”等。我们认为，物理教学过程中，存在着三个最主要的、最基本的要素，即教师、学生和物理世界，（含教材、教学设备、教学环境）。这三个要素的基本关系是学生是认识的主体，物理世界及其规律性是被认识的客体，教师在引导学生完成对客体的认识过程中起主导作用。整个教学过程是通过这三个基本要素间的相互作用实现的。有了这三个方面，教学就可以构成一个整体，也就形成了一个结构。这个结构就可以发挥其教学的功能了。

认识是人脑对客观世界的反映，认识要有反映的主体和被反映的客体。知识的形成和发展的基础是主体和客体的相互作用，这种相互作用是通过主体动作于客体（环境）而实现的。主体自然是指人，就学生学习而言，是指学生；客体就学习物理而言，当然是物理世界，即物理学所研究的客体。一切经验都发源于动作，观察、分类、测量、假设、推理等实际上都是动作，思维活动本质上也是一种动作。物理学家基本上是通过动作实现与物理世界的相互作用，从而发展和认识它的规律性。学生学习的物理知识，虽然是人类已经认识了的知识，但是要想学会这些知识，必须通过一个“再生产科学”的活动，基本上要通过上述类似的过程，只不过由于教学认识活动已预有目的、预知结果，并有教师领导，其认识活动的步骤和内容以及难度都大大简化、压缩、降低了。基于上述认识，在物理教学中，教师应当想方设法创造一种以学生为主体的物理环境，让学生在物理环境中受到全面的物理基本训练，具体包括取得科学知识，培养科学态度，掌握科学方法和技能，发展科学思维。物理实验是根据教学要求而创设的一个用以探索物理问题的最适当的物理环境，因此，在中学物理教学中，重视和加强实验具有至关重要的意义。首先，通过列举日常生活、生产和自然界中，学生熟悉的物理事实、现象以及过程的实例或问题，唤起学生的想象和疑问，引导学生进行分析、研究和讨论，也是很好的物理环境。即使是引导学生通过看书来学习，也要使学生首先注重课文中列举的物理事实、物理过程及其研究方法，其次才是它的结论和公式。总之，在物理教学过程中，我们应当让学生在物理环境中，通过各种活动来学习物理。

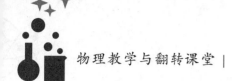

学生的学习是一种复杂而有规律的认识过程。我们知道，认识在任何情况下，必然是人脑对客观事物能动的反映，没有主观能动作用，就根本无所谓认识。这种能动作用表现为两个“飞跃”，即从感性认识到理性认识的“飞跃”和由理性认识到实践的“飞跃”。在物理教学过程中，这两种“飞跃”是在教师的引导下，学生在物理环境中通过亲自动脑、动手、动口来实现的，是别人所代替不了的。就其实质而言，“飞跃”就是由特殊到一般和由一般到特殊的认识过程，也就是掌握知识和方法并转化为能力的过程。

认识不是直线的、平静的、可穷尽的，而是曲折的、充满矛盾的、活生生的、永无止境的过程。从认知心理学的角度来看，在认识发展过程中，主体对环境往往是适应或不适应。适应是指主体通过与客体相互作用来认识客体，使之与自身已有的思维形式相一致，而达到认识上的平衡。人们在说“懂得了”或“想通了”的时候，便是适应的反映。这种主体对环境的适应形式叫作“同化”。当人们已有的思维形式不能同化客体时，平衡被破坏了，因而陷入认识上的“不理解”或“想不通”，这就是不适应。但在这种情况下，经过主体的自我调节，可以用新的思维形式去同化客体，这样又趋于平衡，达到新的适应。这种主体对环境的适应形式叫作“顺应”。认知便是主体以同化和顺应两种形式，在对立的适应与不适应或平衡与不平衡的相互转化中不断发展的，而自我调节则是相互转化的关键。在物理教学过程中，面对知识对象的物理世界，学生始终是主体。在知识增长，从未知到已知的过程中，必须通过学生的自我调节作用，别人只能引发，不能代替。因此，在学生与物理环境的相互作用中，学生应当处于完全主动的地位，成为教学的焦点。没有学生的主动，即使学习的环境再好，也不能收到相互作用的应有效果。总之，在教学过程中，我们一定要承认和体现学生的主体地位。这是教学思想的一个基本观点的转变。

我们知道，教学是以教和学两种活动的统一为特征的。这种统一是以教师和学生相互作用的形式出现的。在教学过程中，学生的认识是由教师领导着进行的。教学的方向、内容、方法、进程、结果和质量，都主要由教师决定和负责，这是因为他们受社会、国家和党的委托，“闻道”在先，而且受过专门的教学训练：而学生尚未“闻道”，正处在成长时期。人类创造出教育这种活动形式，就是为学生提供各种优越条件，特别是教师这个优越条件，以便他们学习得更迅速而有效、方向正确，减少一般认识活动中的弯路和歧途。在学生与环境相互作用的过程中，离不开教师对有关事物的剖析、示范；离不开教师通过一定的手段和方法，把学科的知识结构与学生的个体认知结构挂起钩来；离不开教师对学生认识活动的启发、引导。因此，教学就其本质或主要内容而言，乃是教师把人类已知的科学真理，创造条件转化为学生的真知，同时引导学生把知识转化为能力的一种特殊形式的认识过程。关键在于引导这两个“转化”。教学工作本质上是引导这两个“转化”的工作；施教之功，贵在引导，要在转化，妙在开窍。引导转化的作用就是教师的主导作用。总之，在教学过程中，学，是在教师引导下的学；教是为学而教；学生的主体地位和教师的主导作用要辩证地统一起来。

在教学过程中，对学生学习动机的引发、学习兴趣和学习热情的激发，教师起着重要的作用。因此，除了实现上述两个“转化”外，教师还应创造条件引导学生实现从“要我学”到“我要学”的转化，做到自主性学习。同时，在教学活动中，教师和学生之间有着情感交流，结成一种人际关系，这种关系或是和谐亲密，或是冷淡隔膜。显然，在教学中师生关系如何，对于教学的影响是很大的。在这一方面，双方关系的疏密远近主要取决于教师。

以上我们着重分析、讨论了在物理教学过程中教师、学生和物理世界这三个基本因素以及它们之间的关系。正确地认识和处理这三者之间的关系，对于我们进行具体教学工作有着重要的指导意义。

（三）教学与发展之间的关系

在教学过程的功能方面存在着一个重要的关系，这就是教学与发展之间的关系。教学与发展的相互关系问题，是当前国际上涉及教育改革的根本性理论课题之一。教育学里所说的“发展”，指的是学生一般心理发展，包括智力和能力的发展以及兴趣、情感、意志、个性等非智力因素的发展，在物理教育中，“发展”还应当包括物理学科所特有的一些能力的发展。

在我国，由于受凯洛夫教育学的影响，多年来，教师在教学中比较偏重知识传授而忽视学生的发展。20 世纪 60 年代，我们强调要抓“双基”教学，也是偏重于传授知识和训练技能。党的十一届三中全会以来，随着对外开放和我国社会主义现代化建设的发展，我们深深地感到单纯传授知识的教学远远不能适应现代社会生产力和科学技术高速发展的需要，也背离了社会主义教育要培养全面发展的人的教育目标。因此，《中共中央关于教育体制改革的决定》强调了教育思想、教学内容和方法的转变；在几次修改的中学物理教学大纲中，都把发展智力、培养能力作为教学目的的重要组成部分，并提出了具体要求。通过近年来的教学实践、教学研究与教学改革，不少教师在教学过程中努力体现了“传授知识立足于发展能力，寓能力培养于知识传授之中”，在通过教学促进学生能力发展方面积累了不少宝贵的经验。教学实践表明，知识和能力并重，既是必要的，也是可行的。

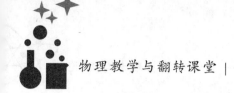

在物理教学过程中要促进学生的发展，一方面，要研究学生的心理特点，只有了解了学生学习物理的心理特点，才有可能使教学活动适应并促进学生的发展；另一方面，要重视物理思想和物理方法的教学。在物理教学中，必须注意在物理学本身的内在特征中去探求教学规律。大家知道，物理学科本身有它的基本思想和研究方法，在运用物理知识解决实际问题时，也有一些基本的分析问题、处理问题和解决问题的方法，如观察实验归纳法、理论推导法、理想化法、等效处理法、近似处理法等。只有领会了物理思想、掌握了物理学方法，才能真正把物理知识学到手，获得不断掌握新知识、解决新问题的能力。更重要的是，物理学的思想和方法已渗透到许多学科（包括社会科学）的研究中，成为现代科学研究的重要思想和方法，掌握了它们，对今后从事任何学习和工作，对于解决和处理各种问题都很有用，可以终身受益。因此，在教学过程中，我们不能仅仅让学生获得科学的结论，更重要的是要让学生了解获取这些结论的过程，学习知识的形成过程，掌握学习知识的方法和应用知识解决实际问题的思路和方法，让学生在探求知识并运用知识解决实际问题的过程中，掌握真知，学到方法，得到发展。学生的发展应包括学生智力的发展和非智力因素的发展。所谓非智力因素，是指智力因素以外的部分，包括动机、兴趣、情感、意志等方面的品质。在促进学生智力发展方面，近年来已经引起了大家的重视并用于教学实践。但是，我们常常看到，在同样客观条件下，一些纯智力水准比较高的人却由于某些非智力的原因（如缺乏热情、缺乏毅力和自信心、缺乏进取心等）而没有取得应该取得的学习成绩或工作成绩；同样，一些纯智力水准并不太高的人会由于一些非智力因素的水准较高（如有浓厚的兴趣、饱满的热情、不怕困难、勤奋刻苦等）而取得超常的成就。美国一位心理学家对 1528 名智力超常儿童进行了几十年的追踪实验。实验后期，他对其中 300 名男性中成就最大的 20% 和成就最小的 20% 被试者进行了比较，发现这两组人明显的差别不是智力，而是他们的个性和意志品质。成绩最大的一组人在个性、意志品质方面均优于另一组，他们有较强的进取心、自信心和事业心，都较有坚持性，做事比较谨慎。看来，在通往成功的道路上，最需要的往往并不是超过一般人的智力，而是超过一般人的热情、自信、毅力。教学实践表明，良好的个性和心理品质会对学生学习知识和发展智力产生巨大的影响。仅以课堂教学为例，在课堂上，教学过程是一个综合的过程，学生的心理活动是一个复杂的心理过程，绝不仅仅是认知活动。智力活动是淹没在非智力活动的“海洋”之中的，或者说是以非智力活动为“背景”的。

在这里，我们可以引用心理学中的期望模式（又叫弗隆模式）来说明非智力因素对学生学习的影响。该模式可用以下公式表示：

激发力量 = 目标价值 × 期望概率

在教学过程中，学生的学习没有激发力量是难以想象的，激发力量从何而来？该公式给了我们一个大体的回答。所谓目标价值是指学习的社会意义和个人意义的总和，期望概率则是指个人期望实现一定目标、计划、理想的可能程度。显而易见，这些都属于非智力因素。

由此看来，我们的教学不仅应当注重发展学生的能力，还应当注重培养学生良好的个性和心理品质。在物理教学过程中，我们应当千方百计地激发学生的学习兴趣、求知欲和学习热情，培养良好的学习习惯、坚强的意志和毅力，使学生在探求自然界的奥秘和克服困、难解决疑难问题过程中感受到精神上的喜悦和满足。

关于教学与教育的关系的认识和处理，我国教学实践具有丰富的经验和优良的传统，教学论上也做出了较为科学的说明。任何教学活动，包括教学内容、教学方法、教师的言行等等，总寓有某种思想观点和道德精神。不论教师是否意识到这一点，教学总是以某种方式塑造学生的个性（学生对世界、对生活、对学习的态度，他们的各种智力才能、道德情操和意志）。教育作用必然伴随教学产生。因此，教学从来不是单纯传授知识的活动，而是具有教育性的活动，教书总是结合着育人的。我们在物理教学过程中，应当自觉地结合物理知识的教学，对学生进行辩证唯物主义和爱国主义教育，进行科学态度和科学方法的教育，培养学生良好的道德品质和道德修养，教育学生坚持四项基本原则，为献身社会主义现代化建设而努力学习。

总之，社会主义学校的教学过程，是在教学过程中让学生进行的认识过程，同时是使学生在德、智、体、美、劳各方面得到全面发展的过程。

（四）教学过程的规律性

我们研究教学过程的本质，目的是要揭示教学过程的规律性，为制定教学原则、确定教学目的与内容以及选择教学方式与方法提供理论依据。教学过程的规律性指的是教学过程本质上固有的、必然表现出来的客观规律性，只要教学过程以某种形式出现，就必然会有这种客观规律性。

从前面对教学过程这个有机整体各个方面的分析、讨论中，可以发现，教学是在教师的指导下学生主体对世界（认识的客体）的特殊认识过程，在教学活动中学生居主体地位，教师起主导作用，教学具有教育性，教育具有发展性。这四条都揭示了教学过程中的本质关系。据此，我们归纳出教学过程的规律性有如下四条：

（1）教学的认识性（教学是一种特殊的认识过程）；

（2）教学的双边性（即教师的主导作用与学生的主动性相结合）；

（3）教学的教育性；

（4）教学的发展性。

下面逐一加以概要说明：

1）教学的认识性

教学的认识性反映了学生和教学内容之间，即主、客体之间的本质关系。教学的认识性可以这样表述：知识的形成和发展的基础是学生主体与知识客体的相互作用，这种相互作用是通过主体能动地作用于客体（环境）而实现的。没有主体的能动作用，就根本无所谓认识。这种能动作用表现为两个“飞跃”。这里包含了三个要点：首先，强调客体（环境）的重要作用，即要在物理环境中学习物理；其次，强调了主体的积极作用，即主体的实践和主观能动性；最后，强调了完成两个“飞跃”的认识规律，教学要按照学生的认识规律办事。

2）教学的双边性

教学的双边性反映了在教学过程中教师与学生之间的本质关系。教学的双边性可以这样表达：教学，是以教和学两种活动的统一为特征的，这种统一是以教师和学生相互作用的形式出现的。教学就是引导学习，就是教师引导学生把已知的科学真理转化为学生的真知，把知识转化为能力。教师的引导必须通过学生学习的内因，才能起转化作用。因此，教师的施教指挥权（主导作用）必须与学生的学习主动性相结合。学这个主体是教主导下的主体，教这个主导是对主体学的主导。

3）教学的教育性

教学的教育性，反映了学科知识教学与思想品德教育之间的本质关系。教学始终具有教育性。教学的教育性可以这样表述：任何教的活动中的具体行动，不论它给学习活动带来什么特点，也不论什么样的学习内容，都会给学生以某种教育影响。这种影响可能好，可能坏，也可能不好不坏。如果是第三种情况，教学可能使某些个性品质得到保持、巩固乃至加强。“教学的教育性”里所讲的教育，主要就是指世界观和道德观的教育，也就是指教学过程中的德育。教学从来不是单纯传授知识的活动，而是具有教育性的活动，无论是教学内容或知识体系的方法论基础，或是教学人员的政治立场、思想观点、教学态度和作风、言行情感等等，无不给学生以某种教育影响。教书总是结合着育人的，古今中外，概莫能外。

4）教学的发展性

教学的发展性，反映了教学与学生身心发展的本质关系。教学的发展性可以这样表述：有学习就有发展，学习（因而也就是教学）是发展的形式。我们知道，教学过程基本上是一种认识的过程，而认识作为一种反映，它概括了认知、情感、意志、性格以及各种个性心理特征。毛泽东同志在《实践论》中也指出，人们在认识和改造客观世界的同一过程中，也改造自己的主观世界、改造认识能力和主客观的关系。教学的发展性告诉人们，教学不是单纯传授知识的活动，而是具有发展性的活动，传授知识总是结合着促进人的一般发展的。

教学具有的教育性较早就被人们认识和强调，而教学具有发展性，却是20世纪50年代以来才逐步被人们认识和强调的。因此，现代教学论要求结合知识的传授，创设有利的条件，自觉地、有计划地促进学生的一般发展，特别是现代社会所需要的创造能力的发展。这里所说的一般发展，包括一般的心理发展，即感情、意志、性格和认识能力的发展以及体力的发展，而不单指智力的发展。

二、认识过程的理论——认识论

下面将从三个方面论述物理教学过程的认识论：其一是，论述一般认识论；其二是，论述发生认识论；其三是，论述发展认识论。进而简单地探讨物理概念形成的认识论模式。

（一）一般认识论

实践论、矛盾论、过程论三者是统一的，统一为一般认识论。从过程论的观点来分析认识论，如图1.1所示。

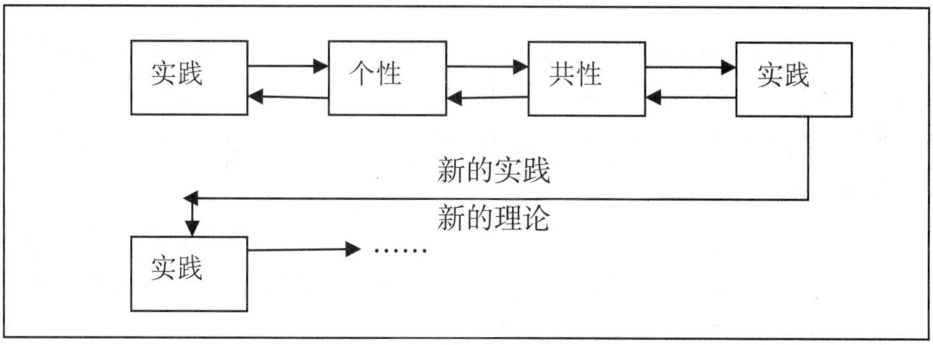

图1.1　一般认识论的过程

从图1.1可知，人类的认识来源于实践，通过实践人们首先认识事物的个性（或特殊性），进而才由浅入深地认识事物的共性（或一般性）。人们在认识事物的个性与共性的基础上建立了理论。在理论的指导下进行新的实践（即实践性）。新的实践又产生新的理论，从而又指导更新的实践，循环往复不断进化。这便是认识论的整个过程。这一完整的认识论过程，充分表现出唯物论、辩证法、进化论三者是不可分割的整体，是统一的。图1.1中每一方框都可以用一组“状态”量来描述，每一箭头都表示某一过程，过程与状态是对立统一的一对范畴。事物特性的量度或描述，则表征状态；事物状态的变化，即是过程。从状态与过程的演化来看过程论，可以认为过程论即认识论的进化论。

1. 实践—理论—实践

对毛泽东同志的《实践论》，可以用“实践—理论—实践”这一公式作简单概括。从整体上看，《实践论》是“论认识和实践的关系——知和行的关系”，着重强调的是认识论的唯物论。

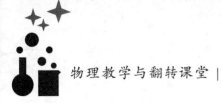

毛泽东同志在《实践论》中写道：“通过实践而发现真理，又通过实践而证实真理和发展真理。从感性认识而能动地发展到理性认识，又从理性认识而能动地指导革命实践，改造主观世界和客观世界。实践、认识、再实践、再认识，这种形式，循环往复以至无穷，而实践和认识之每一循环的内容，都比较地进到了高一级的程度。这就是辩证唯物论的全部认识论，这就是辩证唯物论的知行统一观。”

毛泽东同志在《实践论》中论述的实践，主要指社会实践，即是指“物质生产”“阶级斗争”“科学实验”。是站在哲学的高度，从整体上研究人类的一般认识论。毫无疑问，实践论应包容、包括发生认识论和发展认识论的内容。这是宏观与微观的关系、整体与部分的关系、一般与特殊的关系。

《实践论》虽然着重强调的是认识论的唯物论。但是，《实践论》自始至终贯穿着认识论的辩证法和认识论的进化论（即过程论）。

毛泽东同志在《实践论》中指出，认识开始于经验，这就是认识论的唯物论；同时指出，认识的感性阶段有待于发展到理性阶段——这就是认识论的辩证法。把两者综合起来，统一地表述为：理性认识依赖于感性认识，感性认识有待于发展到理性认识，这就是辩证唯物论的认识论。

毛泽东同志将矛盾论和过程论的思想应用于实践论的研究并指出，任何过程，不论是属于自然界的还是属于社会的，由于内部的矛盾和斗争，都是向前推移向前，发展的，人们的认识运动也应跟着推移和发展。

毛泽东同志在《矛盾论》中写道：“这一共性个性、绝对相对的道理，是关于事物矛盾的问题的精髓，不懂得它，就等于抛弃了辩证法。”

在《实践论》中，毛泽东同志同样抓住辩证法的精髓，从矛盾论和过程论的统一上，论述了认识过程论，他在《实践论》中写道：“在绝对的总的宇宙发展过程中，各个具体过程的发展都是相对的，因而在绝对真理的长河中，人们对于在各个一定发展阶段上的具体过程的认识只具有相对的真理性。无数相对的真理之总和，就是绝对的真理。客观过程的发展是充满着矛盾和斗争的发展，人的认识运动的发展也是充满着矛盾和斗争的发展……社会实践中的发生、发展和消灭的过程是无穷的，人的认识的发生、发展和消灭的过程也是无穷的……客观现实世界的变化运动永远没有完结，人们在实践中对于真理的认识也就永远没有完结。”

由此可见，《实践论》虽然可以用“实践—理论—实践”这一公式作简要概括，着重强调了认识论的唯物论。但是，从整体和深层看，仍是实践论、矛盾论、过程论三者的统一，统一为一般认识论。

2. 个性—共性—个性

毛泽东同志在《矛盾论》中指出，矛盾的普遍性和矛盾的特殊性的关系，就是矛盾的共性和个性的关系。这是辩证法的精髓。可以用“个性—共性—个性”这一公式简要概括辩证法的精髓。《矛盾论》着重强调的是认识论的辩证法。

毛泽东同志在《矛盾论》中写道：“就人类认识运动的秩序来说，总是由认识个别的和特殊的事物，逐步地扩大到认识一般的事物。人们总是首先认识了许多不同事物的特殊的本质，然后才有可能更进一步地进行概括工作，认识诸种事物的共同的本质。当着人们已经认识了这种共同的本质以后，就以这种共同的认识为指导，继续地向着尚未研究过的或者尚未深入地研究过的各种具体的事物进行研究，找出其特殊的本质。这样才可以补充、丰富和发展这种共同的本质的认识，而使这种共同的本质的认识不致变成枯燥的和僵死的东西。这两个认识的过程：一个是由特殊到一般，一个是由一般到特殊。人类的认识总是这样循环往复地进行的，而每一次的循环（只要是严格地按照科学的方法）都可能使人类的认识提高一步，使人类的认识不断地深化。”

这可以作为“个性—共性—个性”（或“特殊——一般—特殊”）这一公式的定性说明。从上面的论述中可以看到：《矛盾论》虽然着重强调的是认识论的辩证法，但是，《矛盾论》自始至终贯穿着认识论的唯物论（实践论）和认识论的进化论（过程论）。

《实践论》和《矛盾论》是一个不可分割的整体，两者是统一的。充分体现了马克思主义哲学体系中辩证法、认识论、逻辑学三者统一的原则。同时，从毛泽东同志的论述中，清楚地看出贯穿着过程论的思想。他明确提出“矛盾即是过程”的论点。毛泽东同志写道：“矛盾的普遍性和矛盾的特殊性的关系，就是矛盾的共性和个性的关系。其共性就是矛盾存在于一切过程中，并贯穿于一切过程的始终，矛盾即是运动，即是事物，即是过程，也即是思想。”接着，毛泽东同志指出：“这一共性个性、绝对相对的道理，是关于事物矛盾的问题的精髓，不懂得它，就等于抛弃了辩证法。”

由此可见，《矛盾论》的精髓虽然可以用“个性—共性—个性”这一公式作简要概括，着重强调了认识论的辩证法，但是，从整体和深层来看，仍是实践论、矛盾论、过程论三者的统一，统一为一般认识论。

3. 状态—过程—状态

杨超认为：“运动是物质的固有属性，时间空间是运动的存在方式；而时间上的持续性和空间上的伸延性，就是过程；过程把物质、运动和时间、空间辩证地统一起来了。正因为这样，当我们说事物总是运动的时候，我们是说事物总是当作过程出现的和事物总是作为过程而向前发展的。”

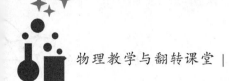

描述物质运动需要“状态”这一范畴；同样，认识过程这一范畴，必须认识它的对立统一的范畴——状态。作为认识论的进化论可以用“状态—过程—状态”这一公式作简要概括，过程论着重强调认识是怎样演化的，怎样进化的。

从系统论的观点看，系统特性的量度或描述，即表征状态；系统状态的变化，即是过程。更深入一些，可以说为了较完备的量度或描述系统将来的行为所需要的关于“过去”的较少量的信息（或参量、变量），即是状态。研究自然的进化、社会的进化、思维的进化，都分别需要确定一系列的“状态量”。研究过程，即是研究这些“状态量”是如何变化的。

从认识论的观点看，要研究过程，首先就得研究事物的状态。认识了状态变化的规律，即认识了过程的特点。事物经历一个过程之后，又达到一个新的状态。新的状态，经历新的过程，又变化为更新的状态；如此循环往复，不断进化。事物的发生发展，经历状态—过程—状态；人们对事物的认识也同样遵循状态—过程—状态。

杨超还写道：“总之，矛盾即过程，历史即过程，真理即过程。过程的根源在于矛盾的普遍性，过程的本质在于矛盾的特殊性，因而矛盾即过程；过程即是有生有灭的，过程又是受规律支配的，因而历史即过程；通过实践过程发现真理，又通过实践过程检验真理，还通过实践过程发展真理，因而真理即过程。所以，实践论、矛盾论、过程论三者是完全一致的。事物总是作为过程出现的，说明了过程的客观性和普遍性；任何过程无不包括两重性，揭示了过程的核心和精髓。世界是过程的集合体，这是马克思主义的一个伟大的基本思想，是唯物辩证法的伟大的基本原理。”

系统科学的发展，使我们进一步认识到：系统即过程，认识即过程。如果说控制论、信息论、系统论——这“三论”，实际上是一论，即系统论；而实践论、矛盾论、过程论——这“三论”，实际上也是一论，即认识论。系统论的发展，已进入基础研究阶段，正在形成系统学，这必将深化认识论的研究。同样，认识论的现代研究，也无疑会促进系统论的发展。例如，系统技术科学中的“状态空间方法”，一方面，它促进了非线性、随机系统的研究；另一方面，它对设计自适应、自组织、自学习的系统也很有效。这一方法对系统论、认识论都有一定的启发性。

由此可见，过程论虽然可以用“状态—过程—状态”这一公式作简要概括，着重强调了认识论的进化论。但是，从整体和深层看，仍是实践论、矛盾论、过程论三者的统一，统一为一般认识论。

（二）发生认识论及其教育模式

在皮亚杰的“发生认识论”中，“活动⇄图式”论、“同化⇄顺应”论、“平衡

⇄非平衡”论，三者是统一的，统一为发生认识论。从过程论的观点来分析发生认识论，如图 1.2 所示。

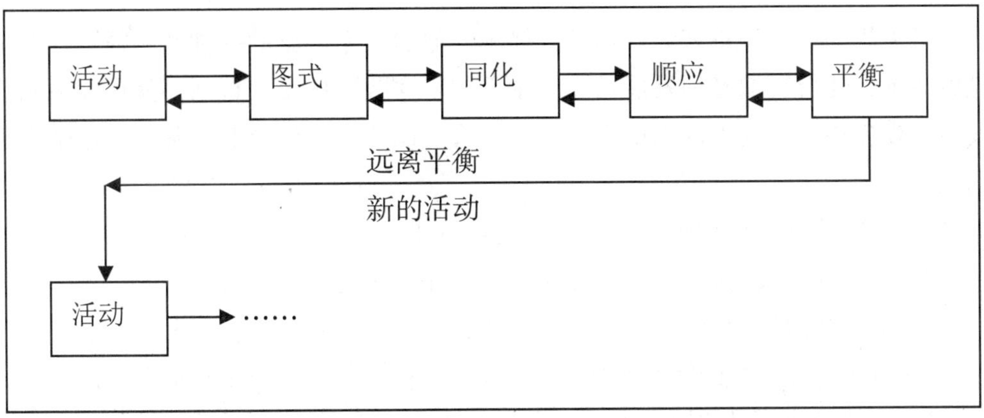

图 1.2　发生认识论的过程论

从图 1.2 可知，从认识的发生来看，儿童的认识来源于活动，活动是一种广义的实践，如果我们把实践仅仅理解为“生产斗争”“阶级斗争”“科学实验”，这就难以解释儿童认识的来源。因此，广义的实践理应包括人的一切活动。在活动的基础上，建立起认识的图式。人们总是用自己已经具有的图式去认识事物。如果一个事物能纳入已有的图式，这就是同化；反之，如果一个事物不能纳入已有的图式，这就得调整改造有的图式，这就是顺应（又译为调节）。主体能再建客体，客体符合主体结构，这种状态，即是同化与顺应的平衡。本章根据现代系统科学所揭示的，远离平衡才可能有序（进化）的原理，提出从平衡到远离平衡，从新的活动建立新的图式，这样又达到新的平衡。循环往复，不断进化，这便是发生认识论的整个过程。这一完整的发生认识论的过程，充分表现出认识论的唯物论（“活动⇄图式”论）、认识论的辩证法（“同化⇄顺应”论）、认识论的进化论（“平衡⇄非平衡”论）三者是不可分割的整体，是统一的。比较图 1.1 和图 1.2，可以看出，如果说图 1.1 是描述了宏观认识论、一般认识论的过程论；那么，可以说图 1.2 是描述了微观认识论、特殊认识论的过程论。

下面分别研究“活动⇄图式”论“同化⇄顺应”论“平衡⇄非平衡”论，从而可以更深入地认识三者是统一的，从而对图 1.2 有更深一步的理解。

1. 活动—图式—活动

作为个体的人——婴儿、幼儿、儿童——认识最初是如何发生的这一问题，皮亚杰的发生认识论指出，认识的发生起源于活动。

皮亚杰没有给活动下一个严格定义。但从他的论述中可以得知，活动是主体到客体、客体到主体之间起着中介作用的一些中介物活动，是主客体之间的相互作用，认识起因于主客体之间的相互作用，活动是主体和客体的东西之间唯一一个可能的联结点。

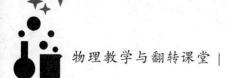

从马克思主义认识论来看，活动是简单、原始且又广泛的一种“实践”。发生认识论的成果，使得我们必须发展马克思主义的“实践”概念，否则，就难以说明认识的发生。皮亚杰在《发生认识论原理》中，将认识的形成分成四个阶段、六个水平予以阐述：

（1）感知运动水平（0 ~ 2 岁左右，婴儿时期）；

（2）前运演阶段的第一水平（2 ~ 4 岁，相当于幼儿园小班水平）；

（3）前运演阶段的第二水平（5 ~ 6 岁，相当于幼儿园中班、大班水平）；

（4）具体运演阶段的第一水平（7 ~ 8 岁，相当于小学低年级水平）；

（5）具体运演阶段的第二水平（9 ~ 10 岁，相当于小学中年级水平）；

（6）形式运演（从 11 ~ 12 岁左右开始，相当于小学毕业、初中开始的水平）。

对应着感知运动水平的活动是“感知运动活动”；对应着运演阶段（包括具体运演和形式运演）的活动是“内化了或概念化了的活动”。在感知运动活动和概念化活动之间，对应着前运演阶段。这一过渡阶段的活动，是处于上述两类活动之间的过渡性的状态。

皮亚杰的“活动”概念，是指主体与客体发生相互作用时，主体的内部感官和内部器官的动作，是主体的物理的、生理的、心理的活动。活动，既有感知性的活动，又有概念化的活动。

皮亚杰所说的“运演”，主要指逻辑数学运演。“具体”运演是直接与客体有关，“一步一步地”发生；“形式”运演的特点是“有可能通过假设来进行推理，并要求把形式的联结和内容的真实性分别开来”。

从发生认识论看，作为主体和客体相互作用的活动，是认识的“图式”发展的根本原因。皮亚杰和英海尔德在《儿童心理学》一书一开始就指出：“图式（scheme，schema）是指动作的结构或组织。这些动作在同样或类似的环境中由于重复而引起迁移或概括。”

图式是一种认识意义上的功能结构（或组织）。有了图式，主体才可能对客体的刺激做出反应。

从发生认识论来看，人之初既不是像经验论认为的那样“是白板”，也不是像唯理论认为的那样“有先验”。刚出生的婴儿所具有的第一个图式是遗传获得，即本能动作的图式，表现在一生下来就能吸奶。通过主体与客体的相互作用，人的活动由低级向高级发展，图式也就相应地由低级向高级发展，皮亚杰称之为“建构过程”。

皮亚杰在《发生认识论原理》中写道："不论这些最早出现的活动是多么的简单，我们还是能够看到其中一个随时间的推移而越来越变得明显的过程在起作用。这个过程就是把从客体本身得出的或者——这是重要的——从应用于客体的活动格局得出的抽象结合起来，以建构新的联结。"

由上述可知，虽然"活动⇄图式"论着重强调了发生认识论的唯物论，但从整体和深层来看，仍是认识论的唯物论、认识论的辩证法、认识论的进化论三者的统一，统一为发生认识论。

2. 同化—顺应—同化

如果说"活动⇄图式"论，着重强调了发生认识论的唯物论，那么"同化⇄顺应"论则着重强调了发生认识论的辩证法，表明了人的认识的能动性。

同化和顺应的过程，是图式量的增加和质的变化的过程。认识过程中，同化，是主体把客体纳入已有的图式之中，这使得图式发生量的变化；顺应，是主体的图式本能固化客体，促使主体调节原有图式或建立新的图式，这使得图式发生质的变化。建立新的图式之后，又从而能同化更多的客体，所以可以用一简要公式表示为"同化—顺应—同化"。

同化和顺应是主体适应环境的两种认识机能。任何人的认识都是在主体已有的图式的基础上进行的。过去的各种活动（感知性的活动和概念化的活动）所形成的各种图式，是"过滤、筛选"信息的基础；当已有的各种图式不适应新的信息时，主体又能动地"调节""改变"旧的图式，构建新的图式。由此可见，同化与顺应充分表明了人的认识是发生与发展的辩证性。

皮亚杰和英海尔德在《儿童心理学》中写道："联想主义（associationism）把刺激与反应的关系看作是一种单向关系，如 S → R。而同化说则设想为一种双向关系，如 S ⇄ R：即是说，刺激的输入是通过一个结构的过滤，这个结构是由动作图式（在达到较高水平时，即指思维的运算）所组成。儿童的行为仓库为了适应现实的需要，这些动作图式又进一步得到改变和充实。刺激输入的过滤或改变叫作同化（assimilation）；内部图式的改变，以适应现实，叫作顺应（accommodation）。"

从巴甫洛夫的条件反射到斯金纳的操作条件反射，其公式都是刺激→反应（即 S → R），是单向的。联想主义的心理学强调刺激与反应的联结（S → R），是学习的主要机制，因而也是认识的主要机制。皮亚杰的"同化⇄顺应"说则指出，认识的机制是同化与顺应。因而，刺激与反应的关系必然是双向的，即 S ⇄ R。同一个刺激对于有不同认识结构的人，反应是不同的。认识的同化机制要对刺激进行"过滤""筛选""改变"，因而不是单一的 S → R；同样，也有反向的 R → S，皮亚杰应用控制论的思想指出：反射弧不再被视为 S → R 弧了，而是构成一种伺服机制，一种"体内平衡的反馈环路了。”这从认识机制上充分体现了发生认识论的辩证法特性。

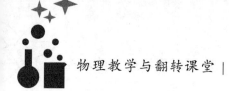

由上述可知，虽然“同化⇄顺应”论着重强调了发生认识论的辩证法，但从整体和深层看，仍是认识论的唯物论、认识论的辩证法、认识论的进化论三者的统一，统一为发生认识论。

3. 平衡—非平衡—平衡

如果说“活动⇄图式”论，着重强调了发生认识论的唯物论，“同化⇄顺应”论着重强调了发生认识论的辩证法，那么，“平衡⇄非平衡”论则着重强调了发生认识论的进化论。

皮亚杰把儿童认识的发展分成四个阶段：感知运动阶段，前运演阶段，具体运演阶段，形式运演阶段。每一个阶段内儿童的“图式⇄同化⇄顺应”都各有特点。每一个阶段内的“适应”都表现为一种平衡。当认识进入下一阶段，这种平衡就破坏了，进入非平衡状态。通过这一阶段的新的图式⇄同化⇄顺应，又建立起新的平衡。这一过程便是认识的进化过程。可以用一简要公式表示：平衡—非平衡—平衡。

皮亚杰论述了同一阶段的不同水平上的进化，也是遵从“平衡—非平衡—平衡”这一公式。关于具体运演阶段的第二水平，皮亚杰写道：“在这个子阶段（将 9 到 10 岁），除第一水平已经达到其平衡的那些不完全的形式之外，又达到了‘具体’运演的一般平衡。但是进一步看，正是在这个阶段，具体运演的性质本身所特有的缺陷开始在某些方面，尤其是在因果关系方面表现了出来，这些新的不平衡状态在某种意义上说，就肇始了一种完全的再平衡，这种再平衡是下一阶段的特点，它的迹象甚至在这个水平上有时也能看到。”

皮亚杰虽然从适应的观点肯定了平衡的意义。但他同时认为不平衡是“富有成果的”，“正是这些情况才能算是新的东西”。从现代系统科学的观点看，在平衡态和近平衡态系统不可能走向有序，不可能进化到只有系统远离平衡态，由平衡到非平衡，系统才可能走向有序，才可能进化。从这个意义上看，发生认识论的“平衡⇄非平衡”论，正是认识论的进化论，这是一个波浪式发展的过程。

发生认识论所论述的四个认识阶段，当每一阶段中的“同化”与“顺应”处于相对平衡的状态时，作者认为都对应着一两个相应的教育模式：

（1）感知运动阶段对应的教育模式为—“主体活动，感知中学”；

（2）前运演阶段对应的教育模式为—“游戏为主，从玩中学”；

（3）具体运演阶段对应的教育模式为—“形象为主，具体地学”或“情景交融，直观地学”；

（4）形式运演阶段对应的教育模式为—“抽象为主，形式地学”或“逻辑为主，历史地学”。一个阶段进化到下一阶段，教育模式也相应地进化。这一过程正是“平衡—

非平衡—平衡”的过程。

由上述可知，虽然“平衡⇄非平衡”论着重强调了发生认识论的进化论，但从整体和深层来看，仍是认识论的唯物论、认识论的辩证法、认识论的进化论三者的统一，统一为发生认识论。

总结上述的三个论述，我们就会对图 1.2 所示的发生认识论的过程论有更加深入的理解。

4. 发生认识论与基础教育模式

作者在皮亚杰发生认识论的基础上，提出了基础教育的四个模式：感知教育模式、游戏教育模式、具体教育模式、形式教育模式。

（1）感知模式。

皮亚杰的发生认识论提出，从出生到 2 岁左右，儿童的认识处于感知运动阶段，这是婴儿时期。在这一阶段要发展智慧，关键是要让婴儿参与主体活动。通过活动，使婴儿的感官（眼、耳、口、鼻、手等）充分接受外界的信息（光、声、味、嗅、触等）。通过活动，婴儿才能建立起越来越多的认知图式。

感知运动阶段（婴儿时期）所对应的教育模式的特点是主体活动，感知中学。简称感知教育模式或感知模式。

感知教育模式的基本教育过程为：

刺激—感知—活动—反馈

作者认为，感知教育模式绝不是仅仅适用于婴儿时期的教育。在成人教育中，学习从未感知过的新领域，也应当首先采用感知模式。例如，教一个从未下过水的成人学习游泳，首先也得采用感知模式—下水体验，熟悉水性。因此，感知教育模式除了理解为婴儿时期的教育模式之外，还应当理解为感知水平的教育模式，既适用于儿童的教育，也适用于成人的教育。根据模式变换原理，感知教育模式与对应的教育过程应当反馈调整，不断变换，这样才使得感知教育模式本身丰富多彩，而不至于死板僵化，从而较好地达到教育目的。根据模式孕育原理，在感知水平上的教育中，一定要自觉地孕育更高级阶段的教育模式。例如，孕育游戏教育模式、具体教育模式等。只有这样，受教育者才能得到较好的发展。

（2）游戏模式。

皮亚杰的发生认识论提出，从 2 岁到 6 ~ 7 岁，儿童的认识处于前运演阶段，这是幼儿时期。这一阶段儿童的语言快速发展，能讲完整的句子，可以做一些智慧动作，但不能进行智慧运演（如可逆性运算）。在这一阶段要发展智慧，关键是要让幼儿做各种各样的游戏，从娱乐中学，从玩耍中学。相反，如果在幼儿时期大量采用小学、中学的教育模式，甚至采用成人化的教育模式，经验表明，是不容易成功的。

前运演阶段（幼儿时期）所对应的教育模式的特点是游戏为主，从玩中学，简称游戏教育模式，或游戏模式。

游戏教育模式的基本教育过程为：

兴趣—游戏—引导—鼓励

作者认为，游戏教育模式也绝不是仅仅适用于幼儿时期的教育。在成人教育中，学习一项新的知识或技能时，在接受了感知水平的教育之后，即可应用游戏教育模式。以成人学游泳为例，在熟悉水性之后，玩水游戏也是必要的一步，从而为学会一种游泳动作做好心理准备。因此，游戏教育模式除了理解为幼儿时期的教育模式之外，还应当理解为前运演水平的教育模式，既适用于儿童的教育，又适用于成人的教育。寓教于乐，就需要应用游戏模式。

应用游戏教育模式时，同样要遵从模式变换原理，使教育过程多样多变，引人入胜。同时，也要遵从模式孕育原理，为更高级的教育模式打好基础。更重要的是，要遵从模式包容原理，还必须恰当地应用感知教育模式。

（3）具体模式。

皮亚杰的发生认识论提出，从 6 ～ 7 岁到 11 ～ 12 岁，儿童的认识处于具体运演阶段。这对应着小学时期。在这一阶段，儿童可以进行一些初步的运演，例如，分类、排列、对应、传递、数量等。但是，这些运演要依靠物体，能看到的实际事物，不能依靠抽象、假设进行运演。所谓“运演”，是指内化了的、可逆的、有逻辑结构的动作。在这一阶段儿童已获得可逆性、守恒性等概念，能进行群的运演，但基本上都是具体的运演。

具体运演阶段（小学时期）所对应的教育模式的特点是形象为主，具体地学；或情境交融，直观地学，简称具体教育模式或具体模式。

具体教育模式的基本教育过程为：

直观—记忆—理解—练习—评价

作者认为，具体教育模式绝不是仅仅适用于小学时期的教育。在成人教育中，学习一项新的知识或技能时，在接受了感知水平、前运演水平的教育之后，即应当使用具体教育模式。同样，以成人学游泳为例，学习一种游泳（如蛙泳），必须具体地学习分解动作，然后再学习几种动作（手、脚、头、腰、呼吸等）的配合。只是抽象地、形式地学习人体动作的力学原理或流体力学，那是不可能学会游泳的。成人学习计算机的使用，同样如此。因此，具体教育模式，应理解为一般通用的教育模式。

具体教育模式是基础教育中的一种重要模式。在应用中，应当充分注意遵从模式变换原理、模式孕育原理、模式包容原理。具体教育模式包容前面的模式，孕育后面的模式。

（4）形式模式。

皮亚杰的发生认识论提出，从 11 ~ 12 岁到 14 ~ 15 岁，儿童的认识处于形式运演阶段，这对应着初级中学时期。在这一阶段，儿童能够在具体运演的基础上，进行形式运演，即可根据语言文字资料等，进行假设演绎推理等。这表现在，初中阶段的学生可以顺利地学习欧几里得的"定义—公理—定理"的几何体系，可以顺利地学习《社会发展简史》等课程。达到形式运演阶段的人，可以接受较为抽象的、形式的知识系统。然而，这绝不意味着初中阶段的教育模式不需要具体、直观的教育模式。相反，仍然需要从形象到抽象、从具体到形式的教育模式。

形式运演阶段（初中时期）所对应的教育模式的特点是抽象为主，形式地学：或逻辑为主，历史地学，简称形式教育模式或形式模式。

形式教育模式的基本教育过程为：

预备—提示—联系—系统应用

很明显，形式教育模式既是初中水平的主要教育模式，也是成人教育不可缺少的模式。初中水平的成人教育，理所当然，要重视形式教育模式。在这里，作者采用赫尔巴特的"五段教学法"作为基本的教育过程。按照模式变换原理，可以根据不同学科，不同内容，变换出多种多样的教学过程。对于初中阶段的课堂教学而言，一节课 45 分钟，5 个环节，平均每一环节约 9 分钟。这告诉我们，教学中一定要善于调整教育过程，恰当地更换"节目"，这样教学效果才好。

注意：前面的教育模式（感知、游戏、具体）一定要融合在形式教育模式之中，单一的形式教育模式效果不好。

第二节　中学物理教学原则

从教育学中已经知道，教学原则是根据教育、教学目的，反映教学规律性而制定的指导教学工作的基本原则。各门学科的教学由于研究对象、研究方法和教学对象的不同，均有各自特殊的内容、方法和活动方式。对于中学物理教学，除应遵循教学过程的一般规律以外，还应依据我们对物理教学过程的本质、特点和规律性的认识，从物理学科本身的特点出发，结合中学生学习物理的心理因素和认知结构，发挥周围物理环境的作用来组织教学活动。我们认为，物理教学中的教学原则不应照搬教育学中提出的教学原则或只加一些实例、说明，应该把教育学原理与中学物理教学过程紧密地结合起来，形成在中学物理教学过程中应当明确提出和切实贯彻的中学物理教学原则。这些原则可以初步提出以下五条，即：

（1）科学性、教育性、艺术性相结合的原则；

（2）激发学习兴趣的原则；

（3）创设物理环境、突出观察、实验的原则；

（4）启发思考，教给方法的原则；

（5）联系实际、联系生活的原则。

一、科学性、教育性、艺术性相结合的原则

在进行物理学这类自然科学的教学时，首先应当注重教学的科学性。无论是对物理现象、物理概念和物理规律的描述与表达，还是实验或练习题的内容、数据等，都应当是正确无误的。

教学的科学性，最重要的是要把概念、规律讲正确、讲清楚，还要教给学生一些分析、处理问题的正确方法。当然，这不是说要一次就把某个问题讲深、讲透、讲全，而是要求不论在内容上和方法上都不应有科学性的错误。

教学的科学性要求教师正确地应用术语。对于重要的物理概念或规律的阐述，一定要注意用语要正确，表达要确切。例如，讲比热容时，应当说“物质的比热容”，

而不应当说“物体的比热容”：讲电场时，应当说“带电体周围的空间存在电场”，而不应当说“带电体周围的空间叫电场”等。当然，强调术语的科学性，并不是要求在上课时教师满口都是科学名词，像背书一样。我们应尽可能地把课讲得通俗易懂，这与教学的科学性并不矛盾。当然，在使教学通俗化时，又要避免庸俗化，注意科学性。

教学永远具有教育性。在物理教学过程中，应该充分重视教学的教育性，充分并恰当地（不过分地）发掘教学中内在的教育因素，把教育性渗透在教学内容和各种教学活动之中。所谓教育性包括在政治、思想、品德等方面对学生的教育影响。政治方面的影响如爱国主义、社会主义和坚持四项基本原则等方面的教育。思想教育主要是世界观和人生观的教育。要培养学生辩证唯物主义的世界观和为人民服务的人生观。在物理教学中培养学生辩证唯物主义观点的基本途径是：把物理知识的教学建立在辩证唯物主义方法论的基础上，向学生揭示物理现象和过程的本来面目，阐述物理知识内在的辩证关系，使学生通过具体物理知识的学习，逐步树立辩证唯物主义的观点。品德教育诸如实事求是、尊重事实、尊重科学、爱护公物、团结互助等。

教学还要有艺术性。所谓艺术性，指的是要讲究教学方法，把教学的科学性和教育性恰当而巧妙地结合起来，取得良好的教学效果。教学既然关系到人，涉及教师和学生，而人又有复杂的心理活动，涉及情感领域的诸多因素，这就不能只遵循一些科学原则，还要有科学所不能完全包括的因素，我们称之为艺术，忽略教学的艺术性是不全面和不妥当的。

科学性是根本，是基础；教育性渗透在科学性的教学之中；艺术性是使科学性的教学达到最优效果的途径、方法和技巧。三者之间相辅相成，构成统一的有机体。因此，中学物理教学要遵循科学性、教育性、艺术性相结合的原则。

二、激发学习兴趣的原则

在人的各种活动中，情感起着很大的作用。例如，令人喜欢的工作，就进行得顺利，甚至废寝忘食、不辞辛劳，而且成效显著、效率惊人。反之，令人反感的工作，就没有鼓舞力量，使人感到压抑厌倦，很少有成效，这也完全适用于学生的学习活动。

我们激发学生学习，就是要激发学生的学习动机。学习动机有两种：一种是外在奖惩所激发的（外在动机），另一种是发自内心积极主动的学习要求（内在动机）。教学过程中，施教者（老师）要设法激发学生的内在动机。对于青少年学生来说，兴趣往往是他们学习的一种重要动力。如果我们引导学生对所学的知识、对所要研究和解决的问题产生浓厚的兴趣和求知欲望，他就会以饱满的情绪积极主动地投身于探求知识、解决问题的学习活动中去，在积极的探索活动中开动脑筋，克服困难，在知识的发现和问题的解决中，体验到探索科学的乐趣，激发起进一步探索科学的热情。这样，久而久之，就会逐渐形成探索科学的志趣。应当指出，教师应善于运用学科知识本身的魅力去激发学生求知的兴趣和情感。这里，教师本身的情感对学生具有很强的感染作用。如果教师有强烈的求知欲，热爱物理这门学科，以饱满的情绪带领着学生去探索物理世界的奥秘，就会对学生的学习兴趣和情绪产生巨大的影响。

基于中学生的心理特点和中学物理的学科特点激发学生学习兴趣，应成为指导中学物理教学工作的一个基本要求。

三、创设物理环境，突出观察、实验的原则

在上节有关教学过程的分析和教学过程的规律性的论述中已经强调过：要让学生在物理环境中学习物理。只有在物理环境中，学生才有可能真正学到物理，也就是说要“识物树理”，而观察和实验是根据教学要求而创设的用以探索物理问题最适宜的物理环境。

认识物理现象和物理事实是学习物理知识的基础和出发点。在物理教学中，教师必须创造学习物理的环境，使客观事物、现象形象化，便于学生观察。学生通过观察、实验，对物理事实、物理现象和物理过程有了清晰而明确的印象，积累了大量的、生动的、具体的感性知识和数据，发掘出有待探索的问题，就为进一步的思维活动提供了思考的线索和依据，在这个基础上，形成概念，认识规律。在科学研究中同样也是如此。因此，无论是认识物理现象，还是形成物理概念和认识物理规律，乃至形成理论，都离不开观察和实验。观察和实验是物理学的基础，是物理学研究的主要方法之一，是获取物理知识的源泉。物理教学中的物理环境，正是对物理问题的研究过程的一个模拟和缩影。不进行观察和实验的教学，就会把本来生动丰富的知识变成一堆枯燥难懂的材料，学生只能学到一些僵死的、无用的结论，这样的教学，就不成其为物理教学。考虑到物理学的学科特点和中学生的基础，在中学物理教学中，必须努力创设物理环境，突出观察与实验的地位。

四、启发思考、教给方法的原则

观察和实验是学习物理知识的基础。要获得物理知识，还必须在这个基础上进行思维加工过程。即把观察、实验得到的感性认识和数据进行分析、比较、综合、抽象、概括，上升到理性认识，建立概念和规律，完成认识上的第一个“飞跃”。这个思维加工过程，必须按照物理学的研究问题的方法来进行，也必须符合中学生的心理特点和思维实际。中学物理虽不能全面地体现物理学的重要研究方法，但也渗透了不少初步的研究方法。例如，观察实验法，科学抽象概括法，比较、分析、综合的研究方法，运用推理、想象，定性或定量地研究问题的方法，研究问题的理想化方法，处理问题

的等效法、类比法，运用初等数学表达概念或规律和进行推理论证的方法等。如果学生不学会这些方法，便很难做到对物理知识的真正理解和掌握，而且会越学越困难。对于中学生来说，他们开始学习物理，容易把过去学习数学或语文的方法用到物理学习中来，这就给物理课的教和学带来了很多困难。因此，在中学物理教学中，必须注重启发学生思考，自觉地运用物理学的方法组织教学活动。物理学的认识方法必须通过学生的学习方法去反映，使物理教学过程成为启发、引导学生运用物理学方法来提出问题、探索和研究问题的过程。在这个过程中，学生在学习知识的同时，经受了研究问题方面的初步训练。这样既教知识，又教研究问题方法的教学，会使学生既学到知识，又逐步开学习物理之"窍"，就会越学越爱学，越学越会学。

学习物理知识的目的在于运用。运用所学的知识来说明现象、分析和解决问题，这就是把学到的知识变成为实际行动的过程，从而完成认识上的第二个"飞跃"。在教学实践中我们常常发现，有不少中学生对一些物理知识的学习并不感到很困难，但是在运用这些物理知识解释现象或解答问题时，往往不知从何下手。常常听到学生讲，老师讲的知识能听懂，就是不会用。分析其原因，一方面可能是对基本知识没有真正理解，另一方面更主要的原因往往是缺乏分析问题和处理问题的思路和方法。要知道，学生在学习中从"懂"到"会用"，这是认识上的另一个飞跃。完成这一认识上的飞跃需要教师的引导，这个引导过程主要是教给学生如何运用所学知识进行分析、处理问题的思路和方法。例如，应教给学生在解答物理问题时，首先要弄清有关的物理现象和物理过程的特征和条件，形成正确的物理图像；正确地选取研究对象，在分析物理过程的基础上找出相应的物理规律和公式，然后再进行有关计算，避免那种不加分析乱套公式的做法；在解释现象、回答问题时，用学过的知识对问题进行具体分析，抓住主要方面的特征和条件，进行推理和判断；正确地运用数学知识分析和解决问题；运用理想化、等效代替、近似处理等方法来处理物理问题；通过观察和动手实验来验证学过的知识，进行小制作或解决某些实际问题等。对于中学生来说，学会分析、处理物理问题的思路和方法，不是一件容易的事情，是需要教师的精心启发和引导的。引导不能只靠教师的讲（当然不排斥教师必要的剖析和示范），更主要的是要靠启发学生思考，引导学生练。只有通过学生自己的思考和练习，才能完成这一阶段认识上的飞跃，才有可能逐步掌握分析、处理问题的思路和方法，并在这一过程中使学生的智力和能力得到发展。

"启发思考、教给方法"，应当成为一条对中学物理教学的重要的基本要求。

五、联系实际、联系生活的原则

理论联系实际是我国中学物理教学的优良传统，我们应当把它很好地继承下来并加以发展。通过教学，要使学生通过学习物理科学具备适应现代社会生活的科学文化素养。只有使我们的教学认真做到联系实际、联系生活，才能保证所学的知识与它的来源、基础——自然界和社会生活不致脱节，学生掌握的知识才能够运用到实际和生活中去。学生日常生活中所接触到的物理世界是丰富多彩的，有自然界的物理现象，有生产技术中的物理问题，有生活经验中的物理事实。目之所见，耳之所闻，都是主体和这些客体的相互作用，都可以成为学习中感性知识的来源。因此，在中学物理教学中，要善于从观察自然现象和研究社会生活实际中引出物理问题，把教学与生活、间接经验与直接经验结合起来；同时，创造多种多样的实践形式，由半独立到独立、由简单到复杂，引导学生把知识用于生活、用于实际，并注意培养学生手脑并用的实际操作能力。联系实际、联系生活的内容很广泛，既包括生产技术实际（这里应突出它所运用的物理原理，不涉及它的技术细节），也包括日常生活中常见的物理现象，还包括与物理有关的社会经济问题（特别是有关当地的生产、能源、环境等实际问题）。通过教学，使学生体会到自然界和社会生活中处处有物理，认识科学、技术、社会之间的联系；学会了物理，能解释和说明多种自然现象，能解决社会和生活中遇到的一些实际问题；学物理既有趣，又有用。

总之，在中学物理教学中联系实际、联系生活，就能激发学生的学习兴趣和求知欲望，引导学生勤于观察、积极思考，因而知识学得快，学得活，掌握得牢，会运用；同时，从实际中发现问题，运用所学的知识去分析和解决某些实际问题，有利于培养学生运用物理知识解释现象、解决实际问题的能力，也有利于培养学生的创造精神。

因此，“联系实际、联系生活”，应成为指导中学物理教学工作的又一个基本要求。上述五条教学原则不是孤立的，而是相互联系的，我们在教学过程中，要综合地加以贯彻。除了上述五条教学原则外，在中学物理教学中，对于教育学中其他通用原则，例如可接受性原则、巩固性原则、因材施教的原则等，当然也应认真加以贯彻落实。

第三节　中学物理教学方法

教学方法是随着教学过程的变化而逐渐发展的。正确地选择、恰当地运用教学方法，对顺利地完成教学的目的和任务具有重要的作用。

一、教学方法概述

教学方法是由教师和学生在教学过程中完成教学任务所采取的工作方式组成的方法体系，它包括教师的各种工作方式和学生的各种学习活动方式。

从这个定义来看，教学方法具有如下两个主要特点：

（1）教学方法体现了教师活动和学生的认识活动的相互关系；

（2）教学方法是为达到教学目的而进行的一种有组织的活动程序，是一种有秩序的活动方式体系。

科学地运用教学方法的目的，是用最短的时间，最大限度地发挥学生的智慧潜力，在教学效果上做到高质量和高效率。

这里应当指出：

（1）教学方法和教学方式是两个不同的概念。

教学方式是教学方法的细节，教学方法是由许多教学方式所组成的。例如，讲授是一种教学方法。当教师讲授时，可以做演示实验，让学生进行观察；可以叙述或描绘某个事件，解释某个现象，论证某个原理，其中演示、观察、叙述、描绘、解释、论证等，都是讲授方法的一些教学方式。

（2）教学方法不是一成不变的。

教学方法随着生产和科学技术的发展、教学手段的改进而发展变化，随着不同的教学思想和教学内容的变革而发展变化，也随着对学生的学习规律和身心特点的不断认识而发展变化。

（3）选择、运用某种教学方法，绝不能凭教师的主观意向来确定。

对教学方法的选择、确定是有客观基础的。教师应当根据培养目标的需求，具体的教学内容和要求，学生已有的基础和发展水平，学校的设备、条件，教师本人的特长和经验，并针对所要解决的矛盾的特殊性等，来选择行之有效的教学方法。无论选择哪种具体方法，都应促进师生之间的相互交流，激发学生的学习兴趣，引起学生积极的思维活动，有利于学生掌握知识、发展智能，提高思想品德素养。

（4）教学方法对教学工作的成败有特殊重要的作用。

教学方法既需要思想性、科学性，又需要艺术性。这就是说，教学工作并不是简单地照本宣科，而是结合学生实际的一种再创造，是一种艰苦的劳动。同样一本教材，让具有同样知识水平的两个教师使用，由于教学方法上的得失，其教学效果往往产生很大的差异。

教师是整个教学过程的组织者和学生学习的指导者，要认真掌握学科的特点，根据教学要求，充分发挥教学设备、教材的作用，创设特定的教学环境，同时深入地研究学生的心理和思维特征以及不同学生的特点，有针对性地进行教学。具体采用的教学方法，要从实际出发，具体问题具体对待，不搞形式主义，要因时、因事、因地制宜，因人而异，积极试验，勇于创新。

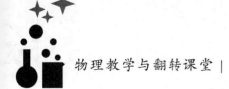

二、近代教育史中教学方法的两大流派

历史上流传下来的教学方法是极其丰富的，这里不去追溯太远，只介绍一百多年来的两种具有代表性的教学思想和方法。

（一）赫尔巴特的教学思想和教学方法

赫尔巴特（J.F.Herbart，1776–1841）是德国著名的教育家。他提出了一整套教育理论体系，在教学方法方面曾提出了一些有益的见解。

赫尔巴特根据他对兴趣和注意规律的分析，主张教学应按一定的程序进行。他把教学程序分成四个阶段：明了、联想、系统和方法。无论哪个阶段，都应该注意学生的心理状态，选择恰当的教学方法。

（1）明了阶段。

这个阶段的重点是采用清晰、简明的讲解和直观示范的叙述方法，使学生自然地把兴趣点、注意力集中在新的事物、新的观念上，对新的教材内容产生探求的意向。

（2）联想阶段。

这个阶段的重点是采用风趣的谈话、分析的方法，使学生把所获得的新观念与原有的观念进行联想，激发学生寻找它们之间联系的浓厚兴趣。

（3）系统阶段。

在这个阶段里，主要是采用综合法，使学生获得新、旧知识的内在系统联系和确切的定义、结论。

（4）方法阶段。

这个阶段主要是通过练习和作业，注意处理方法，完成运用知识的任务。

根据以上四个阶段教学的需要，赫尔巴特提出了叙述教学法、分析教学法、综合教学法。

（1）叙述教学法。

这种教学方法主要适用于教师传授新知识，要求教师语言生动形象，善于启发提示，最好有直观教具相配合。

（2）分析教学法。

这种教学方法要求教师指导学生将获得的许多观念加以分辨、归类，找到使知识条理化的方法。

（3）综合教学法。

这种教学方法要求教师要教会学生把知识整理、概括成一个综合的整体，从而获得全面完整的系统知识，掌握知识之间的联系。

后来，赫尔巴特的学生席勒（T.Ziller）、莱因（W.Rein），根据当时传授知识的需要，把赫尔巴特的四个阶段教学程序，扩展为五个教学步骤：

（1）预备，唤起学生已有的旧概念，提出问题，说明目的；

（2）提示，提出新课题，讲解新内容；

（3）联结，把新、旧知识相比较，建立它们之间的联系；

（4）总括，总结、概括，得出结论；

（5）应用，运用所学知识，解答问题，进行练习。

这就是教育史上著名的“五段教学法”。“五段教学法”在一定程度上符合人的心理规律和教学的某些规律，重视了新、旧知识的联系，注意根据学生心理状态、兴趣特点选用教学方法，强调通过练习作业巩固知识等，是有十分重要的积极意义。在19世纪末至20世纪初，这种方法盛行于欧美，传入中国后，曾对中国当时的中小学教学产生了一定的影响。

（二）杜威的教学思想和教学方法

约翰·杜威（J.Dewey，1859–1952）是美国著名的哲学家和教育家，是实用主义教育思想的创始人。在教学方法上，他提出了“从做中学”的基本原则，他认为学生应该从自身的活动中进行学习，以使学生的兴趣和需要得到满足。

杜威强调在教学过程中要唤起学生的思维。他认为人的思维可以分为五个步骤：

（1）疑难的情境；

（2）确定疑难的所在，提出问题；

（3）提出解决疑难问题的各种假设；

（4）推断哪一种假设可以解决问题；

（5）通过实验，验证或修改假设。

杜威认为思维的作用就是将模糊的、疑难的情境，转变为清晰的、确定的情境。

根据思维五步的观点，杜威提出了教学过程的五个步骤：

（1）教师给学生创设一个课题的情境，情境必须与实际经验相联系，使学生产生要了解它的兴趣；

（2）给学生足够的资料，使学生进一步观察、分析，研究该课题的性质和问题所在；

（3）学生自己提出解决问题的设想，或暂时提出一些尝试性的不同的解答方案；

（4）学生自己根据设想，进行推理，以求得解决问题的方案；

（5）进行实验验证，学生要根据明确的假设方案亲自动手去做，以检查全过程所达到的结果是否符合预期的目的。在做的过程中，学生自己发现这些设想、假设的真实性和有效性。

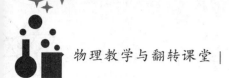

这就是著名的杜威“教学五步”法，杜威的教育思想和“教学五步”法，不仅对美国，而且对世界许多国家都产生了深刻的影响。杜威曾于1919年至1921年在中国的13个省、市进行了教育讲演和调查，对当时中国的教育产生过一定的影响。

在现代各种教学方法中，往往可以看到这两大流派的不同影响及其发展的影子。

三、中学物理教学中常用的教学方法

教学方法多种多样，其分类和命名也是一件复杂的事情。从不同的角度、不同的特征，采取不同的分类方法，对同一种教学工作方式体系可以给予不同的名称。如按教学工作任务来划分，有传授知识的方法，形成技能、技巧的方法，巩固知识、技能的方法，检查知识、技能的方法等；按获得知识的途径来划分，有口授法、直观法、实践法等；按教学中某一特点而形象命名来划分，有悬念法、暗示法、图示法等，不胜枚举。

下面，我们仍以前面所讲的教学方法的定义作为分类的依据，并考虑物理学科教学的特点，介绍中学物理教学中常用的教学方法。

（一）以讲授为主的讲授法

讲授法是教师主要用语言，辅以演示实验，向学生讲授知识的方法。其特点是主要通过教师的语言，适当辅以其他手段（如利用实物、挂图、演示实验等），使学生掌握知识，启发学生思维，发展能力。

讲授法在物理教学中是应用最广泛的教学方法，既用于传授新知识，也用于巩固旧知识；既可以描述物理现象，叙述物理事实，解释物理概念，又可以论证原理，阐明规律。讲述的内容越系统，理论性越强，采用讲授法的机会越多。

运用讲授法时，教师要适当地利用实物、挂图等手段，尽量多做演示实验，并以生动、形象、富有感染力、说服力的语言，清晰、明确地揭示问题的要害，积极地引导学生进行思维活动。

学生的学习，主要是观察实物和演示的现象，按照教师指引的思路，对教师讲授的内容、事物、现象有明晰的印象，并积极地思考，达到对教材的重点内容有较深刻的理解，并从中学到一些研究问题、处理问题的方法。

应当指出，即使在科学技术发展突飞猛进、教学改革逐步深入的今天，在中学物理教学中，讲授法仍不失为一种主要的教学方法。要知道，在物理教学中正确的讲授法，并不是教师只用一支粉笔和一张嘴，按照物理课本中的叙述，在课堂上“照本宣科”，学生只是做做记录，像通常所说“教师念、学生记”的方法。这种看法和做法，实际上是对讲授法的一种片面理解。

讲授法要求物理教师通过各种直观演示，或以生动形象的事例唤起学生已有的感

性认识，系统地讲解物理知识，揭示事物的矛盾，讲解问题的关键、要害，教给学生处理问题的方法，引导学生积极思考，学会掌握物理知识的特点。在中学物理教学中，采用讲授法应当做到：

（1）讲授的内容，必须处理得当，既要符合学生的实际水平，又要符合学生的认识规律；

（2）要创设学习物理必须进行观察的环境，即要加强演示实验；

（3）讲授时要突出重点，条理清晰，语言要直观、形象、准确、精练，能唤起学生头脑中已有的感性认识，并能激起学生积极思考；

（4）讲授知识，既要立足于发展学生能力，又要善于运用比较、分析、综合、概括、推理等思维过程和形式，把科学的客观性、逻辑性与一些艺术手法结合起来，使学生在学习知识的过程中，掌握发现问题、处理问题、解决问题的方法；

（5）教师要以身作则，通过讲授知识，潜移默化地对学生进行思想教育，培养学生实事求是、相信科学、热爱学习的高尚情操。

正确地运用讲授法需要投入巨大的创造性劳动。在实际生活中，由于师资、教材、物质条件的限制和其他因素，讲授法的质量可能不高，或者几乎成为中学物理教学的唯一方式，并使因循守旧、照本宣科等教学陋习有藏身之所。因此，在当前教学改革中要强调正确地对待和运用讲授法。

（二）以实验为主的实验法

把观察、实验这种人类对客观事物的认识方法，与物理学有机地结合起来，就构成了中学物理教学中常用的实验法。包括边讲边实验、学生分组实验、变演示为学生实验、学生课外实验、探索实验方法等。

实验法的特点主要是靠学生亲自动手做实验，把实验感知与思维活动紧密结合，从而获得知识、技能，发展智力，提高能力，特别是培养学生的观察能力，实验操作技能，养成勤于动手、善于思考的习惯以及严谨的科学态度和实事求是的学习作风。

教师主要是创造实验条件和环境，指导学生动手操作，动脑发现问题、积极思考；学生在教师的指导下，亲自操作，进行观察、记录、分析、综合实验现象，归纳得出结论。

学生在进行实验过程中，教师不仅要在巡视中引导学生不断明确实验的目的和要求，而且要及时发现问题，防止不应发生的事故。不仅要引导学生利用已掌握的有关知识和经验，而且要善于根据情况的变化，灵活地运用知识。实验活动本身包含着复杂的认识活动，通过观察现象、亲自安装实验设备、使用仪器等各种实际操作，以及处理数据得出结论，并写出实验报告，可以逐步培养学生掌握知识、技能和进行观察研究、探讨的能力，提高分析问题和解决问题的能力。

实验法直观性强，所观察的事物、现象会在头脑中形成生动的表象，对知识的理解和保持，起着十分重要的作用，而且能够激起学生学习物理的兴趣，形成今后的爱好和志趣。

（三）以讨论为主的讨论法

讨论法是由教师根据教学需要提出问题，由学生事先准备，课上进行讨论，再由教师总结的一种教学方法。

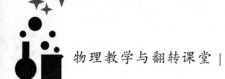

讨论法的特点，主要是教师根据具体教学要求，事先提出问题，学生通过各种途径，除阅读课本外，一般还应阅读其他参考资料或其他版本的教材，必要时进行各种观察、实验或调查，收集资料，做好讨论前的充分准备。

这里应当指出，在中学物理教学中，如果只是在课堂上提出问题，当时就叫学生打开课本进行阅读，接着就进行讨论，最后全体学生一致同意课本上所叙述的结论。这是一种形式上的讨论，不能叫作讨论法。

讨论法必须要让学生在讨论前做好充分准备。学生的准备过程，就是独立地或半独立地自主学习的过程。通过讨论，可以相互交流、相互启发、集思广益、取长补短，从而达到从不同的角度来认识事物、现象，深入全面地理解所学的知识。

这样学得的知识能够保持较深的记忆，讨论中还能增长新知识，开阔思路，活跃思想，增强兴趣。

讨论法的运用，对教师提出了更高的要求：

（1）教师必须在熟练地把握教材内容、教学要求，在学生学习容易遇到的困难和障碍的情况下，提出恰到好处的讨论题目。同时，要充分估计在讨论过程中会出现的各种情况，以及准备如何完善地引导和解决问题的措施；

（2）教师要创设条件，并引导学生事先阅读课本和其他有关的资料，引导学生做一些实验，或进行对有关自然现象的观察，最好要求学生写好发言提纲，要有观点，有材料，有分析，有结论。防止讨论脱离主题，流于形式；

（3）讨论过程中，要善于启发学生独立思考，充分发表自己的见解，并能对不同的意见展开讨论。最后，教师要对讨论的问题做出明确的结论。

讨论法适用于学生接受起来不是最困难，但在理解、应用上常常容易发生错误的一些内容的学习上。

讨论法能充分调动学生的积极性，运用得当，能集中学生的注意力，活跃课堂气氛，对培养学生思维的敏捷性和灵活性，以及语言表达能力有独特的作用，也是培养学生自学能力的一种较好的措施。

（四）以发现为主的发现法

发现法是以发展探索性思维为目标，以再发现为步骤的教学方法。

发现法的特点是教师必须创设实验的条件，学生亲自进行探索，最后使学生不仅掌握知识本身的内容、特点，而且还掌握获得知识的过程。

运用发现法的一般步骤是：

（1）教师首先提出带有探索性的问题，学生带着问题进行实验，或观察一些具体现象；

（2）根据观察、实验的结果，或根据已知理论进行推理，提出有关现象的原因，概念之间和数量之间的联系等推测，再进一步思考，或再进一步实验；

（3）学生在教师引导下把已有的知识与研究的问题结合起来，进行对照、分析、抽象、概括，通过学生的探讨，得出结论；

例如，在“电磁感应”课题的教学中，教师先在学生原有知识的基础上，提出新的思考问题：电流可以产生磁场，磁场能否产生电流呢？

学生在教师所创造的实验环境中，进行探索：

（1）做两个实验。将一个连有检流计的多匝闭合线圈，从一个固定磁场的两极间拉出，观察到检流计指针发生偏转；

（2）仍利用上述装置，让闭合线圈不动，而移动磁铁，同样观察到检流计指针发生偏转。学生通过上述实验，自然会得出结论：只要闭合线圈和磁场有相对运动，在线圈中必然产生感应电流；

（3）教师引导学生思考：上述结论是否正确？是否必然出现这个结论？

为了回答这个问题，仍需要再做一些实验进行探索：在一个作用区域较大的恒定磁场内，使一个连有检流计的多匝小闭合线圈在其中水平运动，但不超出恒定磁场范围。学生会观察到无论线圈动得多快，检流计都没有指示。反过来，小线固定不动，而移动磁铁，检流计仍然没有指示。

这就是说，闭合线圈与磁场有相对运动，不一定会产生感应电流。这时，学生的探索工作虽然发现了磁场也可以产生电流，但是产生感应电流的条件究竟是什么呢？再进一步通过学生实验、思考，最后将会得出正确的结论。

上述的程序，如果不是由学生亲自做实验去探索，而是由教师结合实验讲解，当然也留有余地引导学生讨论得出结论，则可叫作探索发现式的边讲边实验法。然而叫什么名称是次要的，重要的是组织好学生的学习活动。探索发现法的关键是教师向学生提出要解决或探索的问题，引导学生去探求，去思考，以及去推测各种可能的答案，寻求问题的正确结论。

（五）以探究为主的探究法

探究法旨在将学生学习的重心从过分强调知识的传授向知识的探究过程转化，从学生被动接受知识向主动获取知识转化。

探究法的特点是学生主动参与，亲身经历探究过程。学生在探究活动中，学习物理知识与技能，体验科学探究的乐趣，学习科学探究方法，领悟科学的思想和精神。

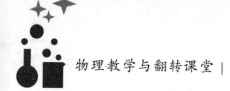

探究的要素有：

（1）提出问题（学生能发现与物理学有关的问题，并提出问题，或教师根据教学内容提出问题）；

（2）猜想与假设（学生对问题的解决进行猜想和假设）；

（3）设计实验或制订计划（为了证实自己的猜想，制订实验方案，考虑实验的变量及其控制方法，尝试选择实验的装置与器材）；

（4）进行实验或收集证据（通过实验如实记录实验数据，或通过公共信息资源收集材料、数据）；

（5）分析与论证（对实验数据进行分析处理，尝试根据实验现象和数据得出结论，对实验结果进行解释和描述）；

（6）评估与反思（尝试分析猜想与假设跟实验结果之间的差异，吸取经验教训，改进探究方案，或注意探究活动中未解决的矛盾，发现新问题，并写出实验探究报告）；

（7）表达与交流（学生能用语言、文字、数据、图表等方式表述探究的过程和结果，能倾听和尊重他人提出的不同观点和评议，并交换意见）。

这里应当指出：某些探究过程只包括其中的几个要素，而且也不一定按上面呈现的顺序进行。探究法的实质是学生主动参与，由问题或任务出发，展开学生的学习活动，学生通过观察、实验、调查等多种形式的活动，收集信息、处理信息、分析论证、得出结论：通过表达、交流、修正或改进，使学生逐步形成严谨的科学态度和科学道德，以及对社会的责任感和使命感。

探究法有利于培养学生的问题意识、信息意识、研究意识、合作意识。

四、各种教学方法的比较和综合运用

教学方法有多种多样，每一种方法都有自己的特点，各有其适用条件和适用范围。也就是说，每种方法都有各自的局限性。把某一种方法说成是放之四海而皆准的最佳方法，过分地强调其作用，或把某一种教学方法说得一无是处，过分地贬低其作用，都是错误的。例如，美国布鲁纳的“知识结构”课程理论提倡的发现教学方法，能够有效地培养学生探索能力、认识能力和创造能力，是具有特色的。在20世纪60年代，美国物理教学研究会根据这种理论和方法，组织编写并出版了中学物理教材《PSSC物理》，在当时，引起了世界各国的极大重视。经过几年的实践表明，这种方法虽然对培养学生探索知识、发现规律、训练思维推理能力等是有益的，但由于学生的基础、能力等因素不同，教师的素质、条件、学校的设备、环境不同，运用这种方法的效果也是不同的。特别是在全体学生中，所有的教学内容都运用这种方法，效果很不理想，

甚至会给很多学生带来不必要的痛苦。

因此，正确地认识各种教学方法的功能和效果，在具体教学中，根据教学目的和要求，以及各方面的实际情况，特别是学生的实际情况，选用不同的教学方法，对提高教学质量具有十分重要的意义。

对教学效果的分析，充分说明了教学实践中将各种教学方法结合运用的必要性。这是因为：

（1）方法多样化能使学生在学习过程中调动各种感官的作用，从而使感知更加敏锐、有效；

（2）方法多样化能保证学生充分利用左、右半脑的不同功能，增强记忆，并锻炼各种方式的思维活动，有助于学生对知识的理解，有益于发展学生的能力；

（3）方法多样化能提高学生认识活动的积极性，有利于调动学生学习的主动性，为认识能力的全面发展创造条件；

（4）方法多样化有利于提高学生的学习能力，提高学习质量和效率。总之，教学方法是多种多样的，各有其特点，只要运用得恰当，是可以达到预期效果的。值得指出的是，不区分教学内容的特点和教学要求、学生的年龄特征和智力水平基础以及教学环境、教学条件，千篇一律地采用一种方法是不妥的。教学方法的选择必须从实际出发，绝不能单凭个人的主观意愿来确定。

五、改革教学方法的指导思想

教学方法虽然是由许多具体的教学方式和手段构成的，但又不是各种方式和手段的简单叠加，它总是由一个指导思想贯穿，形成一个体系。

我们通常所说的“启发式”或“注入式”，主要是从教学方法体系的指导思想来说的，它不是指一个具体的个别的教学方式或手段。

启发式，就其指导思想来说，是以学生为学习的主体，相信学生愿意学习，能够学好，同时强调教师的作用，从实际出发，要求学生在各种活动中积极地思考，亲自动手、动脑，完成认识上的两个飞跃。即使是教师讲解，也要引导学生经过分析思考，充分发挥学生学习的主动性和积极性。

注入式，就其指导思想来说，是把学生当作简单的接受知识的容器，使学生完全处于一种被动地位，使学生的思维缺乏灵活性和创造性。过分地强调或夸大教师的作用，忽视学生学习的主动性，认为学生获取知识、发展能力的主要途径是靠教师的讲解，教师不讲，学生不会。在这种思想认识的前提下，即使采用探索发现法的方式和手段，实际执行的仍然是教师的命令和讲解。

具体的教学方法是多种多样的，但是无论哪种方法，都带有不同程度的启发因素。

这些因素能否在实际教学中发挥出来，取决于教师运用教学方法的指导思想是“注入式”还是“启发式”。

不能把“启发式”简单地理解为“提问”的方式，这是对“启发式”的形式主义理解。即使在教学中教师经常提问，也不一定是启发式教学。相反的，在教学过程中教师没有向学生提出问题，而是通过讲授诱导学生积极思考、积极动手操作，也可以是启发式的教学。

总之，不要看形式，而要看实质。“启发式”指导思想的核心是相信学生学习的积极性、主动性，调动学生通过亲自观察、实验，积极地进行思维活动，达到掌握知识、发展能力的目的。

具体地讲，就是要启发学生的学习兴趣、求知欲和热爱科学、勇于攀登高峰、克服困难的意志，启发学生进行观察、实验，了解现象，取得资料，发现问题；启发学生积极思维，建立概念，发现规律；启发学生掌握方法，认识本质，运用知识解决问题。

为了达到该目的，除端正教学思想、明确意义之外，关键还在于处理教材、选择材料。选择材料的要求是：

（1）富有代表性，通过学习这个问题，能概括一部分教学内容；

（2）富有启发性，既有兴趣，又能引人深思；既不是学生所陌生的，又不是学生完全认识、理解的。也就是说，要解决这个问题，既不是唾手可得，又不是高不可攀。一旦问题得到解决，不仅能给学生留下深刻的印象，而且能让学生经常回味；

（3）富有成果性，既能使学生看到自己的学习成果，得到精神上的满足，进一步激发主动学习的求知欲望，又能使学生掌握知识、技能和方法，提高学习能力。

要创造学习物理的环境，使客观事物、现象形象化，便于观察，积极思考。同一个问题，在不同的场合下，对不同的学生，采取不同的提法、不同的程序，这样将取得较好的效果。

这样，经过学生动手、动脑，自己发现了规律，既提高了学生的学习兴趣，又使学生掌握了知识，提高了能力。

总之，随着教育思想的转变，教学内容的调整，教学手段的不断改进，对教学提出了更高的要求。因此不仅需要明确教学目的、要求，还需要深入、细致地研究学生学习物理的心理、思维特征，认识学生学习物理的一般规律，了解不同学生的特点，继续开展教学方法改革试验，讲求实效，勇于创新。

第四节　物理概念教学

概念在心理学上指的是反映客观事物共同特点与本质属性的思维形式，是高级认知活动的基本单元，以一个符号就是词的形式来表现。包括在每个概念下的事物一般都具有共同的属性或特性，比如“笔”虽然多种多样，但大部分都是书写工具。

每个概念都包含内涵和外延两个方面。内涵指的是概念所反映的事物的本质，外延指的是概念的范围。例如，“脊椎动物”这个概念的内涵是有生命、有脊椎，外延则包括一切有脊椎的动物。概念的内涵增加，它的外延就缩小了。

心理学通常以人们掌握概念的途径不同将概念分成日常概念和科学概念。日常概念也叫模糊概念或前科学概念，它是在日常交往和个人经验的积累过程中形成的，因此这类概念的内涵中有时包含着非本质特性，而忽略了本质特性。例如，有些儿童认为鸟是“会飞的动物”，把蜜蜂、苍蝇都看成鸟，而不同意鸡、鸭也是鸟。

科学概念也叫明确概念，是在科学研究过程中经过假设和检验逐渐形成的，对于个人则主要是在学习条件下获得的。因此，科学概念的确切内涵可以用言语进行科学的解释。当然，科学概念的内涵也不是一成不变的，随着社会历史的发展，科学的进步以及人类认识的不断深化，概念也在不断地丰富和发展。

物理概念属于科学概念，物理概念是客观事物的物理共同属性和本质特征在人们头脑中的反映，是物理事物的抽象。如何使学生形成、理解和掌握物理概念，进而掌握规律，并使他们的认识能力在这个过程中得到发展，是中学物理教学中的核心问题。究竟应该怎样认识和进行物理概念教学呢？这里将介绍它的一般规律性问题。

一、物理概念教学的重要性

物理概念教学的重要性，大致可以从以下三方面来加以认识。

（一）物理概念是物理学最重要的基石

任何一门学科，如果没有一些概念作为分析、综合、判断、推理等逻辑思维的出发点，就不可能揭示这门学科的内容，形成学科的体系与结构，也就失去了这门学科存在的价值。

综观物理学内容，大体可分为物理现象、事实、概念、规律和理论。其中物理概念是物理规律和理论的基础。因为物理规律（包括定律、原理、公式和定则等）揭示了物理概念之间的相互联系和制约关系。可以这样说，如果没有一系列物理概念作为基础，就无法形成物理学的体系。例如，若没有电路、电流、电压、电阻、磁感应强度、电磁感应等一系列概念，就不能形成电磁学；同理，若没有光源、光线、实像、虚像等一系列概念，也就无法形成几何光学。因此，在中学物理教学中，要使学生比较系统地掌握进一步学习现代科学技术所需要的物理基础知识，首要的就是让学生掌握物理概念。

（二）让学生掌握好物理概念是物理教学的关键

教学实践表明：物理概念是物理基础知识中既不易教也不易学的内容。目前中学生普遍感到物理难学，其症结之一就在于物理概念教学没有搞好。在教师方面，往往是由于不同程度地存在着只注意让学生多做练习，而不注重让学生形成正确的物理概念的现象；在学生方面，往往只注意背定义、记公式、做练习题，而忽视了对物理概念的理解。其结果必然是丰富的物理含义被形形色色的数学符号所淹没，概念不清就会越学越困难，怎么还谈得上知识的灵活运用呢？事实上，能否使学生逐步领会某些重要的基本概念，如力、功、能等，达到教学要求，不仅直接影响学生对某一章节的学习，而且会影响对整个物理学的学习。因此，让学生掌握好物理概念是物理教学成功的关键。

（三）物理概念教学是培养能力、开发智力的重要途径

学生形成、理解和掌握物理概念是一个十分复杂的认识过程。在这一过程中，要在物理环境中通过观察、实验获取必要的感性知识，或者用实验对结论进行检验，要运用物理学方法，通过复杂的思维过程（分析与综合、比较、抽象与概括）把新事物与自己认知结构中原有的概念联系起来，通过同化或顺应来认识和理解新事物；此外，通常还要运用数学知识和数学方法来表达概念。形成初步概念以后，还要与其他概念的比较、分析中，从新旧概念之间的联系中，从学习有关的物理规律中，从反复应用概念去解释现象或解答问题中，不断加深对概念的认识和理解。因此，引导学生形成物理概念和发展对概念的理解，是学习物理学方法、培养学生多种能力（特别是思维能力）、开发学生智力的重要过程和途径。

二、物理概念的特点

物理概念具有以下两个特点：

（一）物理概念是观察、实验和科学思维相结合的产物

例如，我们观察到下列一些现象：天体在运动、车辆在前进、机器在运转、人在行走等。虽然这些现象的具体形象不同，但是撇开它的具体形象，经过分析、比较，就会发现其共同特征，即一个物体相对于另一个物体的位置随时间在改变。于是，我们把这一系列具体现象共同的特征抽象概括出来，叫作机械运动。再比如，平动概念的形成也要在观察一系列事实或实验的基础上，分析平动的共同特点，把它跟非平动的区别搞清楚，平动的概念就初步建立起来了。进而还要判断，在共同特征中，哪些因素和我们研究的问题有关，哪些因素无关，抓住的特征是不是共同的本质特征，对于做出的判断，还要通过实践（实验），跟其他概念联系起来加以检验。一些复杂的概念的形成过程，还往往要经过一个推理的过程。

因此，物理概念是观察、实验与科学思维相结合的产物。

（二）大量的物理概念具有定量的性质

许多物理概念所反映的客观事物的本质属性具有明显的定量的性质，也就是说，概念可以用个可测量的量来表示，如速度、加速度、电场强度、电阻、电压等，这类概念称为物理量。以速度为例，它是反映物体某时刻运动的快慢和方向的这一属性，然而物体运动的快慢程度只有用一个量才能准确地反映出来。例如，某人某时步行的速度是 5m/s 向东，这就能准确地反映出这个人走的快慢和方向。由于物理量有确定的量的性质，因此总是可以跟数学和测量联系起来。

物理量按照它反映客观事物属性的性质来分，可分为：

（1）状态量和过程量。

状态量是描写状态的物理量。研究对象的状态一定，它就有确定的量值。如速度和位置坐标是从运动学角度描写物体状态的物理量；动量、能量（动能和势能）是从动力学角度描写物体状态的物理量；压强、体积和温度是描写气体状态的参量，也是状态量。状态量往往可以用状态函数来表示。

过程量是描写过程的物理量。力学中的位移、功、冲量，热学中的热量等，都是过程量。一般说来，不同的过程，具有不同的量值。

（2）性质量和作用量。

性质量是描写物质或物体的某种性质的量，如密度、弹性系数、比热容、电阻、电场强度、磁感应强度等。

作用量是描写物体间相互作用的量，如力、力矩、功等。

（3）微观量和宏观量。

微观量是描写单个微观粒子的量，如电子的质量、电量、速度、单个分子的动能、势能等。宏观量是描写宏观物体或系统性质或状态的量，其中有些宏观量是描写大量

分子、原子，或大量基本粒子运动所表现出来的宏观性质，如气体的压强、温度、体积，都是大量微观量的统计平均值，具有统计平均的含义，这些量对于单个分子、原子是没有意义的。

（4）矢量和标量。

有些物理量它们既有大小，又有方向，是矢量，如力、速度、电场强度等。矢量的叠加应遵循几何学法则，即平行四边形法则。

只有大小、没有方向的量，是标量，如时间、质量、功、能、电势、电流等。标量的运算遵循代数学法则。

（5）相对量和绝对量。

凡与选择参照物或坐标系有关的物理量都是相对量，如位移、速度、动能、势能、功、电场强度、磁感应强度等。

凡与参照系的选择无关的物理量都是绝对量，如各种普适恒量，再如在两个惯性参照系符合伽利略变换的条件下，力、质量等。

（6）物理量按国际单位制又可以划分为基本物理量和导出物理量。

基本物理量是人们根据需要而选定的。基本量不是用其他物理量来定义的。基本量的数目应该是能融洽一致地和明确地描述物理学中所有各量所必需的最小数目。目前，国际单位制中采用的基本物理量有七个，即长度、质量、时间、电流、热力学温度、发光强度和物质的量。它们的计量单位分别是米（m）、千克（kg）、秒（s）、安培（A）、开尔文（K）、坎德拉（cd）和摩尔（mol）。

导出物理量是以基本物理量为基础、按照某种定义或根据有关公式推导出来的物理量。因此，一切导出物理量都可以用基本物理量的组合方式来表达。在力学中，所有的物理量都可以由长度、质量和时间这三个基本量导出；在电学中，除了上述三个基本量，再加上电流这一基本量，就可以导出所有的电学物理量。

还有些物理概念，虽然没有直接的定量性质，但在表述和研究它们时，往往离不开定量的描述。例如，“机械运动”这个概念，实际上表示物体在空间的位置随时间的变动，这里归根到底仍然涉及位置与时间的函数关系。

正是由于组成物理学的基石——物理概念大多具有定量的性质，因而研究物理学，就必然离不开数学和实验测量。

三、重点物理概念的教学要求

在众多的物理概念中，有为数不多的概念是基本概念。所谓基本概念，是指物理学中最基础、最核心的概念。它们在物理学发展过程中贡献最大，它们反复出现在许多定律中，并经常运用，而且最有生命力。

由于教学层次的不同，在初中、高中乃至大学物理教学中，总是选取与教学内容相应的一些基本概念作为教学的重点，这就是重点物理概念。对重点物理概念，要求学生达到“掌握”和“牢固掌握”的程度。而对其他概念，有的只需要“了解”，有的要求“理解”。对重点物理概念的具体教学要求是：

（一）明确建立概念的事实依据和研究方法

要使学生形成正确的概念，首先，应从具体的实例出发，即通过联系学生在生活实践中观察到的物理现象，列举各种事例及进行必要的实验等，使学生明确建立概念的事实依据，使之对有关的物理现象和过程有必要的感性认识，以建立起对研究对象的正确清晰的表象，这是形成概念的基础。其次，概念的形成，并不是感性材料的堆积，而是对物理现象和过程等感性材料进行科学抽象的产物。因此，在学生已有足够数量的感性认识的基础上，就要引导他们进行科学的抽象，即引导他们运用比较、分析、综合、想象、归纳、概括等方法，去逐步抓住事物的本质特征，以达到认识从感性到理性的飞跃。所以在概念教学中，既不能只提供形成概念的事实依据而不同时引导学生进行科学的思维活动，也不能只是从概念到概念，从理论到理论的简单“演绎”。

不同的概念，它们的引入和建立的方法可能各不相同。在中学阶段，建立物理概念主要有以下几种方法。

（1）物理概念是科学抽象的成果。在中学物理教学中，常用的抽象方法有以下三种：

①分析概括一类事物的共同本质特征（本质属性）。像前面谈过的机械运动、平动概念，就是通过分析、比较、综合、概括、抽象出事物共同的本质特征。小孩形成“人”“房子”等概念时，就运用了这类抽象的方法。所不同的是，形成日常生活中的那些概念时，事物的共同特征比较直观，容易理解，而物理学中抽象出来的共同特征不那么容易琢磨，需要有足够的、典型的感性材料做基础，更加注意通过分析、比较，认识所列举的同一类事物的共同特征，以及容易混淆的两类事物之间的根本差别，才能形成比较清晰的概念。

②把物质、运动的某种属性隔离出来，得到表征物质或运动的某种性质的物理量。如密度、速度、比速度、比热容、电阻、电场强度、磁感应强度等，这种类型的抽象，特别是用两个（或几个）物理量的比值来定义的物理量，在中学物理教学中用得很多，而学生常感到困惑。我们应当通过一些重要物理概念的教学，教会学生这类抽象方法。

③用理想化方法进行科学抽象。如质点、刚体、理想气体、检验电荷、纯电阻等，是把研究对象本身理想化；无摩擦的表面、绝热容器等，是把物体所处的条件理想化；匀速直线运动、光的直线传播等，是把物理过程理想化。理想化方法就是对所研究的事物突出起主要作用的性质或条件，完全忽略其他性质或条件而进行的一种科学抽象，

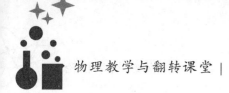

它反映所研究事物的本质特征，呈现所包含的主要矛盾。理想化方法是物理学研究中最基本、最重要的思想和方法之一。

（2）物理学中的概念组成一个体系。

各个概念间有着紧密的逻辑联系，一个物理概念往往既是前面概念的发展，又是后面的概念的基础。因此，抓住新旧概念的逻辑联系进行拓展，也是建立物理概念的方法之一。具体的方法有：

①推导法。就是依据概念之间的联系，从一个或几个已知概念推导出另一个概念。

②类比法。借助类比来引入和建立概念的例子很多，如类比水压引入电压、类比光波讲物质波、类比重力势能研究电势能等。

（二）理解物理概念的内涵

物理概念的内涵就是指概念所反映的物理现象、物理过程所特有的本质属性。在概念教学中，必须使学生理解概念的内涵。例如，对“密度”这个概念而言，一定要懂得不同的物质，其质量和体积的比值是不同的；而同一物质，其质量和体积的比值却是一定的。只有从这两方面来分析，才能使学生明白：对一定的物质来说，不管其质量和体积的大小如何，它们的比值是不变的。这种比值不变性是物质的一种本质属性的反映，叫作密度。理解了这一点，学生就不会把 $\rho = m/V$ 看成是某种物质的质量越大，密度越大，或体积越大，密度越小了。

讲授物理量的内涵时，教师除了应用语言文字把它所反映的本质属性定性地给予表达以外，还要由定性分析进入定量分析，给出它的定义式。用数学公式定义物理量最严密、最精确、最概括。定义式应从质和量的两个方面反映了物理量的内涵。

（三）了解物理概念的外延

概念的外延就是指具有概念所反映的本质属性的对象。通常说的概念的适用范围就是指概念的外延，它说明概念反映的是哪些对象。例如，重力、弹力、摩擦力、磁场对电流的作用力，属于力这一概念的外延。在概念教学中，对一些重要的基本概念，要逐步使学生了解它的外延，使学生通过对物理概念外延的学习，逐步深化和扩展对概念的理解。

（四）了解概念与有关概念的联系与区别

联系的观点是认识事物、研究事物的一个基本观点。在教学中，揭示不同概念之间的联系，有助于学生理解知识间的内在联系，从而加深和扩展对所学概念的认识和理解，也有助于逐步掌握学科的基本结构。通过比较、了解概念之间的区别，就能使学生分清不同概念所反映的不同本质属性，避免概念之间的混淆不清。这对学生正确地理解概念也是十分必要的。

（五）学会运用概念

学以致用是我们的教学目的，也是概念教学中的一个基本要求。因为只有通过运用，学生才能真正掌握概念；同时，在运用过程中，学生对概念在理解上的缺陷才能暴露出来，以便于进一步有针对性地加以纠正，完善和深化学生对概念的理解。如学过“密度”这一概念后，可以向学生提问：质量是 1kg 的钢球，切去 500g，其密度是否有变化？或许有学生回答：质量减少一半，密度也是原来的一半了。这时就应引导学生分析，物质的密度是否与其质量的大小有关？通过分析，让他们悟出密度没有变化的道理，从而加深了密度是物质的固有属性的理解，也进行了分析方法的初步训练。再如，学生只有运用合力与分力的概念解答一定量的练习题以后，才有可能真正掌握合力与分力的等效代替的实质及其定量含义。

四、物理概念教学

在中学物理概念教学中，一般要抓好以下几个环节：

（一）创设学习物理概念的环境

在物理概念的教学中，必须首先给学生创造一个适应教学要求、借以引导启发学生发掘问题、思考问题、探索事物的本质属性的物理环境。常用的办法有：

（1）运用实验。

运用实验来展示有关的物理现象和过程，不但较之学生在生活中所感受的要深刻和典型，而且创设的情境越新颖生动，就越能引起学生的兴趣和积极主动地思考。例如，在学习“大气压”的概念时，有经验的老师曾创设过这样一个情境：先将一个剥去外壳的熟鸡蛋，置于较蛋稍小的玻璃瓶口上，鸡蛋停在瓶口上不动，接着拿去鸡蛋，将酒精棉花点燃后投入瓶内，燃烧片刻，使瓶中空气稀薄，再将那只蛋置于瓶口上，他们惊疑地看到鸡蛋慢慢被瓶子“吞入”最后落在瓶中。面对这种意想不到的现象，他们不但立即引起了浓厚的兴趣，而且激发起主动探索其中奥秘的积极性。由此可见，演示的装置和现象以及由此引起的疑问，为进一步进行思维加工提供了很好的基础。

这里要注意的是，运用实验来创设学习概念的环境，既要有利于激发学生的兴趣和求知欲望，更要引导学生把注意力集中到被研究的对象和现象上来，注意观察它的变化及其产生的条件，以便从中发现它的本质属性。

（2）利用学生积累的生活经验。

学生在日常生活中，观察和接触过许许多多物理现象和应用物理知识的事例。善于恰当地利用学生已有的生活经验，也能创设良好的物理环境。例如，在进行压强、摩擦、惯性等概念的教学时，都可以利用许多典型、生动为学生熟知的事例来创设物理环境。这种通过“第二信号系统”，运用生活事例来创设的物理环境会使学生有身临其境的感觉。但要注意，事例要恰当和典型，语言要简练生动，所举的实例必须是学生确已熟知的实例，否则会使学生感到不可捉摸。

（3）抓住旧知识，展开逻辑。

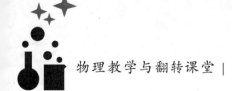

新概念往往与已学过的概念、规律之间存在着有机的联系。抓住新旧知识间的联系，从已有知识出发，通过逻辑展开，把新概念自然地引申出来，也可以创设学习新概念的良好物理环境。这样可以使学生认识到引入新概念的客观性和必要性，使知识系统连贯，便于学生理解、掌握和不断深化，也有利于发展学生的逻辑思维能力。

此外，通过介绍生动有趣的物理学史实或故事，通过有启发性的提问，运用图表、幻灯、电影、电视、录像、参观等方式，也可以创设良好的物理环境。

（二）进行思维加工

物理概念是对物理现象、过程等感性材料进行科学抽象的产物。在概念教学中，若只向学生提供形成概念的感性材料，而不同时让学生参与思维加工活动，尽管教师将概念的文字或数学表达讲得很清楚，但对学生来说，表面联系和内在联系、感性认识和理性认识、生活经验和科学概念仍处在分离的状态。因此，要使学生形成正确的概念，就必须在他们获得足够的感性材料的基础上，按照物理学中建立概念的方法，引导他们运用比较、分析、综合等思维方法，对感性材料进行思维加工，进而抽象概括出事物的本质属性，从而使他们形成概念。在此基础上，引导学生用精炼的语句将这个概念的内涵表达出来。对于物理量，还应引导学生从实验数据或实例分析出发，紧扣它的物理意义，运用一定的数学知识，得出它的定义式。进一步通过比较、分析，使学生理解该定义式怎样从质和量两个方面反映它的物理意义，它的适用范围是什么。

例如，在“电阻”概念的教学中，学生从实验中直接取得的是几组数据。如何对这些数据进行分析、比较、抽象、概括，使学生形成电阻这一概念呢？首先研究一组数据，从对这一组数据的分析、整理中可以得出：对同一导体，加在它两端的电压 U 与通过它的电流 I 之比，是一个与 U 和 I 都无关的恒量 R：然后再考查另一组（或几组）数据，也可以得到同样的结论。于是可以初步概括出如下结论：每个金属导体本身都存在着一个恒量 R，不同的导体具有不同的 R 值。这时，可以启发学生运用类比联想，如同种物质的质量和体积的比是一个恒量，不同物质这个恒量的值不同，这个恒量表征物质的一种特性——密度。再让学生悟出这个不同的恒量 R，也一定表征着导体的某种固有特性。接着引导学生对几组数据进行比较、分析和推理，可以得到如下结论：在相同的电压下，恒量 R 值大的电流小，恒量 R 值小的电流大。因此，R 的大小反映了导体对电流阻碍作用的大小，于是引出电阻这一概念。最后，让学生试用文字及数学式 $R=U/I$ 做出正确的表达。

对比是常用来认识几种事物的质或量之间的区别和联系的一种有效方法。在概念教学中，要引导学生运用对比的方法，来分清有关概念之间的区别和联系，以加深对概念的理解。例如，对比蒸发与沸腾、串联与并联、交流电与直流电、热量与比热容等。

（三）必须及时给学生提供运用概念的机会

当学生初步形成概念后，让他们将抽象的概念“返回”到具体的物理现实中去，使他们在运用概念联系实际或解决具体问题的过程中，巩固、深化和活化概念，看到自己在学习中的收获，会激起进一步学习的兴趣和主动性。同时，特别要注意逐步教给学生正确运用概念去分析、处理和解决物理问题的思路和方法。引导他们在运用已有的概念去面对新的物理现象时，勇于提出问题，勤于思考，扩大认识范围，逐步提高他们分析、解决物理问题的实际能力。因此，运用是使学生把学到的知识转化为能力的关键。

例如，学了“惯性”和“摩擦”以后，向学生提问：如果锤头从木把上脱落，用什么办法把锤头装牢？这样做根据什么道理？让学生运用学过的“惯性”“摩擦”等知识解决这一简单的实际问题，并分析说明它的道理。又如，在学了电阻的概念以后、可以让学生讨论：通过某导体的电流为 1A 时，测得它的电阻为 2Ω。现在若让它通过 2A 的电流，则其电阻为多大？有的学生认为电阻与电流成反比，是 1Ω。在学了电功率的概念以后，还可提问：当通过一个导体的电流增大到原来的 3 倍时，电流的功率为原来的几倍？有的学生会回答“3 倍”，问题都出在对电阻概念没有正确的理解，或是不会正确地分析运用上。因此，对前者可启发学生：导体的电阻是否随着通过的电流的改变而改变。让学生回到讨论电阻这个概念的定义中去解决。对后者，可以启发学生思考，当通过某一导体的电流增大时，两端的电压变不变，怎么变，为什么。这样通过讨论和分析，让学生总结经验，有利于对概念深入的理解和掌握，同时也使学生受到运用概念去解决物理问题的训练。练习不宜过多，关键在于问题的典型性、启发性、灵活性是否突出，是否对学生有针对性。

最后应当指出，人对任何事物的认识包括物理概念在内，都有个过程，都是有阶段性的。因此，物理概念教学也要注意它的阶段性，不能一开始就企图讲深讲透，那样会适得其反。真正重要的是应该做到，既使每个阶段具有十分明确的适度的要求，又使各个阶段相互联系，逐步加深扩展，切不要使之僵化。

第五节　物理规律教学

规律即联系。毛泽东同志说：“规律就是事物之间本质的、必然的联系。”规律的特点就是其必然性、普遍性、客观性、永恒性。世界上的事物、现象千差万别，它们都有各自的互不相同的规律，但就其根本内容来说可分为自然规律、社会规律和思维规律。自然规律和社会规律都是客观的物质世界的规律，但它们的表现形式有所不同：自然规律是在自然界各种不自觉的、盲目的动力相互作用中表现出来的，社会规律则必须通过人们的自觉活动表现出来，思维规律是人的主观的思维形式对物质世界的客观规律的反映。物理规律属于自然规律，是物理量之间的本质的必然的联系。

一、物理规律教学的重要性

物理规律（包括物理定律、定理、原理、法则、公式等）反映了物理现象、物理过程在一定条件下必然发生、发展和变化的规律，它反映了物质运动变化的各个因素之间的本质联系，揭示了事物本质属性之间的内在联系。在一定意义上说，物理规律揭示了在一定条件下某些物理量间内在的、必然的联系。

学生形成物理概念和掌握物理规律之间存在着不可分割的、辩证的联系。一方面，形成物理概念是掌握物理规律的基础，概念不清就谈不上掌握规律；另一方面，掌握物理规律可以使我们从运动变化中、从物理对象与物理现象的联系中去进一步更深入地理解物理概念。另外，有些概念本身就是建立在物理规律的基础之上，如电阻就是建立在对同一导体电压与电流之比是一常量这个实验规律之上的，所以二者是相辅相成、相互促进的。

整个中学物理是以为数不多的基本概念和基本规律为主干而构成的一个完整的体系，是由基本概念、基本规律和基本方法及其相互联系构成了学科的基本结构。其中，基本概念是基石，基本规律是中心，基本方法是纽带。要使学生掌握学科的基本结构，就必须使学生学好基本规律。所谓物理知识的应用，主要是指运用物理概念，特别是运用物理规律解释现象、解决物理问题。在中学物理教学中，学生的智力和能力也主要是在观察、实验、探索和分析物理现象，理解、掌握和运用物理概念和物理规律的过程中，不断发展起来的。因此，我们应当在抓好物理概念教学的基础上，认真抓好物理基本规律的教学。

二、物理规律的特点

物理规律具有以下几个特点：

（一）物理规律是观察、实验、思维、想象和数学推理相结合的产物

任何客观规律都只能被发现，而不能被“创生”。不同学科的规律被认识与发行的途径又是不尽相同的。物理学规律揭示的是物质的结构和物质运动所遵循的规律，因此必然与人们认识物理世界的途径有关，即都与观察、实验、抽象思维、数学推理等有着密不可分的联系。

（二）物理规律反映有关物理概念之间的必然联系

任何一个物理规律都是由一些概念组成的，这些概念常常表现为物理量，可以用一些数字和测量联系起来。物理规律把概念之间的一定关系用语言逻辑或数学逻辑表达出来。

例如，欧姆定律是由导体、电流、电压、电阻等概念组成的。研究对象是导体，电流、电压、电阻是三个可测量的物理量。它表明：通过研究对象（导体）的电流与研究对象（导体）的电阻（反映研究对象本身性质的量）和加在研究对象（导体）两端的电压之间的定量关系。

（三）物理规律具有近似性和局限性

由于物理学研究的对象和过程往往不是处于自然状态的实际客体和实际现象，而是采用科学抽象方法适当简化之后建立的理想模型和理想过程；又由于物理学是实验科学，在观察和实验中，限于当时仪器的精密程度、操作技术的准确程度，从而不可避免地出现测量误差。因此，反映各物理量之间关系的物理规律，只能在一定精度范围内足够真实，但又是近似地反映客观世界。

物理规律不仅具有近似性，而且由于规律总是在一定范围内发现的，或在一定条件下推理得到的，并在有限领域内检验的，所以规律还具有局限性。也就是说，物理规律总有它的适用范围和适用条件。

三、重点物理规律的教学要求

在中学物理知识结构中，有一些占主干地位的基本规律，这些重点规律教学的成败，对学生能否学好物理知识，能否运用物理知识解决实际问题具有关键性的作用，必须下大力气抓好。为此，必须明确对重点规律的教学要求。这些要求对初中生都是

大体适用的。

重点物理规律的教学要求主要有以下几点：

（1）使学生把握新旧知识的联系和建立物理规律的事实依据，掌握研究物理规律的方法。

一方面，物理规律本身反映了物理现象中的相互联系、因果关系和有关物理量间的严格数量关系，因此，在物理规律的教学中，必须将那些原先分散学习的有关物理概念综合起来，把它们的关系作为研究主题。只有用联系的观点来引导学生研究新课题、提出新问题，才能激发起学生新的求知欲与新的钻研志趣；另一方面，物理规律本身总是以一定的物理事实为依据的，因此学生学习物理规律，也必须在认识、分析和研究有关的物理事实的基础上来进行。对于中学生来说，他们的抽象思维能力不强，理解和掌握物理规律更需要有充分的感性材料作为支柱。

人类在对物理规律的探索与研究过程中，逐步形成了物理学研究的基本方法。学生认识和掌握物理规律的过程，也相当于一个简化了的探索和研究过程。物理规律的获得主要有两种途径：一种是直接从实验结果中分析、归纳、概括而总结出来，即实验归纳法；另一种途径是利用已有的概念和规律，通过逻辑推理或数学推导，得出新的规律，即理论分析法。理论分析法可以是利用已有的概念和规律，推导出更普遍的规律，这属于理论归纳；也可以是利用较一般的规律，推导出特殊的规律，这属于理论演绎。

对于某一规律的教学，不一定按历史上的发现过程来叙述，教师可根据教学要求、学生原有基础、学校设备条件等来确定。实际上，教学中采用不同的方法来探讨规律，各有其优点，在促进学生掌握研究方法和发展能力方面可以起到不同的作用。

在实际教学中，究竟采用哪种方法，要视具体情况而定。可以以某一种方法为主，再配合使用另一种方法，但是无论采取哪种方法，都必须使学生明确建立规律的过程、依据，以及采用的方法。在运用实验归纳法时，要做好实验，突出相关的物理量，引导学生从实验现象和数据出发，抓住主要矛盾，运用一定的逻辑方法和数学方法，归纳出结论来。在运用理论分析法时，要抓好演绎推理的依据、推导的关键、推导的逻辑方法和数学方法，带领学生推导出规律的表达式，而后讨论它的物理意义，并用实验加以验证。

（2）要使学生理解物理规律的物理意义。

中学阶段所研究的物理规律，一般都要用文字语言加以表达，即用一段话把某一规律的物理意义表述出来。对于物理规律的文字表述，要认真加以分析，使学生真正理解它的含义，而不能让学生去死记结论。对规律的文字表述的引出，必须在学生对有关问题进行分析、研究，并对它的本质有相当认识的基础上进行，切不可在学生毫无认识或认识不足的情况下“搬出来”，再“灌”给学生，然后再逐字逐句解释和说明。这种做法离开了认识的基础，颠倒了认识的顺序。学生不知道规律是怎么得来的，也不可能理解它的真正含义。

大多数物理规律的内容都可以用数学公式表达出来，即规律的公式。公式的形式要能表达出规律的内容，能反映出研究对象间的内在联系，还能由之计算出有关的物理量的量值（有的还要能标示矢量的方向），参与各种推理和运算，并尽量选择最简洁的形式。对于物理规律公式，一是要研究它是怎样建立起来的。在实验归纳法中，是怎样把实验数据通过思维加工和数学加工，转化为规律的表达式的；在理论分析法中，规律的表达式是怎样通过严密地推理而得出的。二是要研究公式所表示的物理意义。要使学生从物理意义上去理解公式中所表示的物理量之间的数量关系，而不能从纯数学的角度加以理解。

许多物理规律也可以用函数图像来表达，函数图像有简明、清晰、直观的优点。在中学物理中，利用图像表达物理规律有以下几个作用：

①利用函数图像归纳实验定律，讨论实验定律。这是科学研究中常用的一种方法。

②用图像形象地描述物理规律。数学公式能精确地描述物理规律，配合函数图像，表达就更形象、明显，就能够加深学生对规律的理解。

③在学生数学知识不足的情况下，可以利用函数图像来表明物理规律，利用函数图像导出有关公式。

综上所述，利用图像表达物理规律，既有与用公式表达相辅相成的一面，又有它自己的独特作用。无论是用公式表达，还是用图像表达，都要突出它的物理意义，使学生真正做到理解。

（3）使学生明确物理规律的适用条件和范围。

每一个物理规律都是在一定条件下反映某个物理现象或物理过程的变化规律的，规律的成立是有条件的。因此，每一规律的适用条件和范围也是一定的。学生只有明确规律的适用条件和范围，才能正确地运用规律来研究和解决问题，才能避免乱用规律、乱套公式的现象。

（4）使学生认清所研究的物理规律与有关的物理概念和物理规律之间的关系。物理规律总是与许多物理概念紧密联系在一起，与某些物理规律也互相关联，应当使学生把物理规律和它相关的物理概念和物理规律之间的关系搞清楚。

例如，牛顿第一定律与物体的惯性虽有联系，但二者有本质上的区别，不能混为一谈。常发现中学生把惯性与运动状态等同起来，把用力改变物体的运动状态说成是“打破物体的惯性”，把物体不受外力作用保持原来的运动状态说成是“保持物体的惯性”，有的教师也讲外力“克服惯性，而使物体运动起来”。我们知道，惯性是物体的固有属性，物体无论是静止还是运动，无论是从静到动还是从动到静，在任何时候都具有惯性。在经典力学范围内，物体的质量视为不变，惯性的大小也视为不变，物体作平动时，惯性大小的量度就是质量。因此，不能说“打破”惯性。牛顿第一定律是一个反映这些客观事实的物理规律，与反映物体属性的惯性，二者不能混为一谈。

（5）使学生学会运用物理规律说明、解释现象，分析和解决实际问题。

对于重点物理规律，不仅要求学生理解，而且要求会灵活运用。因为掌握物理规律的目的就在于能够运用物理规律去解决问题。运用的过程，是将抽象的物理规律具体化的过程，从而完成认识上的第二个“飞跃”。在这一过程中，一方面，可以巩固、深化和活化对规律的理解另一方面，可以使学生学到分析、处理实际问题的方法，发展学生分析、解决问题的能力，运用数学解决物理问题的能力，逻辑地说理和表达能力，手脑并用、独立解决简单实际问题的能力以及创造能力等。

四、中学物理规律的教学

重点物理规律的教学过程，一般来说应当经历一个在教师的引导下学生在与物理世界的相互作用中发现问题、探索规律、讨论规律和运用规律的过程。因此，物理规律的教学过程一般包括以下四个有序的步骤：

（一）创设便于发现问题、探索规律的物理环境

教师要带领学生学习物理规律，一方面，需要引导学生在物理世界中发现问题。因此，在教学的开始阶段，要创造便于发现问题的物理环境。在中学阶段，一是通过观察、实验发现问题，也可以从分析学生生活中熟知的典型事例中发现问题；二是从对学生已有知识的分析引申和逻辑展开中发现问题。另一方面，创造的物理环境要有利于引导学生探索规律。例如，使学生获得探索物理规律必要的感性知识和数据，提供进一步思考问题的线索和依据，为研究问题提供必要的知识准备等。创造的物理环境还应有助于激发学生的学习兴趣和求知欲望。

（二）带领学生在物理环境中按照物理学的研究方法来探索物理规律

在这一过程中，教师应怀着对科学的热爱，对探索的兴趣，对学生的信任，情绪饱满地引导学生去发现问题、思考问题、探索规律。在中学阶段，主要是运用实验归纳法和理论分析法，或者把两者结合起来进行。具体的方法大致有以下几种：

（1）运用实验总结物理规律。

具体的做法有：

①由对日常经验或实验现象的分析归纳得出结论。如研究蒸发快慢的条件等。

②由大量实验数据，经归纳和必要的数学处理，得到结论。如力矩的平衡条件，光的反射定律等。

③先从实验现象或对实例的分析中得出定性的结论，再进一步通过实验来寻求严格的定量关系，得出定量结论。如研究液体内部的压强等。

④在通过实验研究几个物理量的关系时，先分别固定某些物理量，研究其中两个物理量间的关系，然后加以综合，得出几个量的关系。如欧姆定律，焦耳定律的研究等。

⑤限于实验条件，先介绍前人通过实验得出的结果，再通过对实验结果的分析，得出结论。如对近代物理中的一些规律的研究等。

（2）运用已有知识，通过理论推导，得出新的物理规律。

具体做法大致有：

①先用实验或实例做定性研究，再运用理论推导得出结论，如对电磁感应定律的研究等；

②在观察实验和日常经验的基础上，研究理想实验，通过推理、想象，得出结论，如对牛顿第一定律的研究等；

③运用已有知识和数学方法，进行演绎或归纳推理，得出结论；

④运用物理量的定义式或函数图像，导出表达物理规律的公式。

（3）提出假说，检验和修正假说，得出结论。

对有些物理规律的研究，可以先引导学生在观察实验或分析推理的基础上进行猜想，提出假说，然后再运用实验或理论加以检验，修正假说，得出科学的结论，如讲授阿基米德定律等可以用这种方法。

无论是采用哪种方法，最后都要在探索的基础上，得到物理规律的文字表述和数学表达（初中阶段有些规律只要求用文字表述）。

（三）引导学生对规律进行讨论

一般往往要从以下三个方面进行讨论：

（1）讨论规律（包括公式和图像）的物理意义，包括对文字表述含义的推敲，对公式和图像含义的明确；

（2）讨论和明确规律的适用条件和范围；

（3）讨论与这一规律有关的概念、规律、公式间的关系。

在讨论的过程中，应当注意针对学生在理解和运用中容易出现的问题，以便使学生对这一物理规律获得比较正确的理解。

（四）引导和组织学生运用物理规律

在这一过程中，一方面，要用典型的问题通过教师的示范和师生共同讨论，使学生结合对实际问题的讨论，深化、活化对物理规律的理解，逐渐领会分析、处理和解决问题的思路和方法。另一方面，更主要的是组织学生进行运用规律的练习。要引导和训练学生善于联系日常生活中的实际问题学习物理规律，经常用学过的规律科学地说明和解释有关的现象；通过训练，使学生逐步学会逻辑地说理和表达。要学会运用物理规律分析和解决实际问题，就要逐步训练学生运用分析、解决问题的思路和方法，使学生学会正确地运用数学解决物理问题。还应当鼓励学生运用学过的规律独立地进行观察和实验，自己动手、动脑进行小设计和小制作，创造性地解决一些简单的实际问题。要帮助和引导学生在练的基础上，逐步总结出在解决问题中一些带有规律性的思路和方法，逐步提高各种思维品质的水平。

最后应当指出：一方面，物理规律的教学要有阶段性，有一个逐步深化、提高的过程。对同一个物理规律，初中、高中、大学有不同的层次，不同的要求。例如，对于力和运动的规律，初中只要求有个定性的了解，高中要求用初等数学进行定量研究，大学则有更高的要求。对于高中的必修与选修阶段，大纲上也规定了不同的要求。另一方面，学生对某一规律的掌握，也需要由浅入深，一步步地通过一系列教学活动，最后达到教学大纲的要求。那种企图通过一两节课的教学，就要使学生对某些规律完全掌握的做法，往往既加重了学生的负担，又不能取得良好的教学效果。

第二章

中学物理教学技能

第一节　教学技能综述

一、当代教师的素质结构

教师素质是教育现代化的关键问题。让·托马斯认为，革新的成败最终取决于全体教师的态度。对尚未掌握思考和学习方法的学生而言，我们无论怎样强调教学质量亦即教师质量的重要性都不会过分。为此，构建合理的适应现代教学发展的教师素质结构，是我们必须思考和研究的理论与现实课题。

研究表明，一个好教师应该具备较高的综合素养，其综合素质可以用三维结构来描述：一维是专业知识素养，二维是专业能力素养，三维是人文素养，三者构成了教师的三维立体素养结构。

（一）教师的专业知识素养

教师的专业知识素养包括本体性知识、实践性知识、条件性知识。

（1）教师的本体性知识是指教师所具有的特定学科的知识；

（2）教师的实践知识是指教师所具有的课堂情景知识以及相关的知识；

（3）教师的条件性知识是指教师所具有的教育学与心理学知识。

（二）教师的专业能力素养

教师的专业能力素养包括基础能力、职业能力、自学与自我完善能力。

（1）教师的基础能力是指教师的教学技能，如计划技能、阐述技能、导入技能、提问技能、讲解技能、引导技能、板书技能、把握技能、节奏技能、表达技能、讨论技能、演示技能、练习技能、反馈技能、对比技能、评价技能、总结技能等；

（2）教师的职业能力指的是教师的了解能力、管理能力、教师的期望、说服能力、表扬能力、关系能力、沟通能力、示范能力、暗示能力、控制能力、感化能力、惩罚能力等；

（3）教师的自学与自我完善能力是指教师的积累能力、自我完善能力、钻研能力、自我控制能力、改进更新能力、自我陶冶能力等。

（三）教师的人文素养

教师的人文素养包括情感、态度、价值观。它们是指教师良好的心理品质和优秀的人格特征等情感素质在教育教学中的体现。

日本学者上武正二调查了从小学一年级至高中三年级的4588名学生，他们所喜欢教师的前19项品质是：教育热情，教学易懂，开朗，公开，理解学生，亲切，平易近人，有趣，不发脾气，幽默，直爽，与学生一起活动，活泼，擅长运动，多与同学讲话，有学问，言语明了，健谈，疼爱学生。

当前我国师范教育计划基本上是由两个部分组成：一是教师的专业知识，二是教师的教学技能。和当前课程改革的要求相比较，师范教育还存在很大的问题，具体表现在以下几个方面：

（1）教育观念严重滞后，导致学生情感修养缺失；

（2）把培养学生的专业知识、专业技能放在首位，忽视师范生的情感教育；

（3）职业教育的课时没有保证，导致学生专业能力修养的缺失；

（4）专业课课时不断减少，和发达国家师范教育相比，我们的教育理论课和教育实践课的课时都呈现减少的趋势；

（5）和当前的课程改革严重脱节，导致学生专业知识修养的缺失，教材陈旧是一个很重要的原因。

二、教师的素质结构与当前师范教育的重点

三维教师素质结构对教师培养提出了较高要求。教育部部长袁贵仁曾在《新课程需要新型教师》的文章中指出：“当前教师教育改革发展的诸多工作中，培养和培训适应我国基础教育特别是新一轮基础教育课程改革需要的新型教师，是一项重要而紧迫的任务”教育部颁布《基础教育课程改革纲要（试行）》特别强调：“师范院校和其他承担基础教育师资培养和培训任务的高等院校和培训机构应根据基础教育课程改革的目标与内容，调整培养目标、专业设置、课程结构，改革教学方法。教师是实施新课程的主体，是推行课程改革的关键。新的课程需要新型的教师。教师教育要为基础教育课程改革与发展提供良好的师资保证。”

针对当前师范教育出现的问题，结合教师的素质结构理论，我们应重新认识当前师范教育的重点。

（一）教师素质结构中人文素养的培养

对于今天的中小学教育来说，教师仅有专业知识和教学技能是远远不够的，还应该具备同样重要的人文素质——教师的情感、态度、价值观。它们是指教师良好的心理品质和优秀的人格特征等情感素质在教育教学中的体现。与知识和技能的获得相比，

师范生情感素质的养成是一个关乎其职业发展的重要环节，也是一个复杂和长期的过程。

在这里，我们特别强调培养教师的师德和教师的生命意识。

（1）师德是教师人文素养的灵魂。高尚的师德包括对教育事业的热爱，强烈的事业心和奉献精神；科学的世界观和积极向上的人生态度、强烈的责任感和对学生的尊重、关心和爱护；处处为人师表，以身作则。师爱是师德的核心，师爱是一种强大的力量，它不仅能够提高教育质量，也会促进学生的成人和成才，影响学生的身心发展、人格形成、职业选择和人生道路的转变。教师的师德是教师个体人格魅力的反映。

（2）生命意识是教师人文素养的核心。它要求教师要关注学生的生命成长、关注自身的成长、关注教师职业的成长。研究表明，好的老师不但具有很高的专业素养，而且还用自己的人格魅力去影响、激励学生。在学生心目中，教师是社会的规范、道德的规范、人们的楷模、父母的替身，教师的人格作为师德的有形表现，高尚而富有魅力的教师人格能产生身教重于言教的良好效果；教师的人格对年轻心灵的影响，是任何教科书、道德箴言，任何奖励和惩罚制度都不能替代的一种教育力量。这说明和获得知识相比，非知识领域的东西比如态度、情感、价值观等对人的发展起到更大的影响。因此，教师的人文素质实际上就是潜在的学生的学习资源，是蕴含巨大能量的隐性课程。人本主义心理学家、教育家罗杰斯指出，衡量一个教师优秀与否的标准是看他有多大的创造性以促进学生的学习，以保持或激发学生对学习的热爱。

20 世纪六七十年代，美国提出“情感师范教育”计划，就将教师教育目标分为教育知识、教学技能、教师情感及自我意识三类，这一计划主要集中在教师的情感教育及自我意识培养上。情感师范教育更强调“个人本身的价值和态度的形成”及“人与人之间感情和技能的发展”。借鉴情感师范教育这一概念，在我国师范教育体系中也应建立起有我们自己特色的情感师范教育。

特色情感师范教育目标可设定为：

（1）培养师范生正确的教育理念、教育价值观、良好的个性品质。具体包括对教育事业的热爱和忠诚；有正确的自我观念，能以积极的态度对待自己；有远大的理想与个人兴趣；能以平等、善意、友爱等态度对待学生；善于了解别人的知觉、情绪、愿望，分享其情感并进一步依此来引导其行为。

（2）使师范生具有良好的情感交往的能力与技巧。具体包括善于观察、识别学生的情绪反应，并恰当地做出应答；善于接纳学生的情绪坦露，灵活地处置其情绪宣泄；能够自然地与学生平等相处，进行情感交流：善于用语言；体态、手势等手段鼓动和激起学生的积极情感，引导学生情感方向和控制情绪强度；善于用鼓励性语言，慎用惩罚性语言；善于营造良好积极的情感氛围，具有一定的幽默感；能排解学生情绪、情感困惑。我们可以通过创设情感课程，以及对现有人文学科教学内容中情感因素进行挖掘、改造，将情感素质培养渗透到教学之中。

把情感素质的培养纳入整个师范教育计划中，构建“情感师范教育”模式，实行情感教育，从而为师范生走向教育工作岗位，承担培养全面发展的社会主义事业接班人的重任奠定基础。

（二）专业能力素养的养成离不开实践

首先，师范教育要加强和社会的联系，深入社会和学校，探讨一些尚待解决的教育问题。例如，听中学老师的教学，学习教材的处理和对课堂的把握，初步具备对教材进行二次加工的能力；和中学生交流，掌握他们的学习和心理，理解教学中和学生交流的重要性，初步具有教学反馈能力。当代学生的兴趣和动机、学习的方法和策略、教师怎样处理教学中的教与学的关系等，探讨学科学习的兴趣、动机、策略和方法是教学中的永恒内容。社会的发展、科技的发展、人的发展等都使得人们学习的兴趣、动机、策略和方法都在历史性地发生着变化，对这些问题的探讨既有其现实的意义又有其历史的意义。听课调研是教法学习必不可少的一个环节，在学习方式、生活方式、工作方式、思维方式等都在发生很大变化的今天，尤其是随着教改的深入，在教学思想、教学方式发生巨大变化的今天，我们只有了解并掌握当前教育的现状，才能为有效地进入教学的状态做好准备。在听课调研的过程中，不但是学习教育经验，更重要的是在这个过程中对当前教育的思考，形成自己的教育观念。

其次，在教法课上采用微格教学的方式使学生有教育实践的机会，将教育理论和教育观念融入教育实践，提高教学能力。微格教学包括教师、学生、课程（教学信息要素）和教学条件（物质要素）四个最基本的教学系统构成性要素，涉及教学目标、教学内容、教学方法、教学媒体、教学组织形式、学习结果和评价等过程性要素及其相互关系，是包含各种教学要素的、复杂的、微观的课堂教学子系统。也就是说，微格教学是微观层次的教学系统，微格教学的目标具有课堂教学和技能训练的双重目标。微格教学作为课堂教学的子部分，其目的是在实现课堂教学目标的前提下灵活运用教学技能并掌握教学技能。微格教学的教学设计必须以实现课堂教学目标为先导，以教学技能训练目标为手段，进行教学策略的微观方案设计。若偏离了课堂教学目标，不管运用了什么样的教学技能都是无意义的。这种方法有理论、有实践，形象具体，可操作性强，确实是一种训练职业高师学生教学基本功之有效的方法。正如英国微格教学专家G. 布朗所说：微格教学将帮助教师加强、改进教学技能和方法，减少失误，并使师范生尽快地建立信心。它不能在一个晚上改变教师或师范生的个人素质和习惯，它不能解决教学中的所有问题，它不一定能把一个普通教师变成个天才的完美无缺的教师，但却是成为好教师的第一步。

（三）教师专业知识素养教育应结合当前课程改革的需要

首先，对新课程理念的学习和认识，可弥补专业知识素养中实践性知识的缺失。它是学生对即将从事的工作的一个全新的认识，不仅有利于形成教育观念，更有利于他们在实际教学中对观念的把握能力。新课标的学习，从课程标准设计框架入手，让学生对新课标有一个整体性的认识，然后从培养目标定位到课程基本理念、课程目标、内容标准实施建议，重点在于学习课程基本理念和课程目标，形成适合当前形式的教育观，包括质量观、人才观以及服务观等，否则这些未来的教师将不能适应新形势的要求。谈及教育，只注重文化知识传播，甚至认为越全越深越好，于是只见树木，不见森林；只重智育，轻视其他。

其次，重新认识教学过程和教学原则、教学方法，提升教师的知识素养。教学过程是认识和实践相统一的过程，强调实践是体现国家课改理念中体验的教育观念，在阎金锋、查有梁等著的《物理教学论》一书中，“物理教学的认识论研究”一章非常精彩，解读了物理教学的认识过程的特点。对教学原则的认识也不能局限于表面，要深刻理解教学原则需要了解其理论背景，《物理教学论》一书从系统科学的反馈原理、有序原理、整体原理应用与研究教学原则出发，相应提出：明确意义，增强兴趣；循序渐进，周期跃迁；掌握结构，发展能力的三个教学原则。这对我们理解和把握教学原则有更好的指导意义。物理教学方法部分，在李秉德先生主编的《教学论》中，对教学方法的划分是比较科学的，他把教学方法划分为五种，即以语言传递信息为主、以直接感知为主、以实际训练为主、以欣赏活动为主、以引导探究为主。这样的划分清晰明了，同时，任何一个课堂教学都是在综合教学方法的基础上才能达到优化教学的目的。学习教育基本理论，比如教育与人的发展关系、教师与学生的关系，了解外国近代教育思想，了解教育心理学理论，如学习心理理论、学习动机理论、学习策略理论等，教育教学理论的学习应该进一步加强。

时代发展给教育带来的深刻影响，必然会引起各种教育因素的变化，也必然会引起教育的重要因素——教师的变化。因此，师范教育在培养和提高教师素质时，应努力适应时代发展，迎接挑战。

第二节　表述技能

1986年，在日本东京召开的国际教育讨论会上，一位菲律宾代表十分幽默地提出了一个问题：“什么是物理学？”而后他的回答令人深思：“物理学就是难的、意味的和抽象的”，这正是绝大多数学生学习物理的感受。物理教学的效果如此，所以教学双方都感到疲惫，这种状况在今天的中学大学的物理教学中仍然普遍存在。这个问题的解决，专家和一线的教师都做了大量的理论研究和教学实践方面的工作和努力，取得了一些成就。很多教师在多年教学中总结出来的重视物理教学中用“物理语言”表达物理概念、物理规律，从而发展思维乃至培养智力与能力、教会学生学习“活”的物理的一种教法，这种教法在大大提高学生学习兴趣的同时，使学生学到了知识和技能，也掌握了物理过程和物理方法，是被实践证实较为有效得教学方法，较好地解决了学生学习物理过程中出现的问题。

一、关于表述

表述，顾名思义，就是表达叙述。表述是教师基本教学的技能之一。教师的基本教学技能包括计划技能、阐述技能、导入技能、提问技能、讲解技能、引导技能、举例技能、板书技能、把握技能、节奏技能、表述技能、讨论技能、演示技能、练习技能、反馈技能、对比技能、评价技能、总结技能。其中阐述、讲解、引导、举例、表述等都属于语言技能，这说明，语文水平及其相关的语言能力在物理教学中的重要性。物理学家和好的物理教师都认识到了语言之于物理学习的重要性，很多著名的物理教师都认识到，无论是教师还是学生，没有好的文学功底，就不可能教好、学好物理。爱因斯坦、费因曼等大科学家都非常重视人文修养，尤其是语言修养对于科学研究的重要性。因此，在所有的语言技能中，表述技能在物理教学中是最为重要的一个技能，对物理教学具有深远意义。

二、关于物理教学中的表述

概念课和规律课教学是中学乃至大学物理课教学的主要内容，物理概念是反映物理现象、物理过程本质属性的一种抽象，物理规律是自然界中物理客体本质属性的内在联系，是事物发展和变化趋势的反映，物理概念是建立物理规律的前提和基础。因此，物理教学过程的实质就是让学生掌握得到物理概念、物理规律的一般方法，从而理解物理概念、规律，最后能够应用这些概念、规律去解决具体的问题。在教学流程中，表述是贯穿教学始终的，表述的效果直接影响到教学效果。概念规律课教学的流程如下：

根据生活现象→提出物理问题→解决物理问题→得到物理概念或规律→运用概念、规律解决实际问题（回复到生活中）。

在这样的教学流程中，每个环节的衔接都需要表述。对生活现象的表述：怎样通过对生活现象的分析思考提出物理问题；物理问题怎样解决；如何定性分析和设计定量论证的实验；对物理概念和规律的表述，对具体问题的分析等。

在本节中，我们重点讨论对概念、规律的表述。物理概念不仅是物理基础知识的重要组成部分，而且是构成物理规律、建立物理公式和完善物理理论的基础和前提。对物理概念的理解和认识是教学要达到的目标之一，也是教学的出发点。物理概念是反映物理现象、物理过程本质属性的一种抽象，是在大量观察、实验的基础上，运用逻辑思维的方法，把一些事物本质的、共同的特征集中起来加以概括而形成的。物理规律是物理现象或过程的本质联系必然发生、发展和变化的规律性反应，即反映物理现象或过程在一定条件下发展变化的必然趋势。如何突破对物理概念和物理规律的理解是物理教学的主要任务之一。物理概念与物理规律总是与一定的情景和过程相联系，所以强调情景和过程让学生建立牢固的概念、规律与情景、过程的刺激反应连接是理解概念规律、形成方法的唯一有效的途径。理想的效果是，每当学生在回忆一个概念或者规律的时候，在他的脑海中不单是一个数学表达式而同时出现和这个公式相对应的一副物理情景和过程，当时的推导方法、思考和实验。根据多年的听课经验，我们发现很多老师在教学中强调结论远甚于强调情景和过程，所以学习的结果是学生没有对公式形成物理含义上的理解、思考和认识，其后果是学生记住了公式却不能解决问题，因为问题情景和公式之间没有建立起牢固的联系。强调情景和过程可以通过对概念、规律的表述，而且要用“物理语言”表述的途径实现。基于物理课程的特点，物理课上的语言当然显著区别于语文等其他课程教学中的语言。这里提出的“物理语言”主要是针对“数学语言”“文学语言”等而言的。下面就谈谈用“物理语言”表述的特点。

（一）强调用文字表述而非符号表述

以欧姆定律为例。我们可以随便问一个初中或者高中的学生，请他说说欧姆定律。结果几乎相同：U=IR，如果继续要求他用文字进行描述，结果就会有较大的不同，但是很少有准确的答案。

首先，欧姆定律的数学表达式不是 U=IR，而是 I=U/R，欧姆定律是关于导体两端电压与导体中电流关系的定律。毛泽东同志说："规律即联系，是事物间稳定的、必然的联系。"那么简单地说物理规律就是揭示物理量之间的稳定的、必然的关系。所以回答什么是欧姆定律首先要回答这个定律在揭示哪几个物理量之间的关系，揭示谁在跟随谁发生变化。答案是显而易见的，因为欧姆定律揭示了在同一电路中，导体中的电流跟导体两端的电压成正比，跟导体的电阻成反比。那么，U=IR 的"物理语言"是：如果电阻为 R 的导体正通过电流为 I 的电流，那么作用在导体两端的电压数值上等于 I 和 R 的乘积。而 I=U/R 的"物理语言"是：导体的电流跟导体两端的电压成正比，和导体的电阻成反比；导体的电流，是研究的对象，与导体两端的电压成正比，与导体的电阻成反比，表明了电流大小哪些物理量有关。这个表述，包含了研究内容、过程、研究方法和研究结论。

其次，文字的表述不但把物理公式和数学公式完全区分开来，文字表述在揭示结论的同时还揭示了得到结论的过程，一个数学公式 x=y/z 和 y=xz、z=y/x 所表达的含义是一样的，但是物理公式就不一样，每一个公式和它的变形式都有各自的物理含义。这说明物理公式不仅包含了结论还包含了研究的过程方法。

（二）强调定义式和计算式、定律和定理的区别与联系

物理概念（定义）的定义式在任何情况下对同一个概念或规律都适用，而计算式则在一定条件下适用。定义是对物理概念本质属性的最简洁、最清晰、最准确的描述，是在抽象、概括的基础上得到的，是反映概念中的物理对象的共同本质属性，是该事物区别于其他事物的本质特性。定义的获得是物理学习中获得思维锻炼的有效形式，定义的过程是归纳的过程，而从定义式到计算式是从普遍到特殊的思维过程，是演绎的过程，它反映本质属性的对象，即平常讲的"使用条件"和"范围"，了解定义式、计算式和相关物理概念的联系构筑了物理大厦的基础，整理和分析知识间的联系是建构主义的学习方式，也是思维方式，否则，学到的只是知识的散沙。

物理规律的建立过程，归纳起来有两种形式：一是综合方式，在实验事实和数据的基础上，通过加工总结，经过归纳推理等思维方法概括出物理规律，通常称为物理定律，如牛顿运动定律，能的转化与守恒定律等；二是分析方式，在已有的概念和定律的基础上，运用数学工具演绎推理等思维方法推导出新的物理规律，通常称为物理定理。严格地说，所有的物理规律都是经过了理论和实验的双重检验，然而在教学中，

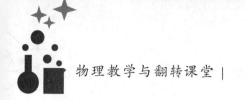

对所有的规律都进行推导和实验是很难做到的，根据具体的内容和要求，我们对定理进行理论推导，对定律进行实验验证就基本达到了教学要求。

（三）表述要逻辑严密、准确清晰、完整简练、层次分明

以匀速直线运动为例。问师范类大学物理系的学生，如何给匀速直线运动下定义，回答是令人尴尬的：快慢不变的运动，相等时间位移不变的运动，速度是定值的运动，很少得到准确的物理定义。如果答案来自其他专业尤其是文科专业的学生，这个答案就已经很不错了，但是答案来自师范类大学物理系的学生就很难让人接受了，原因不言而喻。正确的回答是：物体在一条直线上运动，如果在（任意）相等的时间里，位移相等，这种运动就叫作匀速直线运动。物体在一条直线上运动，这句话揭示了研究对象和研究条件，如果在（任意）相等的时间里，位移相等，这句话揭示了研究方式方法，这种运动就叫作匀速直线运动，这是研究的结论。逻辑严密、准确清晰、完整简练的表述不但得到了结论，还呈现了一个完整的物理情景和物理过程，包含了研究问题的前提条件和方式方法。同样的方法可以定义匀变速直线运动、匀速圆周运动等，就变得非常容易。物理定义充分体现其物理美学原则，物理美学原则的核心就是科学美、简洁美、对称美、一致美（和谐美）。对物理概念、规律的表述直接反映了学生对概念、规律认识的程度，学生的表述越是逻辑严密、准确清晰、完整简练，那么学生对概念、规律的理解就越是透彻。这是表述的认知价值，也是表述的物理美学价值。

三、表述既是教学方法也是教学内容

综上所述，用“物理语言”表述物理概念、规律，在教学中有非比寻常的意义。

（1）用“物理语言”表述物理概念、规律，是有效教学的手段。

物理概念和规律，不能理解就会觉得难，没能掌握研究物理的方法和过程就会觉得不可思议，对物理现象、物理情景没有印象就会陷于抽象，所以物理学就变成是最无趣的学科。杨振宁先生曾指出：“很多学生在学习中形成了一种印象，以为物理就是一些演算，演算是物理学的一部分，但不是最重要的一部分。”费因曼也指出：“物理的核心不是推演，而是物理实例、物理现象。”事实上，离开了物理现象实例的推演是毫无意义的，有效的教学是把物理概念、规律得到的过程作为教学的重点——让学生学会归纳：然后把用概念、规律解决具体问题作为教学的另外一个重点——让学生学会演绎，逻辑严密、准确清晰、完整简练的“物理语言”的表述不但是结论的描述，还再次重现了研究问题的完整的物理情景和物理过程，包含了研究问题的前提条件和研究问题的方式方法，避免了“去情景化知识”的无效学习。

（2）用“物理语言”表述物理概念、规律，既是教学方法也是教学内容。

在物理课程标准中，从课程基本理念到课程目标再到内容标准，都无不强调了学

生的科学素养的培养及方法，如果学生只是学到了一些公式和演算，科学素养就成了空谈。“物理语言”的表述重现了研究问题的完整的物理情景和物理过程，又包含了研究问题的前提条件和研究问题的方式方法，那么教师就要在把表述作为教学方法的同时，还要把表述作为教学的内容，让每一个同学都学会用“物理语言”表述物理概念、规律。首先，教师不能用“数学语言”或者“生活语言”表述物理概念、规律；其次，要强调“物理语言”表述的意义；最后，要让每个学生都学会和习惯用“物理语言”表述物理概念、规律。

（3）用“物理语言”表述物理概念、规律，不是说物理教学的所有语言都要“物理化”。

对生活现象的表述，当然要生动有趣才好，用生活语言甚至诗意的语言都不成问题，怎样进行分析思考从生活现象中提出物理问题，物理问题怎样解决。如何定性分析和设计定量论证的实验，要启发思考，对学生进行引导。只有对物理概念和规律的表述，才用“物理语言”。教学实践表明，这不会让教学陷于无趣，相反，在教学中，会让学生觉得非常有趣、有意义，学生都说从来没有老师这样上物理课，好像物理课一下子变得简单了，学的东西很清楚，不再模棱两可。当学生习惯表述之后，学到的概念、规律就不再是一个数学公式，而是呈现一幅活的物理情景过程，包含了物理问题的研究方法、研究结果在里面，学到的是“活”的物理。“活”的物理才能展示出物理学生动形象愉快的一面，从物理教育创新的角度看，物理教育应当教会学生学习“活”的物理，所谓“活”的物理就是要与物理现象紧密联系，要使学生在学习物理的过程中形成自己的“taste”。杨振宁认为：“一个人在刚接触物理学的时候，他所接触的方向及其思考的方法，与他自己过去的训练和他的个性结合在一起，会造成一个英文叫作 taste，这对他将来的工作会有十分重要的影响，也许可以说是有决定性的影响，而这个 taste 的成长基本上是在早年。”许多学生经过多年苦读，学习了大量物理概念、规律，做了许多习题，却不能有效地提高物理水平。他们面临物理问题时不能迅速判断，稍一动笔就错误百出。在理解物理问题的机制方面也是除了简单的分析外，不能准确地表达自己的思想，不能完整地解决问题。就是因为没有学到“活”物理，“活”物理的实质就是概括思维，即研究物理问题的方式方法。心理学家林崇德指出：“思维最显著的特点是概括性。思维之所以能揭示出事物的本质和内在规律性，主要来自抽象的概括过程，即思维是概括的反映。”由于“概括在思维过程中的地位以及概括能力在现实中的作用与重要性，因此，概括性就是思维研究的重要指标，概括水平就成为衡量学生思维发展的等级指标；概括性也就成为思维培养的重要方面，思维水平通过概括能力的提高而获得显现。学生从认识具体事物的感知和表象上升到理性思维的阶段，主要是通过抽象概括。因此，发展学生的概括能力，就是发展思维乃至培养智力与能力的一个重要环节。”而用“物理语言”对概念、规律的表述就是抽象概括能力的最有效的训练。

第三节　演示技能

物理学是一门以观察和实验为基本研究方法的科学。课堂演示实验在中学物理教学中实验占有很大的比重，是物理教学的有机组成部分。演示实验是以教师为主要操作者，引导学生观察思考，以达到一定的教学目的的表演示范实验。它不仅是建立物理概念和规律、理解和掌握物理知识不可或缺的环节，还能培养学生的观察能力，思维能力，探索精神以及良好的学习方法。演示实验的优点是能够充分发挥教师的主导作用，并为学生独立进行试验创造条件。一些成功的演示实验，不仅课堂气氛非常活跃，获得很好的教学效果，而且常给学生留下难以磨灭的印象，激起他们学习物理的浓厚兴趣，也培养了他们热爱科学的精神。

一、演示实验的功能

（一）活跃课堂气氛，激发学习兴趣

将一些生动、有趣、新奇、学生感到意外的演示实验引入课堂，尤其是当学生想象中的结果与演示实验结果相悖时，学生会对实验中所蕴含的物理知识产生极大的兴趣。在好奇心和求知欲的驱使下，使学生自主地探求实验中所蕴含的科学知识和物理规律。无疑，这种通过学生自己努力学来的知识是学生最容易掌握的，学习效果也是最好的。同时，课堂演示实验还能活跃课堂气氛，营造教师和学生共同参与的愉快的物理学习环境，有利于学生热爱学习科学文化知识的习惯的培养。例如，要学习“大气压强”的概念，教师在演示时，先将一个剥去外壳的鸡蛋置于比蛋稍小的玻璃瓶口上，鸡蛋在瓶口保持不动，接着拿去鸡蛋，用酒精棉花点燃后投入瓶内。燃烧片刻，使空气稀薄，再将鸡蛋置于瓶口，学生将看到鸡蛋慢慢被瓶子吸进去落入瓶中。学生不但产生了浓厚的学习兴趣，而且激发起了探索的积极性。

（二）提供感性材料，构建思维模型

演示实验提供了丰富的感性材料，诸如对学生视觉、听觉等感官的刺激，加深了学生的感性认识，通过教师的分析、说明与讲解，使学生很迅速地将感性认识上升到理性认识，帮助学生建立物理思维模型，克服教学难点。

（三）注意操作安全，教给物理方法

演示实验考虑到对学生的示范作用，教师必须正确使用仪器，严格按照实验要求规范操作，对实验数据及现象的记录、分析和处理都运用正确的方法。可使学生了解一定的基本使用方法，观察、记录和分析数据的方法，是培养学生掌握正确的操作技术和观察方法的过程，也是培养学生的观察能力和实验能力的过程。使学生了解了物理学的研究方法，培养了学生从实际出发，尊重客观事实和实事求是的科学态度。教师在教会学生物理学知识的同时，也使学生掌握了物理学研究方法，即“不仅授人以鱼还要授人以渔”。

二、演示实验教学的要点

青少年接触他们陌生的领域或接受一种新知识，总是遵循“从生动的直观到抽象的思维，并从抽象的思维到实践”这一认识规律。可见，观察是人类认识自然和社会的入门。伊根将人类社会的文化发展分为由低级到高级发展的 4 个阶段：神话（敏感）阶段（4 ~ 10 岁），浪漫（敏感）阶段（9 ~ 15 岁），哲学思辨（敏感）阶段（14 ~ 20 岁）以及隐喻批评（敏感）阶段（大于 19 岁）。中学生所处的年龄阶段对应于文化发展阶段的哲学思辨阶段。在此阶段，学生能够初步认识自我、认识世界，通过观察和心理模仿完善自我，形成辨别真、善、美的价值观，形成正确的人生观，世界观。

新课改要求下的教师的演示技能主要包含两方面的内容：表演和示范。即教学的双方扮演着不同的角色，教师的“演”和学生的“看”。演示实验教学的目的是使学生在掌握知识和技能的同时用自己的眼睛去观察、去发现。教师通过演示使学生亲自看到或切身体会到认真、严谨的科学态度，执着、坚定的科学精神，实事求是的价值观。因此，教师在运用演示技能教学时应注意以下几点：

（一）突出设计思想，明确教学目的

演示实验教学无论是其设计思想还是实验的目的都应是极为明确的。实验设计思想包括实验原理、试验装置、实验要求、实验方法与实验技术及实验教学程序在实验教学设计中的综合反映与运用。巧妙的实验设计思想，使学生能更好地理解和认识，同时也能提升学生的科学思想水平。演示试验运用于课堂的不同环节，有不同的目的，因此有不同的要求。课堂中有无演示，选择什么样的演示，怎样进行演示都必须首先从具体的目的出发。例如，在讲“摩擦力”一节时，确定一个斜面，然后在桌面上分别铺上棉布，在斜面顶部无初速释放小车，进行课堂演示后讲解。

（二）演示过程要慢，讲解方法步骤

演示实验的一切功能都离不开观察。因此，演示实验要尽可能地让学生观察清楚，一步一步操作，使学生感觉到自己也在参与实验。演示实验教学不仅仅是为了得出一个物理结论，更重要的是要通过学生的观察，让学生学习认真、严谨的科学态度，执着、坚定的科学精神和实事求是的、科学的价值观。在演示过程中，伴随着教师必要的讲解和说明，使学生掌握实验环节和方法步骤。

（三）课前认真准备，过程有条不紊

教师在做演示实验时，先做什么，后做什么，都要心中有数，并要身体力行。这样严格要求，条理清晰，一方面使学生的思路始终围绕一个教学中心，另一方面使学生感受到科学的方法及科学的严谨性。课堂演示实验关键是要教给学生方法，因此教师在演示实验时，要井井有条，力图给学生呈现一种很利索、很严谨的感觉。

（四）培养学生的爱，深入情感教育

演示实验不仅是为了得出一个结论或验证一条物理规律，而是要借助实验培养学生各方面的情感、态度和价值观。教师要爱惜实验器材，通过演示实验来说明物理学科知识的得来不易。使学生热爱科学，热爱实验，热爱实验器材，以积极的态度探索和发现新知识，形成科学的价值观。

（五）正确对待失误，做到实事求是

首先备课时做充分的准备，可以提高演示的成功率，但并不能保证在课堂上万无一失。在演示时，出了问题首先要镇静，切忌手忙脚乱。应认真思考和分析，尽可能及时地找到原因，迅速排除障碍。其次要实事求是，万一故障不能及时排除，不能找借口搪塞，也不能编造数据，弄虚作假，要以负责的精神和科学的态度向学生说明情况和失败的原因，这样使学生形成实事求是的科学态度和正确的世界观、价值观。

第四节　其他技能

一、导入技能

“良好的开始是成功的一半”，一个良好的开始如同乐曲中的“引子”。导入是课堂教学中的重要环节之一。巧妙而科学的引入课题，能把学生带入课堂情境，集中学生的注意力，激发学生浓厚的学习兴趣，另外还起到了渗透主题的作用。导入技能是在教学的起始阶段，教师通过运用各种方法建立与新知识的联系，使学生集中注意力，激发学习兴趣，明确学习目标，形成学习动机的教学行为。

（一）导入技能的作用

1. 激发学习动机

学生是发展中的人，教师在向学生传授知识，培养价值观形成的过程中必须最大限度地调动学生学习的积极性。学习动机体现的是学习活动中的动力因素，导入新课的首要任务就是使学生产生求知欲望，激发起学生学习的兴趣，调动学生对教学活动和学习效果的期待，从而形成学习动机。

2. 明确教学课题

新课导入必须紧贴教材和学生的实际，导入的目的就是要启发和引导学生进入新课题和新程序的学习中去。教师要熟练地掌握教材并对学生的认知水平和个性特征有全面的了解，在分析的基础上通过运用导入方法有的放矢，使学生知道这节课要学什么，为什么学，怎么学等。因此导入环节的最后一定要使学生明确所要学习的内容和课题。

3. 构建学习准备

通过导入使学生更进一步理解已有的旧知识、旧经验，了解其与即将所学的知识间的承接关系，形成理论结构层次上的联系，运用何种学习方法，使学生能够形成自主学习，以及在心理方面做出学习新知识的准备。

（二）导入技能的方法和类型

1. 直接导入法

直接导入是教学中最原始也是最简单的导入方法。教师在新课开始时开宗明义，直接说出所要讲授的课题，讲明这节课所要学习的内容和要求，从而引起学生的注意，给学生以简洁明了的感觉。但这种导入方法过于单调和直接，又要求学生必须具备良好的学习基础和知识结构，故在三维教学目标的要求下，不赞成大量使用此法。

2. 问题导入法

根据人的发展理论，即人的认识来源于人的感觉，来源于人的感觉器官对外界的直接反应和认知水平的不断提高。直觉能使学生获得感性认识，中学生对生活中的许多现象已经形成了初步的模糊的认识，而这些固有的认识与物理规律往往有很大的差距，其中有许多甚至是错误的认识，如果这些错误的观点不动摇，学生则很难建立起正确的物理观念。在导入时把学生的问题彻底暴露出来，既能激发学生的学习兴趣，又能为新知识的学习扫清障碍。另外，教师还需针对教材的关键、重点和难点巧妙地进行设问和反问，利用问题创设情境，让学生产生疑惑，激发学生思维，从而成功地将学生引入新课的教学活动中。

3. 演示实验法

演示实验法是教师在讲课之前通过演示实验，创设物理情境，加强直观教学的导

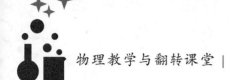

入方法。这种导入方法不仅可使抽象的知识具体化，而且使学生感到实验的趣味性，激发学生的学习兴趣，学生的注意力自然也就集中到所研究的问题和学习的内容上来。例如，在讲“大气压强”一节时，教师可以演示在倒满水的杯子上盖一张纸片，无论杯子倒立放置，还是侧着放，纸片都不下落，使学生感到不可思议，然后教师进行讲解，显然教学内容很顺利地过渡到大气压强中来。

4. 史实运用法

史实运用法即教师在新课开始前通过讲述物理学史上脍炙人口的故事，或生产生活中的某些现象引入新课的方法。物理学史是物理学科发展的历史。物理学是社会实践的产物，是随着人类社会实践的发展而产生形成与发展的，是影响科技进步和科学发展的一门学科。物理学史中的许多故事都包含着科学工作者辛勤劳作的汗水，每一次成功又都推进着科学不断地进步，并闪耀着发现者创造性的超前的思维和精神，是我们学习的楷模。用物理学史实进行新课导入，对学生科学素质和价值观的提升具有潜移默化的作用。另外，运用生活中的许多实例导入新课，使课堂教学从生活走向物理，从物理走向社会，使学生意识到生活、物理、社会是一个无法剥离的有机整体。通过所选取的恰当、贴切、典型的实例，不仅激发学生的学习兴趣，而且还有助于学生具体生动的理解知识，并且做到学以致用，树立远大的科学目标。例如，通过向学生讲述伽利略在比萨斜塔做的两个铁球同时着地的实验引入重力加速度的新课教学，既增长了学生的知识，同时又使新课教学显得更为生动、具体。

5. 巧设悬念法

该方法即教师在导入新课的过程中巧妙的设置悬念的方法。此法巧妙地利用了中学生好奇的心理发展特点，设置悬念，吸引的学生注意力，促使学生积极思考，突出教学主题，使学生产生探究物理问题的强烈愿望。采用此法导入，教师须在新课开始时，就有计划有目的地设疑发问，层层推进，让学生带着问题思考，在思考中探索，在探索中学习，在学习中进步，从而引导学生循序渐进地领会和认知新内容。

6. 故求新法

物理学知识的逻辑是极为严密的，新旧知识的衔接是极为紧密的。在心理学中认为新的认知经验是建立在已有的认知经验基础上的。《论语》中就有“温故而知新，可以为师矣”的说法。教师在课题伊始时通过对旧知识的复习巩固导入新课，如此循着知识结构的先后顺序以及知识间的相互联系，教师可对旧知识进行提问，通过提问明确学生对旧知识的掌握情况，同时也复习了前面所学习的知识，如此循循善诱，引导学生的思维向新课靠拢，很自然地引入新课。

7. 媒体参与法

利用现代化信息技术辅助教学方式导入新课逐渐成为学生和教师都乐于接受和使

用的导入方式之一。运用音响、图像等多种教学媒体的声音、图像效果，立体地多方位地刺激学生的感觉器官，调动学生学习的积极性，使抽象的物理知识具体化，复杂的物理原理简单化，呆板的物理理论生动化。能直观地给学生展示物理科学丰富的知识和应用结构，进而启发学生的思维，使其能尽快地投入到新课教学情境中来，以积极的状态学习新知识。显然，这样的学习状态和方法是最好的。例如，在光学课程的导入时均可运用媒体来演示各种光学现象，以加深学生对光学知识的印象和积累。

二、提问技能

教学的本质是沟通与合作。在课堂教学中，重要的而且极为有效的教师和学生之间的沟通方式即为提问。因此，一个教师在课堂中能否提出适宜于相关教学内容及符合学生认知机能的问题，充分体现着教师的基本素养以及驾驭课堂的能力，直接影响着教学质量的高低。提问技能是教师以提出问题的方式，通过师生间的相互作用，来促进学生学习的一种教学行为方式。“学者先要会疑”，因此教师要善于设疑提问，启发学生思维，让学生集中注意力，激发其学习兴趣，调动学生的学习积极性。通过提问可以及时地了解学生掌握知识的情况和认识水平，凸显学生思维困难的症结所在，从而及时调整教学方案设计，最终达到教学效果的最优化。提问还可使课堂气氛更为活跃。教师启发引导，学生踊跃发言，形成教学过程的民主化、合作化，同时在提问的过程中促进教学成长。

（一）提问的功能

1. 激发学习兴趣，引发学习动机

在课堂教学中，教师的有效提问能促使学生积极思考，正确地建立思维结构。在教师的启发下，引发学生产生思维上的冲突，自己进行思维活动，产生解决问题的自觉意向，也就是产生了认知动机。动机是激起人去行动的愿望和意图在刺激和反应之间提供的清楚而重要的内部环节。美国心理学家费斯廷格首先提出“认知失调理论”。他认为，几种认知元素不和谐就会产生紧张状态，即产生思维活动。在提问过程中主要表现为学生的不断思考直至解决教师所提出的问题。学生是发展中的人，通过教师的启发和自我的思考进行认识的调整和适应，从而使教学效果达到最佳。

2. 创设问题情境，拓展思维领域

在课堂教学中，问题情境教学模式是当前比较适合我国国情的教学模式。问题情境教学与传统的讲授模式不同，讲授式教学是教师以语言为主向学生系统地传授知识的教学模式。在物理教学中，讲授模式过于强调物理规律和知识的结论性，束缚了学生思维，削弱了知识与技能、研究过程及处理问题的方法的培养，更不利于学生科学的情感、态度、价值观的形成。问题情境教学模式中，学生不再是知识的被动接受者，

而是身临其境，积极参与信息的整合与思维的加工者。教学过程是以提出问题和解决问题的方式来获得新知识的问题性思维过程。因此，创设问题情境，能使学生积极地参与到课堂教学活动中来，有利于学生创新能力的培养。

另外，在提问的过程中会形成许多以探究的问题为主而衍生出的问题，即学习的过程将围绕着共同的主要问题的解决而展开，这些问题的提出与解决，都将使学生在不在思考的过程中积累和巩固大量的物理知识，掌握了学习的方法和处理问题的基本技能，对所学习的知识有了更进一步的理解和应用，拓展了学生的思维领域，有助于科学的思维方式的培养。

3. 促进沟通交流，促使教学相长

在课堂上，教师提出问题，学生通过分析等方式进行思维加工而回答问题，教师通过学生的回答做出相应的评价，学生在大脑中又对教师的评价做一个整合。如此构成了“教师—学生—教师—学生”的“问—答—评—思”的一个有机的循环交流过程。教师和学生都从对方那里获得了反馈信息，了解了别人的想法。教师通过学生的回答可以发现学生学习过程中容易存在的问题，及时加以指导和纠正，可以了解学生掌握知识的具体情况和认识水平，窥探出阻碍学生思维的症结所在，从而加以解决，使学生理解得更为清晰和透彻。在学生一方，通过教师的提问，促使学生听课时紧张地思考，积极地参与，使学生成为课堂中发现问题的主体。提问使学生明白了本次教学的相关知识与技能，在思考的过程中加以比较熟练地运用，更能促进知识的记忆与积累，并使课堂教学的主线条清晰直观地反映在学生脑海中。课堂提问激励了学生的思维，促进了沟通和交流，促使教师和学生在教学过程中相得益彰。

4. 培养问题意识，加强科学素养

物理学是探究物质结构、物质相互作用和运动规律的自然科学。物理学科体系是经过许多物理学家付出辛勤劳动而形成的，是人类思维与智慧的结晶。每一位物理学家在解决了一个又一个物理问题的同时，又会提出或衍生出许多问题，给后人以启发，使我们的物理学科体系不断发展完善。爱因斯坦曾说：“提出一个问题比解决一个问题更重要。”科学家在注意观察我们周围世界的同时，也用怀疑的目光审视这个世界，甚至前人的结论与成果。伽利略正是通过对亚里士多德中的重的物体落得快、轻的物体落得慢思想的怀疑从而经过反复实验，在比萨斜塔公开证实了两个铁球同时着地的著名论断。因此，问题意识和学生自己能否提出问题是学生科学素养的重要体现。提问和问题的教学有助于认识发现和提出问题的重要性，学习提出问题的方法，以及对问题的陈述和评价，有助于学生思维能力和表达能力的提高，进一步增强了学生的科学素养。

（二）关于问题的设计

教师在授课前应对课堂上所要提出的问题进行精心的设计。课堂教学中的提问必须以认识论为基础，以教学大纲和教材的知识范围、结构体系为依据，针对教学中的重点、难点以及学生认识水平的实际情况，在必要时提出适当的问题。

在对问题的设计上，应注意以下几点：

1. 在复习、巩固所学知识时可进行提问

即在新旧知识的衔接处设计提问。此时，学生已有了旧知识的认识和积累，通过提问，使学生对掌握不充分，不牢固的知识重新认识一次，因此，要在学生容易遗忘的内容上设计提问，不仅加强了学生对旧知识的记忆，同时也有助于新知识的理解。

2. 需要学生深入理解教学内容时可设计提问

此时学生对所学的知识已有了初步的掌握并能做简单的应用，恰当地提问可使学生对知识理解得更为透彻，在技能和方法的掌握上也能做到熟练的应用。如在学习了正压力之后，可提问学生放在斜面上的物体对斜面的正压力如何，以使学生区别重力和正压力。

3. 在学生思维障碍处可设计提问

此时学生的认知往往停留在已有的知识、经验基础上，教师提问，可使学生调动思维，充分考虑各种情况后做出解答，教师加以指导，使知识掌握得更为充分、全面。例如，在刚学习“力”这一节时，教师可以以推箱子为例提问：“维持物体运动需要力？”使劲推箱子则箱子运动，不推则不动。而后又通过踢出的足球的例子来否定这一说法。从而得出正确的结论：力是改变物体运动状态的原因。

4. 在需要学生运用已学知识的时候可设计提问

在课堂教学中，当学生已经对课堂上所学习的知识与技能，研究过程及方法都有了充分地理解并掌握了之后，教师可联系生产生活中的一些现象来提问，让学生解释或进行计算。一方面锻炼了学生对知识的应用能力，另一方面加强了学生对知识和技能的驾驭能力，同时也使学生意识到物理知识既来自生活同时又应用于生活。

5. 在培养学生理解知识间的相互联系时可设计提问

教师在提问有关知识间相互联系的问题时，可使学生对知识形成一个基本的建构，有利于物理思维的开发。例如，在讲述了平抛运动之后，可提问平抛运动的相关处理办法，即可分解为水平方向上的匀速直线运动和竖直方向上的自由落体运动。如此则平抛运动、自由落体运动、匀速直线运动构成了一个建构体系。

（三）教师运用提问技能时应注意的问题

在课堂教学中，提问的目的不仅在于使学生正确地回答问题，得到一个正确的结论，而且还能通过提问使学生开动脑筋，开发思维，结合已有的知识培养学生分析、

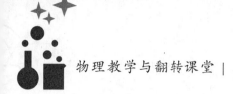

综合处理问题的能力。因此，教师运用提问技能时应注意以下几个问题：

1. 问题清晰，目的明确

教师所提的问题必须清晰，提问的目的要明确，所提问题简明扼要，使学生一听就知道教师问的是什么意思，需要哪方面的知识，从哪个方面作答。切忌无目的或目的不明确地提问，这样容易造成学生思维混乱，必要的时候教师可做相应的提示。

2. 面向全体学生

学生是教学的主体，教师提问要面向全体学生，使每个学生都能有回答问题的机会，同时又要注意学生的个体特性。教师应尽可能地让各个层次的学生都有被提问的机会。切忌只针对某一个学生或学习好的学生提问。

3. 问题难易适度

提问要根据不同层次学生的特点、教材的设计和课程教学目标，所提问题不宜太难或太简单。太难的问题超出了学生的理解水平和知识基础，太简单则失去了提问的作用和效果。心理学家维果茨基提出的“最近发展区”理论，这一理论把学生的发展水平分为两种：第一种是现有的发展水平，即学生现在能够独立完成的智力任务；第二种是学生潜在的发展水平，即最近发展区，指目前暂时无法独立完成，但在教师的指导下，学生通过自身努力可以完成的智力任务。教学应该走在发展的前面，使学生“跳一跳，摘桃子”。因此，在课堂教学中，应当有步骤，分层次地展示知识结构，提出问题，设置思考，引起学生的求知欲望，并经过一番努力找到正确答案。针对学生智力水平层次不同的实际情况，提出不同的问题和设计相应的目标，这样能使学习水平较低的学生树立信心，使成绩好的学生更加努力。

4. 提问具有灵活性

对于同一个教学点，所提问题并不是一成不变的，而是要随着课堂教学的进展状况，学生的学习状态，以及教师和学生的相互配合等诸多因素的变化而变化。教师应随时注意学生思维动态的变化，发现学生存在的问题，随机应变，提出相应的问题。这样能使学生的思维紧紧扣住所学习的内容上，掌握更多的信息，也有助于智力的开发和积极思考的良好学习习惯的形成。

5. 对提问一定要做出反馈

学生回答完问题，教师应做出及时的反馈，予以适当的分析和评价。无论学生回答正确与否，都应做出正面的积极的反馈。当学生回答出错时，可及时纠正，但不能见错就纠，待学生回答完毕后，再予以指出并纠正，这样可保持学生思维的连贯性。对于学生回答问题不全面的情况，教师可通过提示引导其做全面的回答或让其他学生补充，或大家共同讨论，最后得出正确而又全面的结论。当一个问题提出后，有一半同学答对，一半答错，教师纠正其错误，则提问比较成功，开发了学生的思维，促进了学生对知识的记忆和理解。

6. 教师应当尊重学生，提问时的态度要诚恳

在课堂教学过程中，教师的提问和学生的回答是一个沟通和交流的过程。提问时不要让学生感到是有意为难他们，更不能和学生作对，应该用合作的态度来交流，也不能因为学生答错而流露丝毫鄙夷的神情，应热情鼓励学生回答或再提出问题。

另外，课堂教学的提问应当提前设置，尤其是初登讲台者，应在备课的时候就准备好什么时候提问，提什么样的问题，并对学生的回答做出预设，这样有助于教师在课堂上使学生的思维向所要学习的内容靠拢，也有助于教师对课堂的掌控。

三、举例技能

物理学是一门实验科学，又是一门具有严密逻辑体系和数学表述、推理的理论科学。物理学的知识和研究方法已广泛地应用于许多自然科学部门和生产技术领域。大量的物理概念和规律都可通过列举实例来验证其广泛性和合理性。因而，举例是物理教学中必不可少的教学环节，也是经常使用的教学手段。在讲解概念、规律时，列举出日常生活、工农业生产及宇宙万物科学技术领域中的相关实例，可以调动学生对感性材料的回忆和联想，帮助学生理解所学习的内容，调动学习积极性，激发学生对物理学科的热爱，以及树立崇高远大的科学理想，培养辨伪存真的唯物主义情感，有助于严谨的态度和正确的价值观的形成。

（一）举例的功能

举例具有如下的功能：

1. 理解教学内容，巩固所学知识

在物理课堂教学中，教师通过运用各种教学方法使学生学习了基本的知识和技能之后，可以通过适当的举例使学生能更充分、更深入地理解教学内容，在理解知识的层面上达到更高的水平，还可使学习的知识在所举例子中得到熟练的应用，使学生对所学知识有一个巩固记忆的环节。例如，在学习了牛顿第一定律之后，教师可以列举许多需要利用牛顿第一定律来解释的问题，一方面加深了学生对牛顿第一定律的记忆，另一方面还使学生掌握了牛顿第一定律的应用。

2. 理论联系实际，激发学习兴趣

课堂教学中，学生所学的知识与技能以及研究物理问题的过程与方法都是理论性的，物理学科本身又有许多重要的概念、规律等理论。教师通过列举生产生活中的相关实例，来说明和验证所学习的理论。这样使抽象的理论在学生的心目中以具体的例子加以展现，使教学更为贴近生活，也更为生动。同时，在通过具体实例将理论与实际相联系的过程中，使学生了解生产生活中所蕴含和利用的各种物理概念和物理规律

等理论，体会到物理和我们的生产生活及科技进步息息相关，认识到物理来自生活而最终又应用于社会，生活、物理和社会是一个不可分割的有机的整体，从而激发学生学习物理学知识的兴趣和信心。

3. 培养创新精神，树立远大目标

物理学科是影响科技进步和科学发展的一门学科。教师在教学过程中，可适当地向学生列举与教学内容相关的当前科技前沿的一些新成果和取得的巨大成就。一方面，培养了学生通过运用所学知识分析和解释某种现象，解决实际问题的能力，也有利于学生创造性思维的开发和创新精神的培养。另一方面，通过列举当前科技新成就，可使学生对所学的知识、技能和解决问题的方法有一个全新的认识。意识到学习的重要性和掌握知识的必要性，有助于学生树立科学的信心和人生目标，正确而科学的世界观和价值观，促使其拥有更加广阔的发展空间。

（二）教师在运用举例技能时应注意的问题

在中学物理教学中，举例能有效地促使学生对所学知识的理解并学会应用，开拓学生的思维，培养良好的创新精神，具备基本的科学素养，树立正确的价值观和科学的世界观。但在教学过程中若举例不当，则容易引起学生思维混乱，有时甚至误导学生的认识，使学生产生错误的观点，得出错误的结论。因此，作为一名中学物理教师，在举例技能的应用上应该特别注意举例的时间、举例的内容、举例的多少等问题。因此，教师在运用举例技能时应做到以下几点：

1. 举例要丰富且贴近生活

在物理学中有许多概念、规律都是通过归纳而得出的。在新课程改革的要求下，教师不仅要教给学生知识，还要教给方法。在给学生讲授规律等课程时，教师需要通过例子来使学生总结概念、发现规律，自己要善于总结出相应的物理规律，为了体现物理规律的普遍性，则至少应列举三个例子。当然，这只是针对物理教学。物理学家在研究物理问题时，为了论证一个结论需要列举许多的例子，通过这些例子归纳总结出物理学规律。在教学中，教师要尽可能多地向学生渗透这种严谨的科学精神。另外，举例不能重复，切忌三番五次地举同类型的例子。对于同一个概念要分别列举不同情形下的例子来说明，以加深学生的理解，并使学生学习解决问题的方法和对待科学的态度。例如，在“正压力”的教学过程中，教师不仅要列举桌面上所放物体对桌面的正压力是物体的重力，还要列举斜面上所放物体对斜面的正压力是物体重力垂直斜面的分力，还有图钉对墙面的正压力与重力无关。以使学生更好地理解正压力，同时又很好地区分了重力与正压力。

2. 举例要有层次

针对同一知识点，需要列举不同的例子时，最好不要重复举一个例子，应该注意所举例子应当由易到难，具有层次性。这样符合学生认知过程的发展特点：由感性到理性，由简单到复杂。如此，便形成了一个知识提升的梯度，使学生在由简单到复杂的练习过程中智力得到逐步的提升，同时也学习处理不同问题的方法。

3. 举例要有明确的目的

在课堂上，教师所举的例子一般可分为实例和例题。实例一般是为了说明某个定理和定律是怎样得来的以及其在生产生活中的重要应用。每一个物理规律背后都包含着科学工作者付出的辛勤劳动与汗水，也蕴藏着一个科学与迷信，创新与保守相斗争直至胜利的故事。举这样的例子，可使学生更加热爱物理学科。列举例题是为了使学生对所学知识形成技能练习，即对掌握了的知识与技能的应用，因此要求所列举例题必须能通过运用所学习的知识和技能解决，不应超出学生的认识水平和知识范围。在所列举的例题中，关键是要运用本节课所学习的内容，使学生能更好地理解和掌握并熟练地运用新知识，这也是对旧知识的回忆和巩固。但若举例子目的不明确，则容易顾此失彼，弃课题而言他，当然也就体现不出举例在物理教学中的优点，起不到应有的作用。

4. 举例要正确、恰当

物理学科是极为严谨的。无论是理论，还是数学表述，抑或是一个常数的规定，都是极为严谨的。因此，教师在课堂上举例时也应遵循这一原则。所举例子既要能正确地反应物理规律和物理规律之间的联系与区别，以及应用物理规律解决问题，又要与知识的衔接较为自然，以培养学生的应用能力。

四、板书技能

板书作为在课堂教学中使用最为广泛的一种教学媒体，它在教学过程中所起的作用是其他教学媒体无法替代的。板书技能是教师教学艺术基本功的具体体现，是教师利用黑板以凝练的文字、简单的符号和图表等形式，传递教学信息的行为方式。好的板书能够提纲挈领，反映课堂教学内容，同时又突出重点，使知识概括化和系统化，便于学生做笔记，帮助他们更好地理解与掌握教学内容。

（一）板书的功能

1. 提纲挈领，突出教学重点

精心设计的板书应条理清楚，层次分明，把教学内容的主干系统、简明扼要地逐步展开。板书能帮助学生理清思路，使学生对课堂教学内容一目了然，同时也表达出了讲课的内容体系和推导线索，突出教学重点并能使学生很好地掌握。通过板书，学生能理解教师讲课的逻辑层次，逐步培养学生思维的系统性、逻辑性和严密性。

2. 结合视听，加深知识记忆

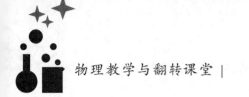

板书内容是伴随着课堂教学的进程即教师的讲授过程而逐步展开的。这样很自然地将学生的注意力能集中于教师的语言、动作、表情，又集中于板书的内容，刺激了学生的多种感官。板书弥补了语言表达的不足，将口头语言书面化、视觉化，使学生产生鲜明的印象，加深对知识的记忆。

3. 活跃思维，优化课堂教学

板书可以活跃思维，激发学生学习兴趣和求知欲，帮助学生加深理解知识。一节课下来，重要的公式、概念、结论等主要内容作为持久性板书保留在黑板上，能使学生对知识的理解更为透彻和清晰，有利于课堂教学效果的优化。

（二）板书的运用要点

1. 书写要点

板书要求字迹端正，书写规范、准确、清晰，避免潦草凌乱，模糊不清，字的大小、间距要合适，以后排学生能看清为宜。综观板书画面，干净清晰，一目了然。

2. 结构要点

板书的布局要合理，重点要突出，详略要得当，整体内容层次要分明，有条理性。板书的结构上，既要考虑学生的认知特点，又要考虑黑板版面的设计和使用。在板书的布局上，有主板与辅板之分，最右边的 1/4 为辅板，其余为主板。其中，主板内容是生成性的，不能在一节课内擦除。辅板可进行随意的书写和演算。

3. 内容要点

在课堂教学中，应注意语言与板书的主次关系，且与演示，教师的动作、表情等有机配合，才能收到良好的教学效果。另外，所写板书的内容标题应是“三三制”，即在中学物理教学过程中，考虑到学生的接受能力，一节课内所书写的板书大标题不能超过三个，最好控制在两个，每个大标题下的小标题也不能超过三个。书上有的东西不能全写。在时间的安排上，板书不能花太多的时间，切不可使学生陷入上课抄笔记，不理解教学内容的被动局面。

（三）物理教师常用的板书形式

1. 条目式板书

条目式板书是最为常用的板书形式。它是将有关的物理概念、规律等教学内容的要点按讲解的先后顺序，结合教材和学生的认知特点逐条排列出来。做到准确简练，循序渐进。其特点是形式简单，板书方便。这种板书在一节课之内遵循着一条主线，学生的思维跳跃比较小，易于接受，且能从整体上掌握教材的结构特点和脉络层次。

2. 网络式板书

网络式板书是将教学的内容按照由大到小的结构顺序依次表现出来。其主要特点是眉目清晰，层次分明，纲举目张。这种板书使学生一目了然，知道本节课所涉及的知识点，有助于学生从相互联系上理解教学内容。

3. 列表式板书

列表式板书是把教学内容中的知识要点列入表格，通过对两个或多个既相互联系，又有本质区别的物理概念、规律列表进行横向比较，表现它们的联系与区别归纳获得新知识和建立知识结构。其特点是简明扼要，对比性强。如在“摩擦力”一节的板书中，结合演示实验，小车在斜面上从同一高度无初速下滑，分别在光滑的桌面，棉布以及毛巾上滑行距离的比较来认识摩擦力的性质。

4. 推理式板书

推理式板书是根据物理概念和规律间的内在联系及物理过程的因果关系，通过利用箭头而设计的一种板书形式。其特点是简单明了，逻辑性强。这种板书便于学生把握物理概念之间、物理公式之间的联系，使思路更为清晰。

第三章

备课与说课

第一节 备 课

一、备课概论

（一）备课的含义

正所谓“凡事预则立，不预则废”，“有备而来，有备无患”，只有课前的精心预设，才有可能在课堂上实现精彩的生成。

课堂教学作为整个教学过程的中心环节，具有很强的科学性和连续性，事前必须做充分的准备，否则就难以取得理想的效果。

1. 备课的基本含义

所谓备课，实际上是指教师在课堂教学之前进行的设计准备工作，即教师根据课程标准的要求和本门课程的特点，结合学生的具体情况，对教材内容作教学法上的加工和处理，选择合适的教学方式方法，规划教学活动。

一般地，备课有狭义的备课与广义的备课之分。

狭义的备课，是指针对当次课程的备课。一位有准备并且胸有成竹的教师，必能信心十足地在课堂上点拨和指导学生。他应当在上次课程结束后，就着手准备这次的课程，收集与课程相关的资料，考察有关资料，并且预备适当教具（实物教材）。

广义的备课，是指教师的自我装备、自我成长和持续发展。这是教师更好地完成教学任务、教书育人的前提和重要保证。这些持续的成长和发展能使教师更胜任自己的工作，履行自己的职责和使命。所谓教学，其实是两件事：教师在“教”的过程中，从学生身上学习功课；同样，教师在“学”的过程中，成为更优秀的教师。

2. 备课的新含义

当前，广大教师对备课的认识存在两大误区：一方面，备课就是写教案；另一方面，备课是不得已要完成的任务。在某种程度上，备课已沦落为中小学教师工作中的一种形式、一种任务、一种负担，成为为了达到某种目的而不得不应付的差事。产生这种局面的重要原因在于中小学教师不甚了解备课的多种含义。深刻了解备课的新含义，对于提高教育教学质量至关重要。备课的新含义包括以下几个方面的内容：

（1）备课是教学过程的精心预设，包含着教师对课程教学内容的理解水平，也包含教师的创造性劳动。

教学过程是一个复杂的过程，从系统的角度来看，教学系统是一个由若干要素构成的开放的复杂系统。要使这个系统产生整体系统的作用，而不仅仅是简单相加的系统，即要使教学的整体作用大于其构成要素的作用之和，就务必要在备课上下足功夫。

备课就是运用系统的方法对人的因素和物的因素进行具体计划，从而预设教学的系统或程序，其根本目的是促进学生学习的有效生成。教师上课面对的是一个个鲜活的生命，如何把他们和教学目标、教学内容、教学方法以及教学环境有机结合起来，发挥出系统的整体作用，需要教师提前进行深刻的思考。每一节课都应有其独特的任务和要实现的目标，教师必须对自己的教学目标有十分恰当和清晰的认识。

只有当教师对自己选择与组织的教学内容进行了精心设计，达到融会贯通、如同己出的程度时，教学才可以有条不紊，效果显著。教学氛围的营造和教学方法的运用要让学习者感到耳目一新，要唤起他们的学习兴趣。

（2）备课是知识的内化、具体化与课堂物化的预案。

很多教师都有这样的感受：在经过多次重复同一课的教学之后，就觉得一切尽在掌握之中，备课根本就是多此一举。基于此，备课的政策也有所不同，年轻教师要“备详案”，经验丰富的教师便可以“备简案”或可以是“零教案”。很显然这是对备课的误解。

事实上，对教学内容烂熟于胸，倒背如流并不意味着做到了对知识的内化、活化和转化。提到内化，人们更多强调的是让学生来内化，教师是否内化了教学内容或者能不能内化教学内容没有受到重视。不论经验多么丰富的教师，如果做不到“内化”，他只能是知识的奴隶，只能是“传声筒”。教学就是一个不断“内化”的过程，首先是教师对客观的教学内容进行内化，使其成为不断促进自己发展的支点，其次是学生对客观的教学内容和教师传授内容的内化。如果教师没有很好地内化教学内容，学生就很难做到内化知识。

内化在一定程度上是主体自身与客观内容相互作用的结果，但是教师对知识的活化却能有效地促进学生对知识的内化。知识的存在状态是静止的，僵硬的，没有感情的。具体化就是让静止的、僵硬的和没有感情的知识变得动态、鲜活和充满感情。知识的具体化、活化是教师想象力充分释放，创造力充分展现的过程。每一节课的内容，首先对老师来说应是丰满的、灵动的、富有情感的，然后，才会对学生构成新奇的富有情感成分的课堂教学，只有这样，才能做到对课程教学内容的再创造，才能实现师生的有效生成。

（3）备课是对教学资源开发、整合与利用的过程。

当前，中小学课程教学改革的目标直指时代要求，使学生“具有初步的创新精神和实践能力、科学素养和人文素养以及和谐发展的意识；具有适应终身学习的基础知识、基本技能和方法”。传统意义上只注重“写教案”的备课显然无法满足这一需要。对课程、教学资源的合理开发、整合与有效利用，是促进教学的有效手段。提到教学资源，很容易使人联想到教科书、教参等文本资料，其实，这些只是教学资源中的一部分。教学资源的内涵会随着社会、科技、经济和文化的发展而不断丰富。教学是一个复杂的活动，可供教学利用的一切事物，物质的、精神的、校内的、校外的、有形的、无形的，均可说是教学资源。特别地，师生的经历、经验和课堂上随机生成的人力资源、条件性资源，都是课程教学资源的重要组成部分。教学活动不仅是一个认知活动过程，也是一个社会活动过程，教学资源的选择与配置，不应仅从认知的角度出发，还必须善于营造良好的人际和情感氛围，使教学资源在促进学生心智方面得到和谐、同步的发展，使兴趣、注意、爱好、意志等非智力要素与感知、理解、应用、实践、解决问题等认知水平和认知能力均得到同步的和谐发展。

（4）备课是对学生的研究与关注。

教师除了要在课堂教学有限的时间内完成教学进度外，同时还得不断地进行课堂观察和研究。但是，这种观察和研究只能把注意到的复杂多样的现象储存到大脑中，只能作为课后反思和系统研究的材料。因此，对学生生活世界和学习世界的真正关注与研究是在备课的过程中完成的。人类的学习到底是怎样发生的，学习到底有哪些共通的地方，学生有哪些需要特别引导和关注的地方，到底有哪些差异性。通过寻找这些问题的答案，教学才能做到有的放矢。

教学的最终目的在于培养全面健康、可持续发展的人才，促进每一名学生的和谐发展。“和谐发展”要求教师在看到学生的共性的同时，也要注意学生的个体差异。“教学中学生的个体差异是客观存在的。在承认差异存在，尊重学习个体差异的前提下，超越个体差异……以促进全体学生的全面发展，应是我们努力的新方向。”教学以人的发展为中心，知识的传递不是教学目的，只是手段，教学的目的在于促进人的全面发展。与此相适应，一生只备一个教案的备课已经完全不能适应现代课堂教学的需要了。备课要关注学生的生活世界，使他们在书本世界中找到生活世界的影子，把生活世界中无穷无尽的教育资源融入书本知识之中；备课要关注学生的生命世界，以便教师在教学过程中为学生留有一定的自由支配的时间和空间；备课要关注学生地位，构建民主、平等、合作的师生关系；备课要关注学生的心理世界，创设对学生有挑战性、激励性的问题或情境；备课要关注学生这一团体特有的独有的文化，创建师生、生生有效交流互动的平台；备课要关注学生的学习状态，因地制宜，打破单一的集体教学的组织形式。

（5）备课是教师再学习的过程。

终身可持续发展是当今社会对教育提出的新要求，而建设学习型社会、学习型组织，要求社会中的每个成员都要终身学习。教师更应如此。然而，教师教学工作的实际往往形成一种错觉——教师对知识越来越熟练了，但课堂教学不论从内容上、方法上还是从课堂气氛上，并未发生多少质的变化，因而，一切一如既往。

“越教越熟”是否就是进步呢？一方面，这是一种假象——“对于内容几十年不变的传统课程体系来说，似乎有一定道理”，但是，今天的中小学课程教学内容越来越体现出国家课程的普遍趋势，即“三五年一小改，八九年一大改”。另一方面，教师教学职业的持续发展表明，教师的成长是一个漫长的历程，教师的教学能力恰恰是基于教学经验和经历基础上的反思、回味而形成的，而主要不是在职前（大学读书期间）形成的。

造成上述现象的原因之一，就是教师年复一年反复研究同一本教材、课本的内容，以至于表面上能够倒背如流，运用得得心应手，实质上却是“井底之蛙眼中的那片天空”。不论是雨过天晴，还是风雷激荡，它眼中的那片天空永远是狭小而又宁静的。

针对这样的现实，教师培训越来越受到人们的重视。作为从外部推动、提高教师水平的一股力量，师资培训确实是很好的选择。但是，唤醒教师的自我反省意识却显得更加重要。当教师有意识地利用各种途径再学习时，很多问题便会迎刃而解。因此，当教师能够在备课过程中进行再学习时，便有可能从“书本的井底”跳出来，从而看到广阔多变的天空和丰富多彩的世界，才能吸收到新鲜的血液和营养。

一成不变的教学和“一本教案教一年，教案十年都不变一变”的时代已经一去不复返了，教师只有想方设法地不断学习，才能跟得上时代发展的步伐，才能满足教学的需要。教师再学习，要时刻关注理论专家、学者的研究成果，运用成熟的理论来指导自己的教学实践，同时要借鉴其他教学工作者的教学实践经验。备课过程中，教师要跳出书本的局限，追求先进的理念和方法，转换角度，更新内容，以更好地促进课堂教学，为学生的全面发展服务。

（二）备课的作用与基本内容

备课是课堂教学的起点和基础，是决定课堂教学质量高低的重要一环，也是课堂教学艺术的重要组成部分。

1. 备课的作用

教案是教师备课形成的成果。科学、合理的教案是有序、高效的教学实践活动的基础，即备好课是上好课的基础。具体来说，教案在教学实践中具有如下五方面的作用：

（1）指导性，即教案是教师为组织和指导教学活动而精心设计的施教蓝图，是教师关于下一步教学活动的一切设想，如将要达到的目标，要完成的任务，采取的各种教学措施等均已反映在教案中。

（2）统整性，即教学是由多种教学要素组成的一个复杂系统。教案就是对这诸要素的系统安排与组合。

（3）操作性，即良好的教案设计对教学内容的选择、教学方法的运用、教学时间的分配等都做出了具体明确的规定和安排。这一系列的安排都带有极强的可操作性，成为教师组织教学的可行依据。

（4）预演性，即教师备课、写教案的过程，实质上就是实际教学活动的每个环节、每个步骤在教师头脑中的预演过程。它能使教师如临真实的教学情境，对教学活动的每一细节都要周密考虑，仔细策划，为教学活动的顺利进行提供可靠的保证。

（5）突显性，即教师在设计教学方案时，可以有目的、有重点地突出一种或几种教学要素，以达到特定的教学目的。

2. 备课的内容

作为教学实施过程的基础工作——备课是必不可少的，但怎样备课才是有效，值得认真探讨。认真研究新课程标准、教材和学生，研究我们在教学过程中可能遇到的问题以及解决的措施，都是非常有必要的。

教师在上课之前，总需要研究教材，选择教学内容，制定教学目标，考虑学生的学习方法，确定教师的教学方法，设计教学过程，准备多媒体课件或教具，设计课堂练习，把这些内容写出来的过程就是备课。其中，教案是备课的重要标志性成果。

为了了解备课的基本内容和核心工作，我们有必要分析优秀教师教案的特征。

（1）优秀教师教案的特征。

有关研究表明，中小学教师中的优秀教案在结构要素方面表现出如下特征：

①比较明确的教学目的。90% 的优秀教案都有比较明确的教学目的，而且教学目的也比较全面，不但有掌握知识、发展智力、形成技能的目的，还有品德、情意方面的目的。但从文献阅读中我们也感到一丝遗憾，绝大多数教案中都使用了“教学目的”，而鲜见把教学目的转化为操作性的具体教学目标，教学目标理论在优秀教案中没有得以体现。

②多数教案有教学条件的准备。60% 的优秀教案明确标示了教学条件准备。多数案例列出了教学的条件准备，说明了我国中小学教学手段的多样化，以及多媒体开始运用于教学中，这有利于激发学生的学习兴趣，提高教学质量。

③有重点难点分析。70% 的优秀教案有重点难点分析。明确重点难点，有利于实际教学中中心突出、层次分明，采取合适策略解决关键问题，以确保教学质量。

④明确的教学、程序设计。97% 的优秀教案有对教学过程的详细设计，教案中都

会列出“教学过程”的小标题。教学过程设计明显表现出程序性、阶段性、操作性的特点，即规划出非常详细的教学步骤和教学行为，这可保证教学实践有序而扎实地进行。

⑤有专门的板书设计。半数以上的优秀教案有专门的板书设计，从优秀教案的板书设计中可以看出，教案中板书设计表达有两种方式，一是在教案中留出专门地方列示板书设计，二是在教学过程及教学内容显示中以加注方式表明为板书。

（2）备课的基本内容。

教案是教师备课成果的书面体现，是教师综合主客观情况进行教学艺术处理的结晶，是教师进行课堂教学的依据，是教师综合素质的具体体现。

总结优秀教师教案的特征可以发现，一份好的教案，必须符合教学实际，必须符合学生的认知规律，必须做到前后衔接，逻辑严密，必须做到重点突出，难点突破，必须做到层次分明，过渡自然。

当前，备课的基本内容是：

①研究课程标准。明确课堂教学的目的要求。

②研究教材。特别是要认真钻研教科书，理清知识技能、过程方法、情感态度价值观各维目标在教科书中的具体体现，准确理解重点、难点，确定教学的关键，制定切实可行的三维目标。

③研究学生。深入了解不同层次学生的学习基础和思想状况，选准本课的起点和基点，使分层教学渗透到教学的每一个环节。

④研究例题、习题，设计好检测手段与巩固强化内容。不仅要设计教学效果检测的基本方法与内容，而且要精心选择和设计例题、随堂练习题，确保教学的效果与覆盖面。例题、习题的题目要紧扣课程标准、教科书和学生实际，要兼顾深度、广度，体现层次性，体现因材施教，分层教学。

⑤研究教学的教育素材。要找出教学内容的教育渗透点，特别是要关注每名学生的积极参与，以及终身可持续发展能力与意识的培养。

⑥研究教法和学法指导。教师要根据自身的优势和特长，学生现有的基础，选择恰当的教法，并指导学法。

⑦制作教案。教案应有明确具体的三维目的要求、教学内容分析（即重点、难点、关键）、教学过程（包括目标要求、重点、难点处理方法、教学手段、体现教育因素、教学小结等），保证一定数量和质量的练习作业、板书设计等。

⑧授课后及时反思自己的教学行为。尤其是针对课堂教学或学生作业中出现的问题进行具体剖析，以提高自己的教学能力。教学反思占用的时间一般不少于总课时的三分之一。

二、备课标

课程标准是依据教育部《基础教育课程改革纲要（试行）》（以下简称《纲要》）的要求制订的，是国家对基础教育相应课程的基本规范和要求，是国家管理和评价课程的基础。经全国人大常委会于2006年6月29日审议通过的新修订的《中华人民共和国义务教育法》于2006年9月1日实施，其中的第五章第三十八条规定："教科书根据国家教育方针和课程标准编写，内容力求精简，精选必备的基础知识、基本技能，经济实用，保证质量。"这就从法律的角度明确了课程标准与教科书的关系。

（一）课程标准是国家管理和评价课程的基础

课程标准作为国家意志的体现，对课程的性质、价值与功能作了定性描述，阐述了相应课程领域的改革发展的基本理念，并对课程标准的设计思路做了详细的说明。这就构成了教材编写、教学、评估和考试命题的依据，成为国家管理和评价课程的基础。

课程标准作为国家对基础教育相应课程的基本规范和要求，内容涉及这门课程的教材编写、教学实施、命题评价、资源开发等各个具体问题，它的主体部分体现出国家对这个阶段的学生在知识与技能、过程与方法、情感态度与价值观等方面的具体要求。

（二）课程标准体现素质教育的基本理念，着眼于未来国民素质

国家课程标准蕴含着素质教育的理念，体现着鲜明的时代气息。它是国家对学生接受一定教育阶段之后的结果做出的具体描述，是国家教育质量在特定教育阶段应达到的具体指标，是国民素质的目标要求和各学科应达到的基本标准，具有法定的性质。

课程标准规定了国家对不同阶段的学生在知识与技能、过程与方法、情感态度与价值观等方面的基本要求，规定了各门课程的性质、各学科应达到的标准以及内容框架。学科的性质与地位、课程目标、课程内容及各学段安排构成课程标准的核心内容。另外，课程标准对教材编写、教学要求、教学建议、教学评价等也都做出相应的规定和要求，但不再包括教学重点、难点、时间分配等具体内容。这是课程标准与直接指导教学工作的教学大纲的本质区别。

（三）课程标准明确了课程的基本目标的价值取向，关注的是学生学习的过程、方法、情感态度及价值观

课程标准对每一学科课程的性质、价值与功能做了定性描述，阐述了相应课程领域的改革发展的基本理念，并对课程标准的设计思路做了详细的说明，便于教材编写者和教师整体把握课程。例如，物理课程标准开篇阐述了课程基本理念，注重学生发展，改变学科本位；从生活走向物理，从物理走向社会；注重科学探究，提倡学习方式多样化；注重学科渗透，关心科技发展。这一阐述对物理课程的价值功能做了清晰的定位。

长期以来，中小学课程目标侧重于学生的认知发展水平，如今，课程的功能由过

去单纯强调知识和技能转向同时关注学生学习的过程和方法、情感态度和价值观。因此，新课程标准不仅对学生的认知发展水平提出要求，同时，对学生学习的过程和方法、情感态度和价值观方面的发展提出目标要求。这是一个根本性的变化，对培养新时期具有良好素质和竞争力的新一代具有重要意义。

课程标准力图在课程目标、内容标准和实施建议等方面全面体现知识与技能、过程与方法、情感态度与价值观三位一体的课程功能，从而促进学校教育重心的转移。尤为重要的是，在学习知识的过程中潜移默化地培养学生正确的价值观、人生观和世界观，引导学生在学习知识的过程中，形成正确的价值选择，具有社会责任感，努力为人民服务，树立远大理想。这种过程将深刻地影响他们思想道德的形成，影响他们人生的抉择。例如，科学课程目标包括科学素养、科学探究、科学知识与技能、科学态度、情感与价值观、科学技术与社会等。

（四）课程标准突破了学科中心，主张学生的全面、健康、和谐、可持续发展，为终身发展打基础

课程标准不仅根据基础教育的性质和时代的特点，确定了哪些基础知识和基本技能是学生终身发展必备的，同时，重新界定了新时期基础知识与基本技能的概念，如英语的基本能力、信息意识与能力也成为当代公民必备的素质。

课程标准中的内容标准部分，按照学习领域或主题组织学习内容，突破学科中心，精选学生终身发展必备的基础知识和技能，改变课程内容繁、难、偏、旧的现状，密切教科书与学生生活以及社会、科技发展的联系。例如，语文课程标准加大语文阅读量和口语交际环节，重视培养语感，降低了对语法、修辞、逻辑的要求。历史课程标准通过主题的方式，让学生具体地感受历史，把握历史发展脉络，而不要求学生死记硬背繁杂的历史知识。数学课程标准增加了对日常生活和社会生活中图形与空间、概率与统计等现实问题的探究，降低对运算速度、证明技巧的训练。地理课程标准加强了地理基础知识与人口、资源、环境的密切联系。生物课程标准反映了现代生物技术的发展，削弱传统生物学技类群详细介绍生物体外部形态和内部结构的知识。化学课程标准加强了化学与社会技术生活相联系的内容，降低了化学计算（化学方程式配平、浓度计算等）的要求。

（五）课程标准注重学生的“学”，强调学习的过程与方法

与以往的教学大纲更多地强调教师的“教”相比，课程标准着眼于学生的“学”，对每一个阶段学生发展应达到的目标都提出了具体的要求，做出了详尽的规定。课程标准强调学生学习的过程与方法。以往更多关注的是学习的结果，而忽略了学生是通过什么样的学习方式和策略来学习的，死记硬背、题海训练得到的高分，掩盖了学生在学习方式上存在的问题，所以关注学生学习的过程与方式是引导学生学会学习的关

键。

课程标准力求通过加强过程性、体验性目标以及对教材、教学、评价等方面的指导，引导学生主动参与、亲身实践、独立思考、合作探究，发展学生收集和处理信息的能力，获取新知识的能力，分析解决问题的能力以及交流与合作的能力。例如，生物课程组织学生通过各种途径调查、收集生物圈的相关资料，模拟召开“国际生物圈”研讨会，结合本地实际讨论如何保护生物圈。数学课程通过探索平面图形的镶嵌，知道任意一个三角形、四边形或者正六边形可以镶嵌平面，并能运用几种图形进行简单的镶嵌设计。强调数学学习经历“问题情景—建立模型—求解—解释与应用”的基本过程。

三、备学生

（一）在备课中备学生的意义

（1）教育的目的之一在于促进学生全面、健康、和谐、可持续发展。

众所周知，当前基础教育课程改革确立了学生的全面发展观，摒弃了以学科为本的传统观念。教育改革的根本动因在于国家和民族的发展，在于每一名学生获得全面、健康、和谐、可持续发展。无论从课程的设计，还是从课程的实施和评价，一切都要从学生的需要出发，以学生的发展为本。

作为课程实施的重要组成部分，备课是教师完成课程任务、实现课程目标的具体步骤之一，是将理想的课程和文本的课程，通过教师个人的理解，落实到课堂教学之中，最终转变为学生学得的课程。教师拥有的价值观念的差异，往往直接制约着教师创造性工作的级别和质量，也决定着教师工作的方向。如果教师将每一名学生的全面、健康、和谐、可持续发展作为教育教学工作的目标，那么教师设计课堂教学目标、构思课堂教学环节时，就会时刻思考着如何让每名学生获得基础知识、基本技能、基本经验和基本思想，就会不仅关注学生发展的现实目标，而且关注学生发展的长期目标。

（2）教学设计的要害在于围绕学生的学而展开。

当前，在学生发展为本的教育观念下，课堂教学的最大变化是从以前的“以教促学”发展到今天的“以学促教”，亦即课堂教学组织和落实的基本出发点在于学生的学习，在于让每名学生都能够获得应有的进步和发展。更通俗地说，就是学生怎么学得方便，教师就应该怎么教。在此基础上，教师的课堂教学职责也在发生着比较大的变化。

在课堂教学中，教师的职责是帮助学生检视和反思自我，明白自己想要学习什么和获得什么，唤起学生成长的渴望；帮助学生寻找、收集和利用学习资源；帮助学生设计恰当的学习活动；帮助学生发现他们学东西的个人意义；帮助学生营造和维持学习过程中积极的心理状态；帮助学生对学习过程和结果进行评价，并促进评价的内在化；发现学生的潜能和兴趣取向。

在教学中，教师的角色不仅体现在“学习活动的组织者、引导者和合作者”等方面，而且还体现为：教师是学生成长的引领者；教师是学生潜能的唤醒者；教师是教育内容的研究者；教师是教育艺术的探索者；教师是学生知识建构的促进者；教师是学校制度建设的参与者；教师是校本课程的开发者。

（3）学生学会知识和全面发展是课程教学实施的最终目的。

与以往的课堂教学观念相比，让学生学会知识和全面发展，是课堂教学实施的最终目的。亦即，理想的课程只有转变为学生习得的课程，才能是有效的。

事实上，学生的学习并不是教师向学生灌输知识的过程，而是在教师的引导下学生自主构建知识体系的过程。而学生学习效果的好坏，反映着教师教学工作的成效。

因而，教师在研究教科书的同时，更要分析学生对将要学习的新知识的接受能力，合理采用适合学情特点的教学方法，设计适应学生个性、能力发展的教学内容和教学实施方式方法。同时，对于学差困生应采取补救措施，对优秀生采取激励措施等。通过备学生，加强备课的目的性、针对性和实效性，进而优化教学过程，发展学生潜能，促进学生情意和人格的健全发展。

在备学生过程中，要特别关注每名学生，充分挖掘学生的潜能，关注学生素质的提高这个核心目标。

事实上，学生智商的差异是客观存在的，但每名学生都有其自身优势。我们要用发展的眼光、辩证的思想看待学生，研究学生的心理特点，深挖不同层次学生的潜质。特别要尊重学生由生活经验引发的思维，坚持思维无禁区论，视学生为自主的人、发展的人和有潜力的人，最大限度地调动其潜能，促进自身主动发展。

素质教育要求全面培养和提高学生适应知识经济社会需要的素质和能力。这就要求我们在备学生时，一方面要从学生思维方式出发，确定教材中哪些内容能拓展学生能力和思维，合理设计教学过程；另一方面要依据学生认知发展的最近发展区及最佳发展区，从学生熟悉的情境和已有的知识基础出发，对教材进行适当重组和整合，使学生在掌握基础知识的同时，感受学习的意义。

（二）备学生的内容

（1）学生可能想到的问题。由于学生的思维与教师的课程导入和课程的重点内容有关，由此就可以预先考虑到课堂上学生应该能够产生的想法，提前做好思想准备。有很多的想法在课堂上虽然学生未表露出来，但教师应该能洞察学生的心理活动，及时地探测和巧妙地点出其想法，这样才能更好地满足学生心理上的需求。也有很多的想法学生可能在课堂上提出来了，教师就要认真思考，通过正确引导和讨论，使问题得到解决。

（2）学生难懂的内容。教师备课特别要注意的一点就是时刻把握学生的智力水

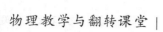

平和接受水平。有些教材上的知识内容在教师看来似乎很容易，三言两语就可说清楚，但站在学生的角度上来接受这一知识，可能就不是那么容易了。因此，教师在备课时要注重换位思考，想到学生的智力水平和接受知识的能力，帮助他们实现知识的由易到难的转化。

（3）学生疑虑的内容。我们深知学生的疑虑会直接影响新知识的接受和课后习题的完成。在课堂上，我们常常会看到学生表情呆板，脸色凝重，学生的思维不能与教师同步。此时，学生思维中出现的疑虑如果不及时排除，必然会造成心理上的不和谐，成为学生继续思维和学习的障碍，使思维中断。高明的教师会预先意识到这一点，备课时善于转换到学生的角度来思考这些疑虑，采取积极、乐观、向上的措施来加以引导，努力在课堂上消除这种尴尬的疑虑。这就更需要我们在备课时细心一些，耐心一些。

（4）学生易错的内容。在指导学生实验、批阅作业、批阅试卷和课外辅导时，我们经常会发现学生有这样或那样的错误。为了不让学生再出现错误，在备课时，教师可以特意准备一些学生易错的实验和习题，上课时故意错给学生看，错给学生思考，使学生引以为戒，达到防微杜渐的目的。

（5）学生激动的内容。课堂是师生共同表演的舞台，引导学生一同到这舞台上来“表演”，是现代教学所必需的。这样，教师就必须预先想到学生的爱好、兴趣和渴望成功的心理，想到学生的激动心情。学生能够参与有趣的物理实验是学生的最大兴趣，也是学生最激动的。因此，在备课时，可能让学生参与的活动、可能激起学生激动和新奇心态的活动，我们都要为学生尽力准备，尽量让学生在动手操作、合作交流、观察讨论中的好奇心得到满足，求知欲望更加强烈。

（6）学生易忘的内容。在备课中，有经验的教师往往会提前预料到学生用到这部分知识时可能会遗忘什么，从而有意地提前让学生温故知新。不仅如此，有经验的教师在备课时，常常预先把这部分内容提炼，升华，甚至编制成口诀让学生轻松地记忆、储存，为学生的应用扫清障碍。

综上所述，教师的备课不只是备教材上的知识，更重要的是备学生，备学生可能出现的各方面问题。教师只有在充分了解学生、尊重学生志趣的基础上备课，在遵循学生的认知规律和心理发展规律的基础上设计教案，才能备好课，进而上好课，确保课堂教学的高质量。一份好的教案，必须符合教学实际，必须符合学生的认知规律，必须做到前后衔接，逻辑严密，必须做到重点突出，难点突破，必须做到层次分明，过渡自然。要体现课改新理念就必须改进备课方法，要备好一节课，编写一份高质量的教案，除了研究课程标准、学生、教科书之外，还要做好备课的其他工作。

四、备课中认识层面的误区及其分析

在备课中，主要存在哪些常见的误区？应该如何矫正？

备课是上课前的教学准备工作，高质量的课堂教学效果的取得，在很大程度上受备课的影响和制约。在这里，我们比较系统地分析备课中的误区及产生的初步原因。

中小学教育教学中的备课常常遭遇诸多困难，陷入诸多误区之中。这些误区大致可以归结为认识层面的误区，管理层面的误区，技术、操作层面的误区。

（一）认识层面的误区的种种表现

1. 在内容上要找准重点和难点

表现之一：备课 = 写教案 = 抄教科书

很多教师，特别是青年教师认为备课就是写一份教案，而教案的内容也就是抄一遍教材。殊不知，备课的内涵远不止于此。

如果备课的重点和难点不明确，教学中主次不分，这样讲出来的课学生是无法学好的。因此，在备课过程中，教师应掌握教材内容的系统性，找出教材前后章节之间的内在联系，明确要让学生掌握的基本知识和技能。根据对学生掌握知识的三个不同要求：了解（对知识的含义有感性的初步认识，能知道“是什么”）、理解（对概念和规律达到理性认识，能说明“为什么”）、运用（在理解的基础上，运用所学知识迅速解决问题，知晓“怎么做”），确定每次课的教学重点，结合学生实际，恰当安排教学内容。另外，即使同一科目对不同专业的学生要求也不同，备课的侧重点也就大不相同了，而学生也能根据教师的要求，掌握重点内容，将所学的知识很好地运用到今后的工作中去。

2. 教师要了解的知识面不能仅限于教材

“给学生一杯水，教师需有一桶水。”因此，教师在备课时不仅要看教材，还应查阅相关资料，根据所教学科与其他学科的联系，找到合适的切入点进行链接，根据社会发展情况，对教材中滞后的内容及欠妥之处做必要调整，使教学内容成为适宜的、完善的知识体系。只有教师的知识丰富了，重点突出了，才能使课讲得生动，才能有利于学生的学习和发展。

表现之二：备课 = 背课

在备课过程中很多内容都要牢记于心，有些教师就把备课过程转变成“背课”过程了，将要教的内容记在心中，上课时就平铺直叙。从表面上看，老师讲得似乎滔滔不绝，功底深厚，而实际上课堂已在不知不觉中转变成了演讲。老师是演讲者，而学生则转变成了听众。因此，教师备课不仅要备内容，还要备学生，备教法。

表现之三：备课就是抄已有的教案

（1）不加思考，照抄名师教案。

教师备课不是去认真钻研课程标准要求和教材要点，不是认真研究学生的学习实际，制订相应的教学策略，而是舍本逐末，通过购买《名师优秀教案选》或《教案》之类的书，把别人的教案一字不漏地照搬下来。检查起来，既有“数量”，又有“质量”。学校对教师的备课检查，过分强调数量，检查只是停留在“数教案”这一机械模式上，忽视备课的内在质量，致使许多教师出现了应付检查式的抄教案，甚至补教案。这种无效的劳动浪费了教师大量的时间及精力，缺乏实效。

（2）改头换面，重整旧案。

教师在新学期备课时，虽没有照抄现成的教案，却打起了往年备课本的主意，更有甚者，索性将往年的备课本换上新封面当作本学期的备课，敷衍了事。

（3）大刀阔斧，化繁为简。

有些教师连“备”都觉得麻烦，干脆在“备”的过程中，拿着购来的《教案》，简单地摘录“重点环节”，并美其名曰“取其精华，去其糟粕”。

（4）直接拿来，照本宣科。

有些教师更是走“捷径”，直接拿着别人的教案，为已所用。他们认为，《教案精选》或《教案》本身就是优秀的结晶，不需要再加工，没有“写”“备”教案的必要，直接拿来，照本宣科就行了。

（二）归因分析

1. 个人理解上的误区

教师备课时往往是单兵作战，缺少交流与协作，学科之间更是缺少整合。教师对教师间的竞争的认识有偏颇，在日常教学与研究中，为竞争而竞争，各自为战，忽视了竞争者之间的相互合作，在集体备课中“守口如瓶”，严重制约了教师间教育资源的开发与共事，教学质量和教师专业素质提高缓慢，使得集体备课形同虚设。

2. 传统观念的演习——以本为本、以纲为纲的传统观念的演习

教师本着以“课程标准”为纲，以“课本、教参”为本的传统教学观念，不敢越雷池半步，视教科书、教参为权威，致使备课出现了千人一面、千篇一律的现象。单纯依赖教参，备课缺乏创意，使课堂教学缺少活力。如此，教师工作缺乏创新性，很难达到课改的要求。反思目前的备课现状，发现它严重制约着新课程改革的顺利进行，也制约着学校教育教学质量的提高和教师素质的发展，致使我们现行的备课管理、备课研究、备课方式等面临着严峻的考验。随着教师专业化发展的进一步强化，如何挖掘学校教育资源，与时俱进地改进备课方式，用扎实有效、讲究实用等教师能接受的方法，有效地解决集体备课的普遍性问题已刻不容缓。

加强对教师备课教案的有效性管理，以集体备课的有效实施作为校本教研的突破口，引领教师专业成长和学校的发展，是改善当前备课工作、提高效率的突破口。

第二节　说　课

一、什么是说课

曾经有一位学者型的老教师，在回答怎样才能上好课的问题时，只说了一句话，即“上课前把思路理一遍。”这表明，说课实际上就是在上课前理清思路的过程。

（一）概念

所谓说课，从教育理论上来讲，是指授课教师在备课的基础上通过语言表述，针对师生具体情况和教材特点，以教育科学理论和教材为依据，将授课的教学目标、教学方法、学习方法、教学过程，面对面地对同行或其他听众作全面述说，达到交流、提高的一种教学研究形式。

具体地讲，说课是教师在备课的基础上，面对评说者述说要阐明的问题是教什么（教学内容）、怎样教（教学方法）、为什么要这样教（理论依据）、怎样学（学习方法）以及教学过程的实施（教学过程）。

（二）说课与备课、上课的关系

1. 说课与备课的关系

相同点：

（1）主要内容相同。说课与备课的教学内容都是相同的。

（2）主要任务相同。都是课前的准备工作。

（3）主要做法相同。都要学习大纲，吃透教材，了解学生，选择教法，设计教学过程。

不同点：

（1）概念内涵不同。说课是属于教研活动，要比备课研究问题更深入。而备课是教学任务如何完成的方法步骤，是知识结构如何转化为学生认知结构的实施方案，属于教学活动。

（2）对象不同。备课是要把结果展示给学生，即面对学生去上课。而说课是对其他教师说明自己为什么要这样备课。

（3）目的不同。说课是帮助教师认识备课规律，提高备课能力。而备课是以面向学生为目的，它促使教师搞好教学设计，优化教学过程，提高课堂效率。

（4）活动形式不同。说课是一种集体进行的动态的教学备课活动。而备课是教师个体进行的静态的教学活动。

（5）基本要求不同。说课教师不仅要说出每一具体内容的教学设计，做什么，怎么做，而且还要说出为什么要这样做。而备课的特点是在于实用，强调教学活动的安排，只需要写出做什么，怎么做就行了。

2. 说课与上课的关系

相同点：

（1）说课是对课堂教学方案的探究说明，上课是对教学方案的课堂实施，两者都围绕着同一个教学课题，从中都可以展示出教师课堂教学操作的艺术，都能反映教师语言、教态、板书等教学基本功。

（2）说课说出了教学方案设计及其理论依据，使上课更具有科学性、针对性，避免了盲目性、随意性。而上课实践经验的积累，又为提高说课水平奠定了基础。这些反映了说课与上课的共性和联系。

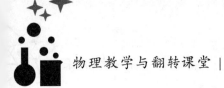

不同点：

（1）要求不同。上课主要解决教什么，怎么教的问题；说课则不仅解决教什么，怎么教的问题，而且还要说出“为什么这样教”的问题。

（2）对象不同。上课是课堂上教师与学生间的双边教学活动，说课是课堂外教师同行间的教研活动；上课的对象是学生，说课的对象是具有一定教学研究水平的领导和同行。

（3）评价标准不同。上课的评价标准虽也看重教师的课堂教学方案的实施能力，但更着重课堂教学的效果，着重学生实际接受新知、发展智能的情况；说课重在评价教师掌握教材、设计教学方案、应用教学理论以及展示教学基本功等方面。

二、说课的内容

说课的内容包括四个方面：说教材、说教法、说学法、说教学过程。

（一）说教材

说教材包括：教材内容、地位、目标、重点及难点。

教材是课程的载体。教师能否准确而深刻地理解教材，驾驭教材，合乎实际地处理教材，科学合理地组织教材，是备好课、上好课的前提，也是说课的首要环节。

1. 说教材的内容

教师应该重点说明本课题内容在整个教材体系或本单元教材中的地位和作用，教材编排的意图和特点，本课题涉及的主要知识点及其与前后联系，与教学内容有关的附件（如图片、资料等）处理要点，确定课题重点难点及理由，执教者本人进行教材处理的打算以及进行修改、增减的理由和依据，说明教材处理上值得注意和探讨的问题。

2. 说教材的地位

说清楚本节教材在本单元甚至本册教材中的地位和作用，即弄清教材的编排意图或知识结构体系。

3. 说教材的目标

教师应根据教学目标分类（知识、技能目标，能力、方法目标，情感、态度目标），明确说出各知识点的不同层次的具体要求。

说明如何依据教材内容（并结合课程标准和学生）来确定本节课的教学目标。分析教学目标要从知识与技能、过程与方法、情感态度与价值观三个方面加以说明。

4. 说教材的重点及难点

教师应根据学生的认知水平、基础知识、生活经验、相关学科的实际情况，找出难点的形成原因，确定教学重点和教学难点。重点说明有关课题教学目标、教学内容及教学操作等在课程标准中的原则性要求，从而为自己的教学设计寻找到有力的依据。

（二）说教法

在确定教学目的要求后，恰当地选择先进的教学方法是至关重要的。主要是说明“怎样教”和“为什么这样教”的道理。

这就要求教师说出设想和做法所运用的教育教学理论，所根据的心理学规律、认识规律和学生的实际情况。说明课堂教学的具体策略，采取何种教学方法。所选教学方法能否促进学生的智能发展，培养学生的能力、技能和创造力，既注重概念、规律的探索过程，又能符合素质教育的要求。所选的教学方法和手段要根据教材特点和学生实际，各种不同方法和手段要优化组合。

在战术上介绍导入新课、难点突破设计、课堂提问设计、例题设计、课后小结和作业设计的目的、内容，说明不同层次学生如何实行分层教学，每节课每个学生都能达到相应的目标。解释教者是用的什么方法落实“双基”、渗透德育、培养能力、开发智力的；还要说出教者在教学中是如何发挥主导作用的，在精华要害的知识上进行点拨，在能力生长点上强化训练，以及如何处理教与学，讲与练的关系；同时说明该课时如何使用教具、学具或电教手段。

说教法，应说出“怎么教”的办法以及“为什么这样教”的根据，具体要做到以下几个方面：

（1）要说出本节课所采用的最基本或最主要的教法及其所依据的教学原理或原则；

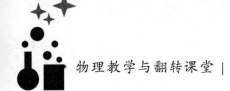

（2）要说出本节课所选择的一组教学方法、手段，对它们的优化组合及其依据。无论以哪种教法为主，都是结合学校的设备条件以及教师本人的特长而定的。要注意实效，不要生搬硬套某一种教学方法，要注意多种方法的有机结合，充分体现“教师主导，学生主体”的教学原则；

（3）要说明教师的教法与学生应采用的学法之间的联系，要重点说说如何突出重点、化解难点的方法。

下面是几种常见的国外的教学方法：

（1）发现法：提出问题—明确目标—设计方案—收集证据—得出结论。

（2）问题教学法：提出问题—问题定性—建立假设—选择假设—验证假设。

（3）杜威五阶段教学模式法：暗示—问题—假设—推理—验证。

（4）情景教学法：创设问题情境，引发学习兴趣，调动学生的内在学习动力，促使学生主动学习。

（5）目标导学法：明确学习目标，使学生学有方向，有的放矢，促使学生积极探索、发现。

（6）演示实验法：通过观察、分析实验现象，推理验证物质性质。

（7）比较法：启发学生认识获得新知。

此外，还有讨论法、归纳法、阅读法，自学指导与自我总结相结合，问题、探究、交流、归纳、阅读、讲解法等等。

（三）说学法

现代教育对受教育者的要求，不仅是学到了什么，更主要的是学会怎样学习。实施课程标准后，要求教师转换角色，基于这一转变，说课者就必须说明如何根据教学内容、围绕教学目标指导学生学习，教给学生什么样的学习方法，培养学生哪些能力，如何调动学生积极思维，怎样激发学生学习兴趣等，根据教学的重点难点，指出重点突破口，难点理解点，分析学生学习过程中可能遇到的障碍及其原因，并针对这些障碍加强对学生的指导。

主要说明学生要“怎样学”的问题和“为什么这样学”的道理。要讲请教者是如何激发学生学习兴趣、调动积极思维、强化学生主动意识的；还要讲出教者是怎样根据年级特点和学生的年龄、心理特征，运用哪些学习规律指导学生进行学习的。说课者选择的学法如何体现素质教育，面向全体学生的要求，调动优秀学生积极思维，激发后进学生的学习兴趣，使优中差生在各自原有的基础上都有相应的提高。能否针对某一知识点，对学生可能出现的问题、最易疏忽的知识点、可能误解或混淆的知识，总能预见并针对性地采取恰当的处理措施。

说课活动中虽然没有学生，看不到师生之间和学生之间的多边活动，但从教师的说课过程中要体现以学生为主体，充分发挥学生在学习活动中的作用、调动学生的学习积极性。在最大程度上体现课改精神——教师是课堂教学的组织者、引导者、参与者、启发者。具体要说清两大问题：

（1）针对本节教材特点及教学目的，学生宜采用怎样的学习方法来学习它，这种学法的特点怎样，如何在课堂上操作。

（2）在本节课中，教师要做怎样的学法指导，怎样使学生在学会过程中达到会学，怎样在教学过程中恰到好处地融进学法指导。

学法的指导是否体现了学习规律、学习原则以及学生的生理和心理规律，学生的基础、习惯能力等情况。

如在引入新课时，引导学生根据课本做实验，可以增强感性认识，复习相关知识，克服错误的思维定势，激发学生的观察热情和学习积极性，为进行新课做好知识上和情感上的准备。

（四）说教学过程

教学过程是说课的重点部分，因为通过这一过程的分析才能看到说课者独具匠心的教学安排，它反映着教师的教学思想，教学个性与风格。也只有通过对教学过程设计的阐述，才能看到其教学安排是否合理、科学，是否具有艺术性。

主要说明教学设计的具体思路，课堂教学的结构安排和优化过程，以及教学层衔接与教学环节转换之间的逻辑关系。

说教学过程要求做到：

（1）说出教学全程的总体结构设计，即起始（如何引入新课）—过程—结束的内容安排。说教学程序要把教学过程所设计的基本环节说清楚，说出主要环节的教学设计，重点如何突破，难点如何化简。但具体内容只需概括介绍，只要听讲人知晓"教的是什么""怎样教的"就行了。不能按教案像给学生上课那样讲。说出教学过程设计的总体框架和设想，说出教学过程的整体结构、教学内容的详略安排和教学板块的时间分配。

说课型和结构设计，重点说明教材展开的逻辑顺序、主要环节、过渡衔接及时间安排。

（2）说明如何针对课型特点及教学法要求，在不同教学阶段师与生、教与学、讲与练是怎样协调统一的。

（3）要说明教学设计流程。对教学过程做出动态性预测，考虑到可能发生的变化及其调整对策。

（4）说明教学中采用的教学技术手段，包括教具、演示、板书、投影和其他教学媒体的设计和使用准备。教具、演示包括投影要简明，有利于突出呈现重点，操作简便。板书内容准确、精练，形式便于比较对照和理解。

说教学过程并不是像教案那样详细地说明教学的具体过程，而是要说出教案中几个主要过程安排的理论根据和组织者对它的理解。

教学要注意以下几点：

（1）教学过程要体现能力的培养和素质的提高。不同的教学过程，培养学生不同的能力；

（2）教学过程要准确把握教材重点、难点和学生能力的培养，并注意知识的前后联系和内在逻辑关系。还应体现教学方法选取的科学性，学习方法指导的有效性；

（3）教学过程的设计是否符合由特殊到一般，由直观到抽象，由简单到复杂，由已知推未知的认识规律及学生的认知结构和年龄特点。

另外需注意的是，在介绍教学过程时不仅要讲教学内容的安排，还要讲清“为什么这样教”的理论依据（包括大纲依据、课程标准依据、教学法依据、教育学和心理学依据等）。

以上几个方面，只是为说课内容提供一个大致的范围，并不意味着具体说课时都要面面俱到，逐项说来，应该突出重点，抓住关键，以便在有限的时间内进行有效的陈述，该展开的内容充分地展开，该说透的道理尽量去说透，这样才能取得良好的效果。

三、说课中应注意的几个问题

要说好课，应该注意以下几个问题：

（一）突出“说”字

说课不等于备课，不能照教案读；说课不等于讲课，不能视听课对象为学生去说；说课不等于背课，不能按教案只字不漏地背；说课不等于读课，不能拿事先写好的说课稿去读。

一节成功的说课，一定是按自己的教学设计思路，有重点，有层次，有理有据。

说课时，要抓住一节课的基本环节去说，说思路、说方法、说过程、说内容、说学生，紧紧围绕一个“说”字，突出说课特点，完成说课进程。

（二）把握“说”的方法

注意运用教育理论来分析研究问题，防止就事论事，使说课还处于“初级阶段”的层次水平。注意避免过分表现“理论依据”，脱离教材、学生、教师实际，空谈理论。说课的理论依据，要随说课的步骤提出，达到水乳交融，有机结合；要避免穿靴戴帽式的集中“说理”，而造成油水分离的不自然现象。

说课的方法很多，应该结合实际情况，有针对性地说，可以说物、说理、说实验、说演变、说本质、说事实、说规律、正面说、反面说，但一定要沿着教学法思路这一主线说，以防跑野马。

（三）语气得体、简练准确

说课时，不但要精神饱满，而且要充满激情。要使听课者首先从表象上感受到说课者对说好课的自信和能力，从而感染听者，引起听者的共鸣。

说课的语言应具有较强的受众对象——教师同行。语言表达应十分简练干脆，避免拘谨，力求有声有色，灵活多变。前后整体要连贯紧凑，过渡要流畅自然。

（四）说出特点、说出风格。

说课的对象不是学生，而是教师同行。因此，说课时不只把每个过程说得过于详细，应重点说出如何实施教学过程、如何引导学生理解概念、掌握规律的方法，说出培养学生学习能力与提高教学效果的途径。说课要重理性，讲课注重感性和实践，因此，用极有限的时间完成说课内容不容易，必须做到详略得当、简繁适宜、准确把握说度。说得太详太繁，时间不允许，也没必要；说得过略过简，说不出基本内容，听众无法接受。

那么，如何把握说度呢？最主要的一点是因地制宜，灵活择取说法，把课说活，说出该课的特色，把课说得有条有理、有理有法、有法有效，说得生动有趣；此外，还要发挥个人的特长，说出个人的风格，这就把握了说课的度。

除此，还应该注意：

（1）合理分配时间。时间应控制在 10 ~ 15 分钟之内为宜。一般说来，教材、教法、学法三大板块以 2 ~ 3 分钟为宜，教学过程以 8 ~ 10 分钟为宜。

（2）应用现代教育技术，渗透新的教学理念，熟悉教改动态，有创新表现。

（3）适当进行板书。课题、姓名、四大块的标题、教学过程中的精华部分；板书设计工整美观，布局合理，富有一定的艺术性。

（4）教学方法与学习方法的文字概括要简练、明确，不要拖泥带水，以一句话为宜，且与相关的教学内容要吻合。

（5）注意教学语言的艺术性。声音洪亮，抑扬顿挫。

（6）要善于展示自己的亮点。注意发挥教师自身的教学个性和创新精神，防止生搬硬套书上的内容。

（7）能使用普通话进行说课，感情投入，语言风趣、幽默，富有启发性。教态自然大方，举止文雅，仪表端庄。

完整掌握教学大纲、领会教材编写体系和特点、充分了解自己学生的学习基础和学习要求、很好地掌握学科教学艺术是说好课的基础，说课是教师业务水平提高的重要的也是有效的形式。

四、怎样写好一篇说课稿

要说好课，就必须写好说课稿。认真拟定说课稿，要在个人钻研教材的基础上，写成说课稿。说课稿不宜过长，这是说课取得成功的前提，是教师提高业务素质的有效途径。

必须明确说课稿不同于教案，教案只说“怎样教”，而说课稿则重点说清“为什么要这样教”。

所谓说清“为什么这样教”，就是平常我们所讲的找理论依据。理论依据从哪里找？一是《大纲》中指导思想、教学原则、教学要求等，这是指导我们确定教学目标、重点、难点、教学结构以及教法、学法的理论依据；二是《教参》中的编排说明、具体要求等，这是指导我们把握教材前后联系和确定具体教学目标、重点、难点的理论依据：三是《教育学》《心理学》中许多教学原则、原理、要求和方法等，这也可以作为我们确定教法、学法的理论依据；四是根据教材内容和学生实际，对教材中的知识点进行切合实际的考虑。

写一篇说课稿，一般应从以下几个方面来阐述：

1. 简析教材

教材是进行教学的评判凭据，是学生获取知识的重要来源。教师要吃透教材，简析教材的内容、教学的目的、教学的重点、难点。

（1）教材内容部分要求说明讲稿内容的科目、册数，所在单元或章节；

（2）教学内容是什么，包含哪些知识点；

（3）本课内容在教材中的地位、作用和前后的联系；

（4）教学大纲对这部分内容的要求是什么；

（5）教学目标的确定，一般从知识目标、智能目标、德育目标几个方面来确定；教学的重点、难点和关键的确定，教学重点是教材中起决定作用的内容，它的确定要遵循大纲、教学内容和教学目的。

2. 阐述教法

教师在熟悉教材的前提下，怎样运用教材，引导学生搞好学习，这是教法问题。教法得当往往事半功倍。在撰写说课稿时应简要地说明：

（1）教法的总体构造及依据；

（2）具体采用了哪些教学方法、教学手段及理由；

（3）所用的教具、学具。教学实践证明，一堂课根据教材特点选用几种不同的教法结合使用，可增强教学效果。

3. 指导学法

学法包括学习方法的选择、学习方法的指导、良好的学习习惯的培养。在拟定时应突出地说明：

（1）学法指导的重点及依据；

（2）学法指导的具体安排及实施途径；

（3）教给学生哪些学习方法，培养学生的哪些能力，如何激发学生学习兴趣、调动学生的学习积极性。

4. 概说教学程序

这部分内容实际就是课堂教学设计，但要与流水账式的条款罗列区别开，既要有具体步骤安排，又要把针对性的理论依据阐述融入其中。

拟定教学程序时应科学地阐述：

（1）课前预习准备情况；

（2）完整的教学程序（主要是怎样铺垫、如何导入、新课怎样进行、练习设计安排、如何小结、时间如何支配、如何通过多媒体辅助教学加大课堂的密度、强化认知效果）；

（3）扼要说明作业布置和板书设计；

（4）教学过程中双边活动的组织及调控反馈措施；

（5）教学方法、教学技术手段的运用以及学法指导的落实；

（6）如何突出重点、突破难点以及各项教学目的的实现。在撰写时应重点讲清楚每个环节安排的基本思路及其理论依据，还要做到前后呼应，使前三个方面内容落到实处。

5. 教学效果分析

对学生参与教学活动的主动性、深广度的估计，学生达成教学目标状况的估计。说课稿与教案有一定的联系，但又有明显的区别，不应混为一谈。教案多是教学具体过程的罗列，而说课稿侧重于有针对性的理论指导的阐述；教案只说“怎样教”，而说课稿重点说清“为什么要这样教”。说课稿是教案的深化、扩展与完善。

撰写说课稿不必拘泥于固定、呆板的模式。可以分块写清，按部分阐述；可以按照整体构思融为一体，综合论述。另外，在语言表述上，既要把问题论述清楚，又切忌过长，避免陈词滥调，泛泛而谈，力求言简意赅，文词准确，语言针对性强。

第四章

教学实践

第一节　初中电学中的裸题与剥题

初中的物理复习课堂主要表现有过度复习普遍存在，过度操练代替复习，拿来主义盛行，记忆式复习依旧存在。而学生的短板主要存在以下四个方面：面对实验题时分析解决问题的能力；面对新情境试题时审题答题的能力；将实际问题转化为科学问题的能力以及应用数学方法解决科学问题的能力。由于我们的复习课普遍没有脱离上述情景，导致在最后的阶段学生不但没有把书读薄，反而越读越厚。针对以上问题，本节试图通过“裸题与剥题”这种复习课范式来提高我们的复习课的效率，实现真正的轻负高质。

一、缘起

1. 初中物理复习课存在的问题（全文以电学复习课为例）。对初中电学知识而言，其实是由三个核心实验组成的，它们分别是欧姆定理实验、电功率实验和焦耳定律实验。但是我们的学生却往往视电学为他们最大的难点，究其原因笔者认为与我们的复习课有很大的关联。主要表现有过度复习普遍存在，过度操练代替复习，拿来主义盛行，记忆式复习依旧存在。

2. 笔者认为学生的短板主要存在以下四个方面：面对实验题时分析解决问题的能力，面对新情境试题时审题答题的能力；将实际问题转化为科学问题的能力以及应用数学方法解决科学问题的能力。由于我们的复习课普遍没有脱离上述情景，导致在最后的阶段学生不但没有把书读薄，反而越读越厚。针对以上问题，笔者试图通过“裸题与剥题”这种复习课范式来提高我们的复习课的效率，实现真正的轻负高质。

二、概念解释

“裸题”——去掉试题背景后的纯物理模型称之为物理裸题。

“剥题”——我们把确立物理裸题的过程称之为剥题，也可称之为建立模型。

三、课堂实战举例（电学中的裸题与剥题）

1. 第一环节（课前任务布置）——建立裸图与裸题概念

课前任务一：给你两个电阻R_1和R_2（可以选择一个或两个）以及电源、导线、开关等。请你设计出各种可能的电路简图——裸图。

课前任务二：在你设计的电路简图中若R_1、R_2、U已知，请用这些已知量表示出其他你能计算的科学量（如电流、电压、电阻、功率等）——裸题。

课堂预测：经过课堂的展示、汇报、总结，学生大概率会建立以下裸图和裸题。

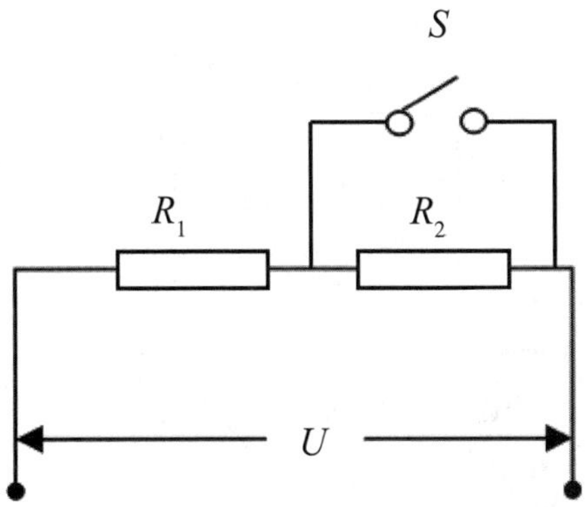

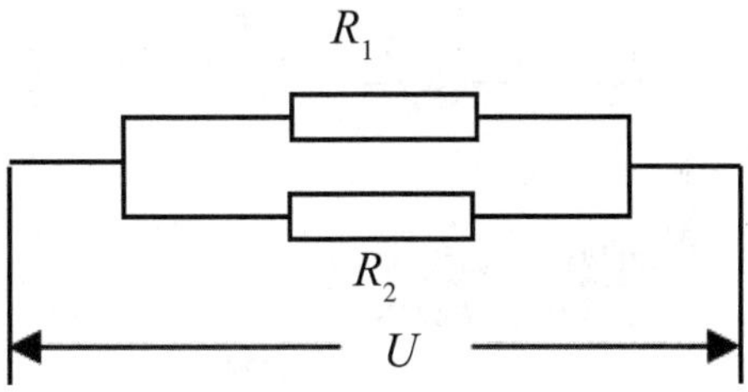

S 断开时	S 闭合时	
$I_1=I_2=I=\frac{U}{R_1+R_2}$	$I_1=\frac{U}{R_1}$	$I_1=\frac{U}{R_1}$
$P^1=I^2R_1=(\frac{U}{R_1+R_2})2R_1$	$P^1=\frac{U^2}{R_1}$	$P^1=\frac{U}{R_1}$
$P_2=I^2R_2=(\frac{U}{R_1+R_2})^2R_2$		$I=\frac{U}{R_1}+\frac{U}{R_2}$
$P_{总}=\frac{U^2}{R_1+R_2}=P_1+P_2$		$P_1=\frac{U^2}{R_1}$　　$P_2=\frac{U^2}{R_2}$
$U_2=IR_2=\frac{U}{R_1+R_2}R_2$		$P_{总}=P_1+P_2$
$U_1=IR_1=\frac{U}{R_1+R_2}R_1$		

————电学裸题（1）

2. 第二环节——剥题第一步：剥图

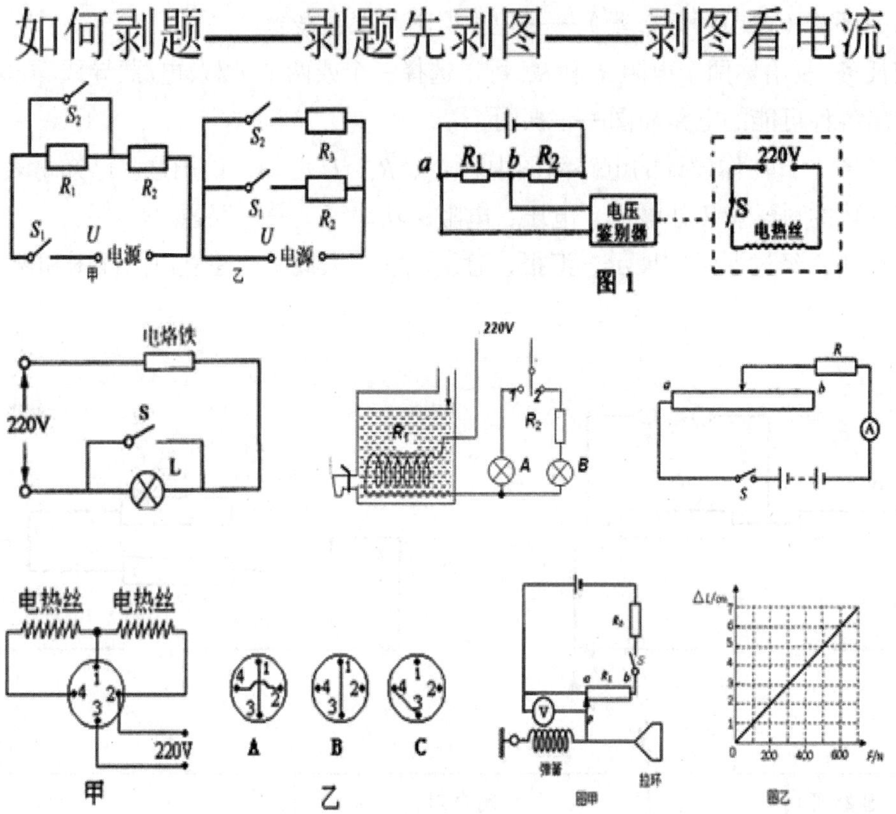

上述电路图均为历年中考试题中的电路图，我们根据电流可以将上述电路图全部一一与第一环节建立的先学裸图对应。接下来我们就可以让学生自己建立裸题了。

3. 第三环节——剥题第二步：同组互编裸题

按照剥题方法完成第一步：剥题先剥图（画出旋转开关分别处于 ABC 时的电路简图）。接下来针对此图请你加一个已知条件（也可以不加），然后向同桌提出一个问题。

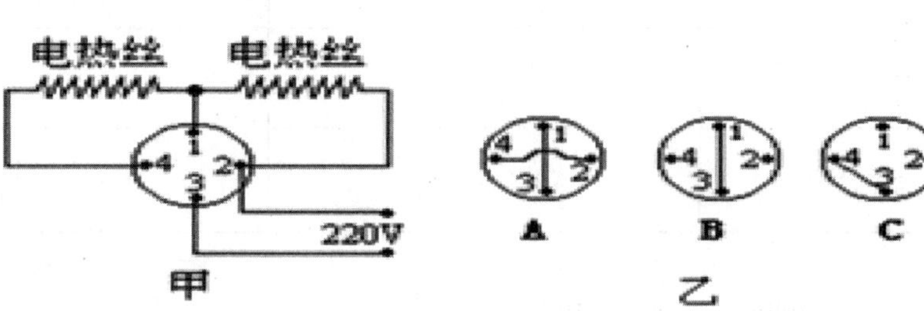

通过画裸图、编裸题这个环节，学生大概率能体会到教师这节课的设计意图：千变万化的电学试题原来就是这样组装出来的，电学计算原来这么简单。此时我们可以进入下一个难度环节——非欧电路（电动机）的计算。

4. 第四环节——非欧电路的裸图与裸题建立

提出问题：加在某电动机上的电压是 U，流过电动机的电流为 I，电动机此时的机械功率为 P。则电动机线圈的电阻为多少？

这个问题的抛出会让大多数学生感到一阵茫然，究其原因就是没有电路图可以帮助我们理清思路，如何剥题呢？有图有真相，无图很糊涂。

于是为了建立新的电学裸图我们抛出以下问题：你有办法用伏安法测量电动机的内阻吗？

学生大概率会想到卡住电动机进行测量，于是我们有理由建立以下电学裸图。

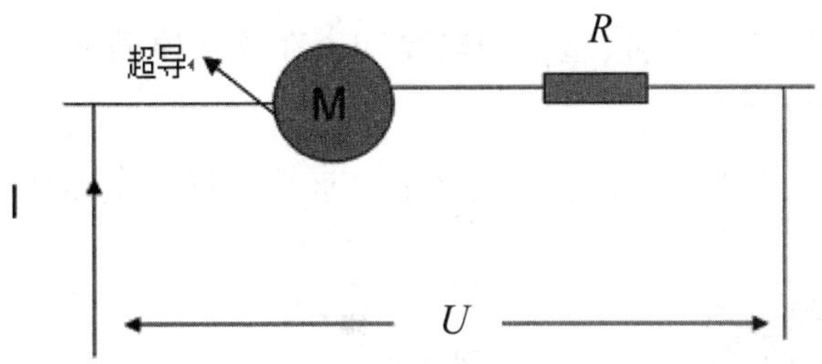

——电学裸题（2）

有了模型的理解与支持，紧接着我们可以提问：若上图中电压，电流和电阻已知，你还能求出哪些科学量？（学生大概率会得出以下物理量——建立了自己的裸题）

$P=UI$

$P=I^2R$

$P=UI-I^2R$

最后我们再把“加在某电动机上的电压是 U，流过电动机的电流为 I，电动机此时的机械功率为 P。则电动机线圈的电阻为多少？”这个问题抛出，学生大概率能清晰地解决问题了。完成以上环节后，我们可以进行如下课堂小结。

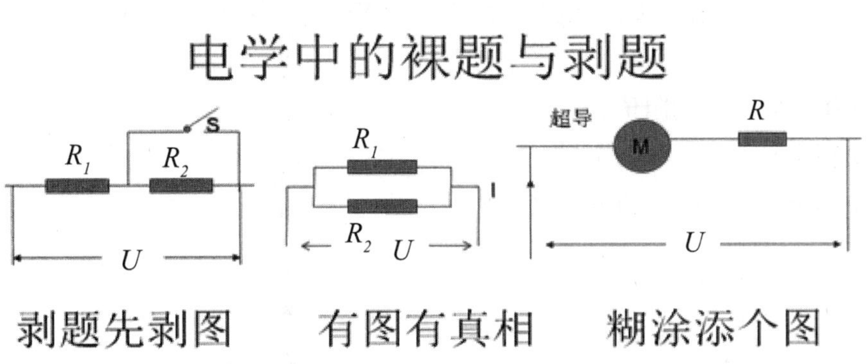

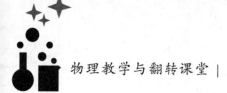

四、“裸题与剥题”课后巩固布置

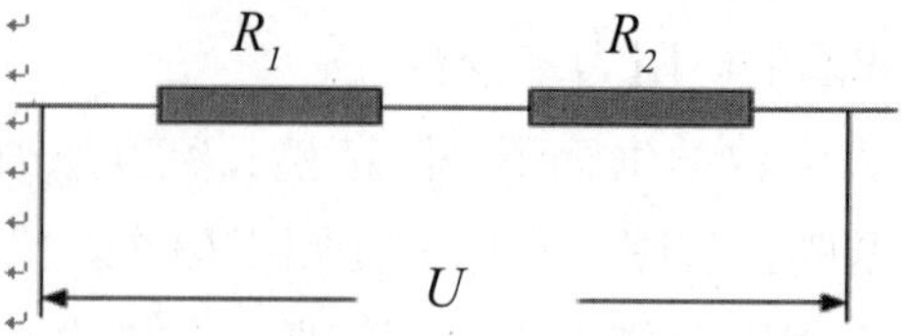

（1）如上图所示：R_1=5 欧，R_2=10 欧，U=6 伏，求 U_1、U_2、P_1、P_2、P 总

学生基本可以正确快速的求解。

（2）如果 R_1，R_2，U 是已知的，请用这些已知来表示 U_1、U_2、P_1、P_2、P 总

学生在上述铺垫下，也能快速准确的表达。

目的：学生在头脑中隐约建构出一个上述模型，即只要知道在这一模型下的 R_1，R_2，U 就可以求解电学中的其他任何物理量。

（3）如图两只相同的白炽灯串联在 220V 的家庭电路中，求每只灯的实际功率为多少？（灯丝阻止不受温度影响）

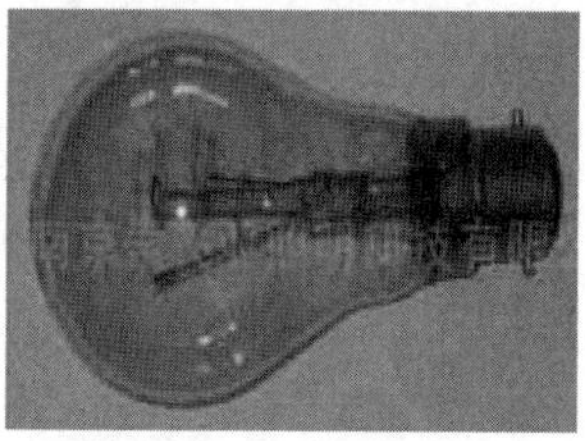

学生：$R_1 = R_2 = \dfrac{U^2}{P} = \dfrac{(220\text{V})^2}{40\text{W}} = 1210\Omega$

马上可以回到上述模型进行求解，这是一个简单的剥题过程，这是一个意义建构的深入过程。

（4）CFXB 型“220V 1100W”电饭煲有两档开关，如图所示，一档是高温烧煮，一档是焖饭、保温。高温煮饭时，电路的功率是 1100 瓦；保温时，电路的总功率是 220 瓦。

求：

（1）串联电阻 R 的阻值；

（2）保温时 R 消耗的功率；

（3）用公式说明哪一档更省电。

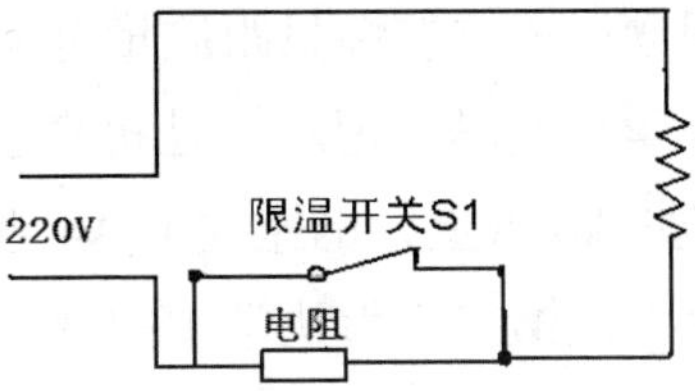

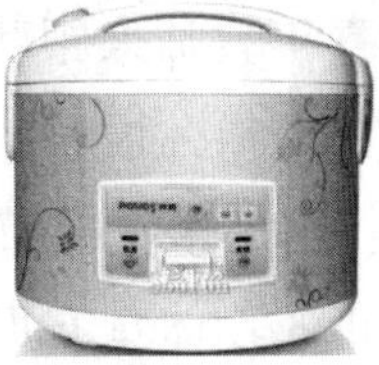

在上述深入意义归纳式建构下，学生会首先想到电路模型如下：

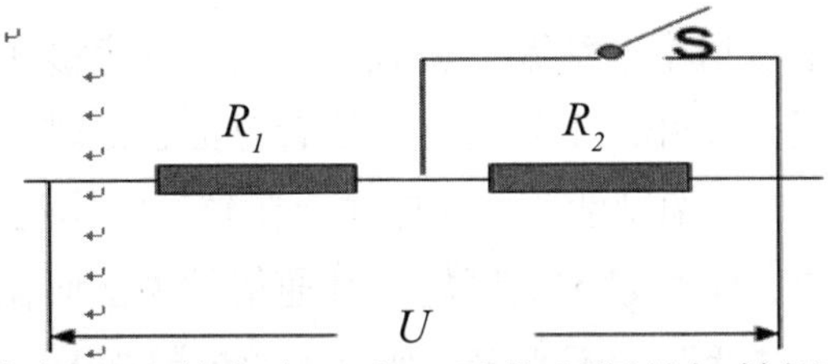

此时学生会朝着求解电阻的方向思考，寻找所谓的初始裸题。如果学生果然如设想的发展，那我们就说，达到了我们意义建构的目的，如果没有，那就还需要引导。当然此时往往会有一部分学生达到目的，一部分达不到。这个时候正是老师可以进行兵带兵的时候，深入发展建构主义“会话”这一核心要素。

这样四个层次递进的课后巩固练习重演了试题编制的过程，也重演了课堂的原有逻辑，通过这样的匹配练习，让学生充分理解电学计算的基本套路，从而实现电学计算的归本思源。通过多年的教学实践证实了这是一种既能够把书读薄，也能够体现学科核心素养的教学模式。

第二节 初中物理“活”题的理解与编制

课后练习或者考试卷无疑是我们老师提高自身教学水平，帮助学生更好的理解课堂的有力助手，然而浮躁的教育大背景下很多老师都是拿来主义，不管试题好坏的题海战术依然盛行，一方面是迫于中考的压力，另一方面也是因为教师缺少，对试题编写的理解或者根本不会编写一份好的试题。本文结合笔者多年的教学经验阐述了几种有效的试题编写策略，无论是改编策略中的选拔性题改变成测试性题和记忆性的试题改成过程性的试题，还是原创活题的四种基本方法，都是指向学科核心素养的，本文试图通过对活题的研究改变和指导我们的课堂教学行为。

一、活题的定义与诠释

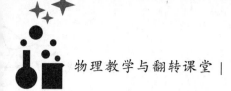

曾经有一位青年教师来跟我交流一个问题——“惯性只跟质量有关，与速度等都无关”这个知识点为什么跟学生讲了 N 遍，学生还是忘记。于是我给他编了一个“活题”让他去教学：第一步把一只杯子压在一张 A4 纸上，迅速抽走 A4 纸，观察。（让学生自己得到静止的物体具有惯性这个结论）；第二步承认学生的观点——速度越大惯性越大；第三步反问学生，如果速度越大惯性越大，那么速度越小惯性越小，速度为零惯性就消失了？

后来这位青年教师拿着这个“活题”去教学，就成功突破了该难点。但是我觉得关于活题有必要进行梳理和展开，于是就有了笔者对活题的进一步研究。笔者认为一个教师首先要能理解活题、会编制活题，这样才能在教学中体现素养立意的课堂逻辑。能体现一个人的思维品质、学科素养的试题，其通俗的说法叫做“活”题。就像我们常常提醒学生解题一定要“活”，不要太“死”（死记硬背）一样。

例如：如图所示同一辆小车分别从同一斜面同一高度自由下落到毛巾、棉布、木板上。发现毛巾上运动的最近，棉布其次，木板上最远。由此实验现象我们可以得到的结论有（　）

A. 一切物体在不受外力时总保持静止状态或匀速直线运动状态

B. 物体间力的作用是相互的

C. 阻力越小，小车滑行的就越远

D. 质量越大惯性越大

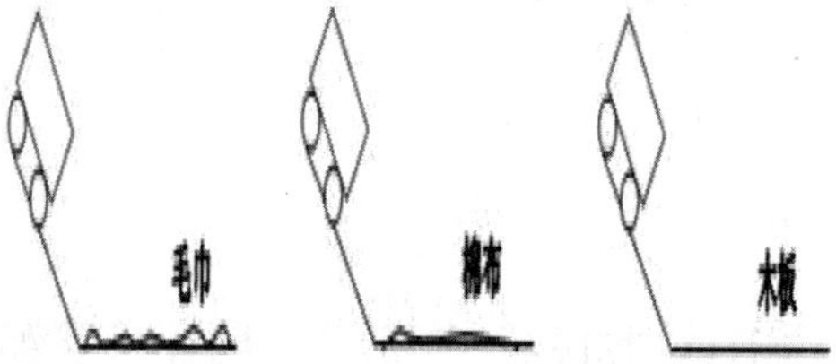

抛开题干我们会发现四个选项都是正确的，死记硬背的同学就会拿不定主意。通俗地说，活就是不能靠记忆某句正确的废话或结论来回答问题，活题就是考查学生分析问题、解决问题的能力。

二、活题编制的基本模式

基于对活题的理解，笔者提出了以下关于活题编制的模式。关于这个模式我们先从试题的三个层次进行展开。（以浮力为例）

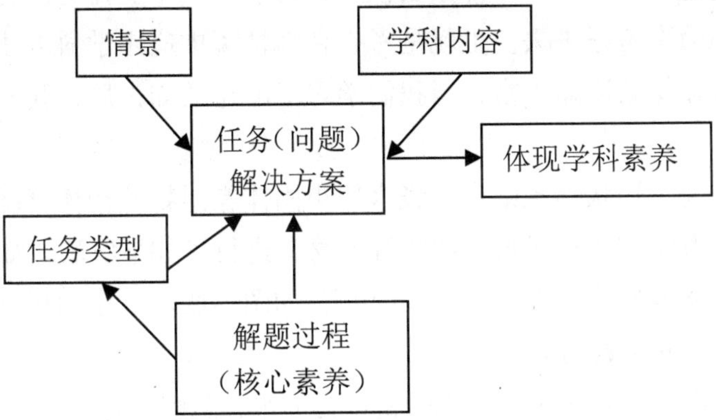

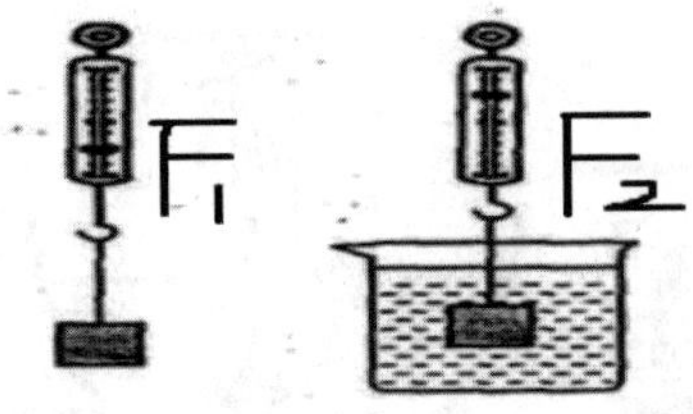

试题第一层次：如图 F_1=20N；F_2=4N。则物体受到的浮力为多少？

这个试题考查的是示重法——知识规律。考规律的试题往往是一个死题，不能培养学生的思维能力，也不能培养学科素养，怎样让它成为一个活题呢？我们来看试题的第二层次。

试题第二层次：浮力的大小是多少？试证明之。

这个显然在考查受力分析——学科方法。从考知识规律到考方法显然试题在进步，但是它本身出自示重法规律获得的课堂逻辑，也是一种规律教学。因此它不能培养学生解决实际问题的能力，简单地说并不是一个真正意义上的活题。所以我们必须让学科方法的应用体现在具体情境下的问题解决中才是真正具有培养学生思维、学科素养的活题。我们来看第三层次。

第三层次：一个重 20N 的金属块，在盛水的容器中静止，用弹簧测力计去拉金属块，如图所示，此时弹簧测力计的示数为 4N，那么此时金属块受到的浮力是

A．20N　　　B．16N　　　C．4N　　　D．条件不足

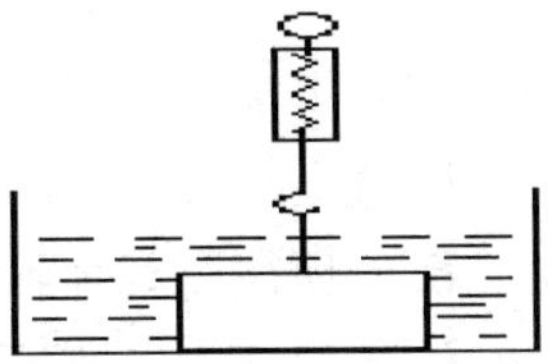

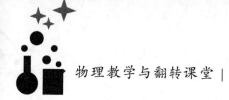

这个试题变化了情境——底部紧密接触，可能产生了支持力。受力分析就要把这个支持力的大小因素考虑进去。也就是考查在新情境中应用学科方法。显然符合活题的定义了。随着知识的逐渐丰富，当我们学习了滑轮的知识后，我们还可以这样编辑活题。

例如：为研究一形状不规则且不吸水的小固体漂浮物该物体密度，小阳同学找来了弹簧测力计、滑轮、塑料吸盘、细线等器材，进行了如下实验。如图甲所示，擦干该物体，静止时读出弹簧测力计的示数为 F_1，如图乙所示，小阳将物体完全拉入水中再读出弹簧测力计的示数为 F_2。

该物体的密度是多少？（已知水的密度为 ρ 水，忽略绳重与摩擦）

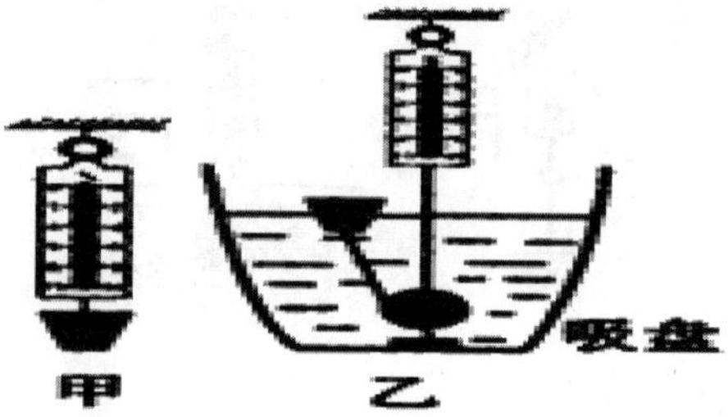

三、活题来源与编制策略

弄清了活题的定义与基本模式，接下来怎么找活题的素材——“情境与任务”就成为我们编写活题的最后一关了。笔者结合多年的教学实践总结出了以下两种基本策略。

（一）改编

例如：小明看到鸡蛋浮在盐水面上，他沿杯壁缓慢加入清水使鸡蛋下沉。在此过程中，鸡蛋受到的浮力 F 随时间 t 的变化图像正确的是（ ）

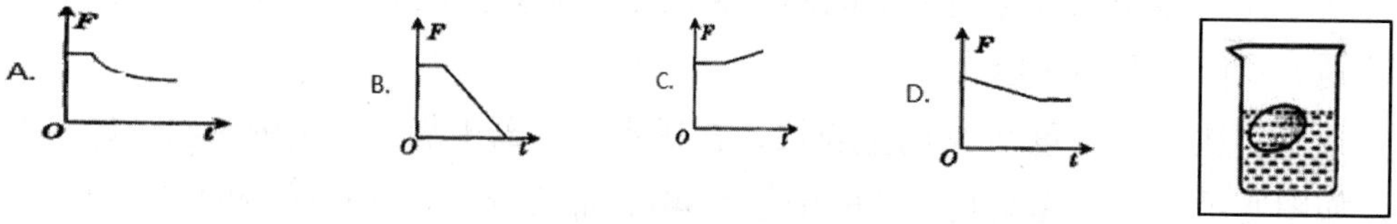

改编：小明看到鸡蛋浮在盐水面上，他沿杯壁缓慢加入清水使鸡蛋下沉. 在此过程中，请画出鸡蛋受到的浮力 F 随时间 t 的变化图像。

意图：本身这个题目是有情境的，也是考查学生思维过程的活题，但是一个选择题是不能体现学生思维过程的，所以就不具有教学的检测功能了，只有选拔功能。另外一个有关图形的选择题如果第二次出现往往会导致活题变死题，学生会记住这个图形而不去思考过程了。所以这个时候我们就可以改编题型，把知识记忆（或者过度操练）变成思维过程，同时也把一个选拔功能的试题改编成了一个具有测试功能的活题。由于教师日常工作繁重，这种策略是适合我们大多数教师平时使用的策略。这个试题的改编属于活题改活题，下面我们来介绍一下死题改活题的案例。

原题：如图所示将点燃的蜡烛放在光具座（简画）上，蜡烛所成的像大致位于（填A或B）。

改编：如图所示将点燃的蜡烛放在光具座（简画）上，要观察蜡烛所成的像，必须（　）

A. 在 *A* 点用眼睛观察

B. 在 *B* 点用眼睛观察

C. 在 *A* 点用光屏接收

D. 在 *B* 点用光屏接收

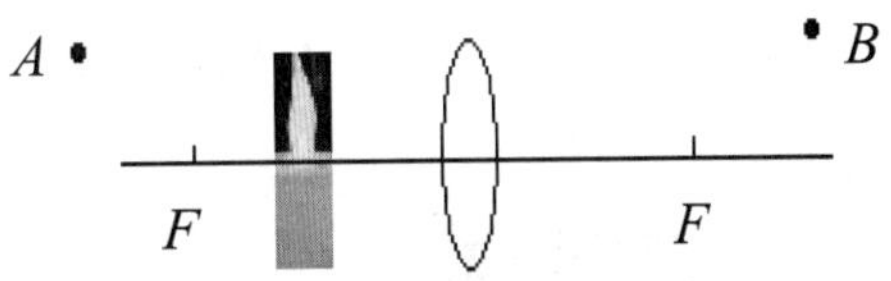

意图：原题显然是考查凸透镜成像规律，考的是规律的记忆，属于死题。改编后变成了一个过程化的试题，考查的是过程与方法，学生需要进行思维实验才能进行正确的解答，而不是去记忆一个正确的结论或废话。综合来说，改编有两个策略，一是把选拔性题改变成测试性题；二是把记忆性的试题改成过程性的试题。

（二）原创

活题编制的第二种策略当然就是原创。怎么样原创一个能具备活题概念和前面所述活题模式的试题呢？这种原创试题编制往往需要消耗一个教师更多的精力和时间，笔者建议一个学期能编制两套较为合适，其余可以采用改编策略编制。笔者根据多年的教学实践积累和基于学科核心素养的教学探索也总结出了原创活题的四种基本方法：概括推理型、实验探究型、创新求异型和实践应用型。

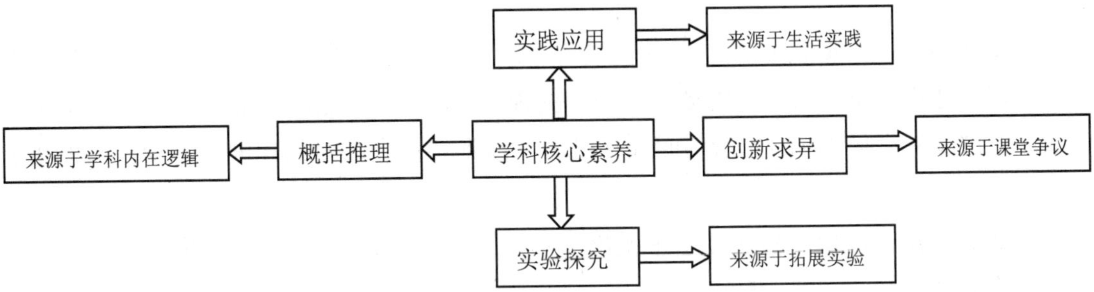

1. 概括推理型

这是一种具有物理学科特色的类型，试题主要来源于学科内在逻辑，多数体现为对物理公式的推理与应用。例如在学习了内能、焦耳定律等知识点之后，我们可以设计以下这样的题目去培训学生的学科核心素养。

例如：取两段实心铜导体甲、乙，使它们的电阻值相等。其中甲导体比乙导体的长度和横截面积都小。现将它们如图所示串联在电路中，通电一段时间后，在不考虑散热的情况下比较甲、乙导体升高的温度，正确的是（ ）

A．甲导体的温度升高的多

B．乙导体的温度升高的多

C．甲、乙导体升高的温度相同

D．条件不足，无法判断

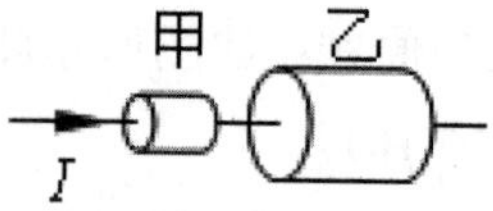

试题说明：该试题重点考查学生对热量、温度、$Q=I2Rt$、$Q=Cm\Delta t$ 的理解与应用。就活题的定义而言，这个试题的任务就是在新情境中学会判断。而这个判断任务更多的功能导向在于提高学生对概念的理解以及利用学科内在逻辑进行有效的概括、推理的能力。

2. 实验探究型

该题型如果用课本实验来替代往往会让一个真探究变成伪探究，学生可以通过对原有实验结论的记忆来解答，这样试题就会失去诊断功能和培养功能了。所以笔者认为原创该类型的活题主要的来源应该是拓展实验或者创新实验。拓展实验的取材经验丰富的教师可以来自平时阅读积累，经验不丰富的年轻教师可以来自高年级课本。创新实验的取材一般都可以从每年各地的创新实验比赛中获取。

例如：演绎式探究——研究机械能守恒与平抛运动：（取材高一课本）

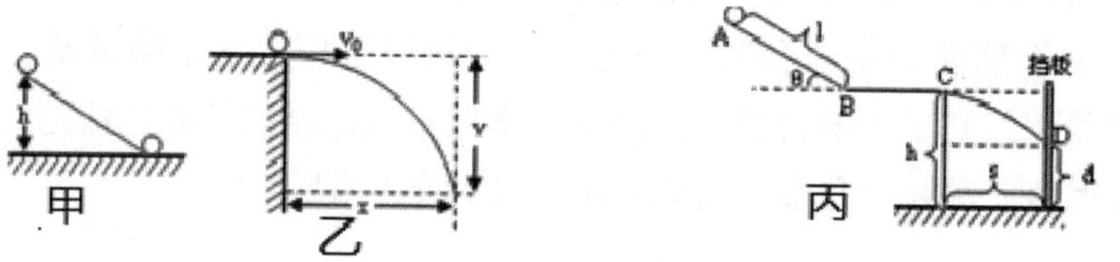

①如图甲，质量为 m 的小球从高度为 h 的光滑斜面顶端由静止自由滑下，到达斜面底端的速度为 v。此过程机械能守恒，势能大小 W 势 $=mgh$，动能大小 W 动 $=0.5$，则一个物体从高 $0.45m$ 的光滑斜面顶端自由下滑到斜面底端时的速度为多少？（$g=10N/kg$）。

②如图乙，将物体初速度水平抛出（不计阻力），物体做平抛运动，在水平方向运动的距离 $r=v_0t$，在竖直方向下落的高度 $y=0.5g$。

在如图丙所示，小球沿长度为 l 的光滑斜面 AB 由静止自由滑下，经过高度为 h 的光滑桌面 BC 后做平抛运动，撞到前方挡板的 D 点，桌边到挡板的距离为 s，D 点到地面的高度为多少？

试题说明：试题取材教材定量的动能和势能以及平抛运动。试题为给定信息下的演绎式探究题，旨在培养学生的信息获取能力和逻辑推理能力。

3. 创新求异型

该试题主要来源于对课堂生成和课堂争议的改编。以下是一个青年教师曾经借笔者的班级进行的公开课上的一个争议片段。

争议片段：灯丝为什么通常在开灯时烧断？有的学生说因为开灯时灯丝温度低电阻小，电流大所以烧断，这些同学赢得了掌声。还有的学生说因为这个灯丝是劣质产品，赢得了“呵呵”。由于“掌声”和“呵呵”的巨大差异导致老师没有点评该题，大家也默认了第一种答案。课后被“呵呵”的学生不服来找我评理，于是我找来了一个“掌声”，给他们出了一个题：灯丝为什么通常在开灯时烧断？请写出完整的分析过程。以下是两个学生的解答。

“掌声”同学：开灯时灯丝温度低电阻小，电流大，温度高，灯丝熔断。（教师批注：那到底是温度低还是温度高呢？）

“呵呵”同学：开灯时灯丝整体温度低电阻小电流大，但由于局部灯丝成如下粗细不均形态，导致细的地方相对电阻大，产生热量多而熔断。（教师批注：掌声送给你。）

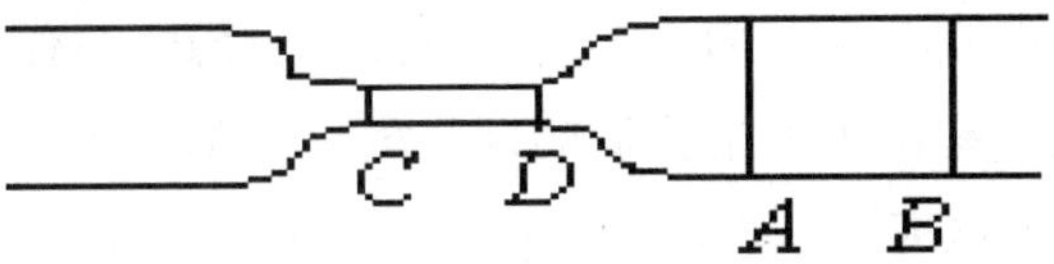

之后我让两个学生交换了带有我批注的两份答案，他们朝我一笑，满意地离开了。试题的功能笔者就不再重复了，显然这种创新求异型试题是最能体现和培养学科核心素养的。试题的情景很简单，就是生活中的一个事实，试题的任务其实是能在学科范畴内的自圆其说。

4. 实践应用型

该题型设计相对较容易，只需要一个生活中的情景或器件作为试题背景，把任务或需要解决的问题合理嫁接到相关概念、定理或规律之中。例如学完电功、电功率、欧姆定理等电学知识后，我们可以以生活中的用电器作为背景，简化其功能后设计成一个问题或任务让学生去解决，这种设计符合 PISA 测试的原则，也符合笔者对活题的定义。

例如：某乳酸菌需要在相对恒定适宜的温度环境下进行。如图是研究性学习小组的同学设计的恒温箱。他们将一段电热丝 R 接入电源电压为 220V 的家庭电路中，测得其实际功率为 100W（电热丝阻值不随温度变化）。而为保证该某乳酸菌的培养，箱内发热功率只需要 40W。在不改变电源电压和原电热丝的情况下，我们如何设计电路才能满足要求？

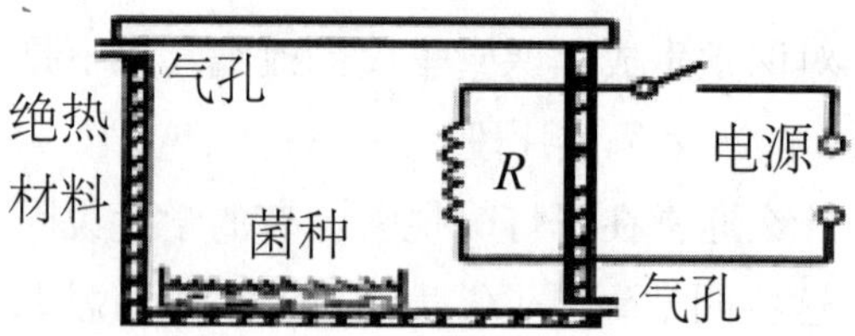

试题说明：试题属于半开放的，总体上有四种选择方式，箱内串联电阻、箱外串联电阻、箱内并联电阻、箱外并联电阻，学生需要逐一判断并利用电学公式设计计算。教师则可以通过学生不同的设计、计算过程判断出具体的知识缺陷或思维缺陷，并在新的教学实施过程中加以改进或强化。

四、活题研究的价值

无论是改编策略中的选拔性题改变成测试性题和记忆性的试题改成过程性的试题，还是原创活题的四种基本方法，都是指向学科核心素养的，通过对活题的研究可以改变和指导我们的课堂教学行为。笔者通过此文也想表达作为一线教师的一些真实诉求：与其用高大上的理论去推进我们的课堂教学改革，还不如用这样的课堂教学常规研究去提高教师的“PCK”素养。

第五章

中学物理翻转课堂教学模式的理论基础

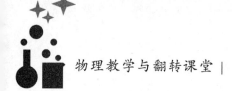

物理教学模式的形成，有其基本的要素，且需要一定的理论支撑与引领建构。本章主要介绍中学物理翻转课堂教学模式的基本要素、建构中学物理翻转课堂教学模式的理论基础。

第一节　中学物理课堂教学模式

一、教学模式

关于教学模式的定义有很多种，其中最初提出教学模式一词的是美国学者乔伊斯（B.Joyce）和韦尔（M.Weil）等人，他们在1972年出版的《教学模式》书中提出："教学模式是构成课程的课业，选择教材、提高教师活动的一种范型或设计。"后来的学者如冈特（A.Gunter）、埃斯特斯（T.H.Estes）和施瓦布（J.Schwab）在合著的《教学：一种模式观》中讲到："所谓教学模式，就是指导向特定的学习结果的一步步的程序。"安德鲁斯（D.Andrews）和古德森（F.Goodson）也指出："一种教学模式就是一组综合性成分，这些成分能用来规定完成有效教学任务中的各种活动和功能的序列。故而，利用某一种模式，人们可以将教学活动或过程化解为某些关键要素或成分，并借助其简化的、微缩的方式研究与探讨有关的现象。"

20世纪80年代中期，我国学者开始对国外关于教学模式的理论进行研究和实践。黄甫全认为："教学模式就是在某教学思想和教学原理的指导下，围绕某一主题，为实现教学目标而形成的相对稳定的规范化教学程序和操作体系。"杨小微认为："教学模式是在实践基础上建立起来的一整套组织、设计和调控教学活动的方法论体系，它由教育（哲学）主题、功能目标结构程序及操作要领构成。"钟志贤认为："所谓教学模式是在相关教学理论与实践框架下，为达成一定的教学目标而构建的教学活动结构和教学方式。它是将相关教学理论转化为具体的教学活动结构和操作程序的中介，是将相关教学理论与实践框架同具体教学情境相结合的结果。"温利平认为，教学模式是指"在一定的教学思想和教学理论的指导下，或者在教育教学实践基础上总结出的，围绕教学活动中某一导向特定的教学目标所形成的相对稳定却又动态发展着的，包括教学理论、教学目标、组织形式、操作步骤、模式运行条件和评价制度在内的一整套教学体系。"

综合以上国内外学者的观点，笔者认为：教学模式是指在一定教学思想或理论指导下，为设计和组织教学而在实践中建立起来的较为稳固、简明的各种类型教学活动的基本程序或结构框架。它既是教学理论的具体化，又是教学经验的一种系统的概括。当前，“教学模式理论已与教学的基本理论（或称基本原理）、教学评价理论被并称为教学研究领域的‘三大理论’，是当代教学论的重要组成部分。”

教学模式结构内涵丰富，一般包括以下要素：教学思想或理论、教学目标、教学程序、教学组织与实施、教学评价。教学模式比教学方法范畴更大、更加系统，在一种教学模式中往往可以集中多种教学方法。教学模式在理论和实践之间架起了桥梁，为各学科提供了具有一定理论依据的模式化的教学法体系，让教师摆脱了在实践中凭经验教学的状况。

高文通过研究认为：从模式的角度来研究课堂教学为教学研究提供了新的思路，对组织教学环境的基本结构和程序，即教学模式的研究，有助于动态地、有机地把握教学过程的全局，同时在教学理论和教学实践之间架起了一座桥梁。对教学模式的研究可以帮助教师更综合、更系统地探讨教学过程中各因素间的互相作用及其多样化的表现形态，在教学过程中把握本质和规律，促进教学设计的优化。教学模式的研究、学习、运用和构建，既能丰富、发展教育理论，又能指导教学实践活动。

教学模式具有下列五个主要特征：

1. 依附性——它强烈地依附教育思想、教学理论和学习理论。

2. 动态性——教学模式是“教学活动进程”的稳定结构形式。

3. 系统性——教学模式是由教学系统的四要素（教师、学生、教材、媒体）在教学进程运行中相互联系、相互作用而形成的稳定的结构形式，是教学系统整体性的体现。

4. 层次性——既有不同学科共同遵守的“总教学模式”，又有同一学科内不同教学单元（力学、热学、声学、光学等）的更低层次的“子教学模式”。

5. 稳定性——尽管教学模式具有一定的动态性，但它不是随意变化、不可捉摸的，而是稳定的结构形式。

二、中学物理教学模式

所谓中学物理教学模式，是指“在一定教学思想或理论指导下，为设计和组织中学物理教学而在实践中建立起来的与物理教学任务相适应的教学程序及其实施方法的体系。”组成中学物理教学模式的要素主要包括理论基础、教学目标、教学程序、教学评价。

（一）理论基础

理论基础是指构建一个模式的教学理论或教育思想基础，是模式的灵魂，其反映了各种教学模式的内在特征。不同的教育观依据同一种理论可能提出不同的教育模式。例如，中学物理概念获得的传授模式和先行组织模式的理论依据都是认知心理学的学习理论；又如，基于建构主义学习理论的教学模式就有问题、支架、发现、协同、合作、探究教学模式，以及本书所阐述的翻转课堂教学模式等。

（二）教学目标

教学目标是指运用这种教学模式所要达到的目的，它在整个教学模式结构中处于核心地位，所有其他因素的运转都围绕着它进行，它是制定教学评价标准的依据。教学目标主要指向学生的发展，它对学生的身心发展水平提出定量或定性的描述和说明，其内容一般具有多维度、多层次的特点。

（三）教学程序

教学程序是指每一种模式所具有的、稳定的、有别于其他模式的在时间上展开的逻辑步骤和操作程序，它规定了在教学活动各个步骤中师生所需要完成的任务。

（四）教学评价

教学评价是指评判各种教学模式在完成教学任务后是否达到预设目标的评价方法和标准。由于各种教学模式是针对不同的教学内容、教学目标而建成的，具有不同的评价标准。即使不同评价主体利用同一评价标准来评价某一种教学模式，也会产生很大的差异，因此，教学评价是各种教学模式研究中的一个难点。

三、中学物理教学模式发展方向：翻转课堂

我国中学物理教学模式的发展大致经历了重知识、以教师为主体的单一模式阶段，以学生为主体的探索中的多模式阶段，互联网催生的以生为本的教学模式蓬勃发展阶段。在互联网催生的以生为本的教学模式蓬勃发展阶段中，就包括了整合运用数字技术以及“云环境”下的中学物理翻转课堂教学模式的探索。

（一）重知识，以教师为主体的单一模式阶段

19世纪末20世纪初，德国教育家赫尔巴特（J. F. Herbart）的教育思想及其提出的“传递—接受型”教学模式盛行于欧美并传入中国，该教学模式操作程序分为“四阶段”：“明了—联想—系统—方法”；后来他的学生赖因（W. Rein）将其扩展为“五步骤”：“预备—提示—联想—总结—应用”。苏联教育家凯洛夫（N. A. Kaiipob）进一步继承、发展了赫尔巴特的教育思想，强调教学过程中教师的主导地位，提出了“五环节”教学结构模式：“组织教学—引入新课—讲授新课—复习巩固—布置作业”。这种以教师为中心的教学思想与模式对我国中小学教学影响很大，从新中国成立之初至今都主导着我国中小学课堂。

在这个阶段，教师以讲授物理基本知识、基本规律为主，教学重点是清晰地告知

学生教学目的、学习重点，要求学生理解物理学的基本观点、基本规律，以教师为主体。

（二）以学生为主体的探索中的多模式阶段

20 世纪 80 年代以来，随着改革开放不断走向深入，各种新的教学思想不断传入中国，并伴随新技术革命教学产生了很大的变化，世界范围内教学模式出现了百家争鸣的局面。我国广大教育工作者也进行各种新型教学模式的探索，可概括为三大类：

1. 中学物理“导学—讨论”模式

中学物理“导学—讨论”模式是基于对杜威（J.Dewey）等所倡导的“问题教学法”的教学思想的运用，学生在教师的指导下，通过自学（主要是自己阅读物理课本，操作实验等）、相互讨论等积极主动地进行学习的一种教学模式，其基本程序为“设疑激趣—指导自学—讨论答辩—启发释疑—练习小结”。

2. 中学物理“指导—探索”模式

中学物理“指导—探索”模式是基于布鲁纳（J.S.Bruner）的发现教学思想，学生在教师的指导下，运用学过的物理知识，针对研究课题提出假设，设计实验方案，验证假设归纳出物理规律，抽象出物理概念，从而获取知识，发展能力的一种教学模式，其基本程序为“提出研究课题—进行猜想、提出假设设计实验方案—实验检验、得出结论—知识应用、巩固发展”。

3. 中学物理“目标—掌握”模式

中学物理“目标—掌握”模式是基于布卢姆（B.S.Bloom）的掌握教学思想，根据中学物理教学大纲的要求，制定出具体的教学目标，并以此目标为导向，综合运用各种教学方法实施教学，并借助教学评价获得教学情况的反馈信息进行矫正达标的一种教学模式，其主要程序为“诊断补偿—展示目标—紧扣目标、实施教学——围绕目标、诊断反馈—进行矫正、落实目标”。

这一阶段，随着人们对学生是教学活动的主体的认同，教学中注重对学生学习能力的培养，教学重点转移到教会学生解决问题上。教学中关注了学生的主体地位，重视教师的主导作用，但还很少关注到学生的个体差异，“整齐划一”地要求学生跟着教师走。

（三）互联网催生的以生为本教学模式的蓬勃发展阶段

20 世纪 90 年代开始，随着世界教育界和心理学界对建构主义理论（该理论后文另述，此不赘言）的广泛认同和实践探索，出现了如“支架式教学模式”“抛锚式教学模式”“随机进入教学模式”“现象分析模式”等一系列的模式。近年来，随着多媒体、计算机、互联网技术的普及，教学再次发生着变化，各种新的基于网络技术的教学模式处于蓬勃发展阶段。翻转课堂模式正是在互联网普及、视频制作技术门槛降低的背景中萌生、茁壮成长起来的一种教学模式。

这一阶段，随着知识的爆炸式发展，获取信息处理信息的能力成为社会人的最重要能力之一，教学重心再次发生转变：关注差异、因材施教，充分调动学生学习的主动性，促进学生主动发展成为教学重点。伴随而来的“二期课改”要求教师关注学生的个体差异，重视学生的学习过程，指导学生利用已有知识去解决问题，在解决问题的过程中形成新的知识，学会如何学习。教学中尊重、关注学生个体差异，突出了学生的主体地位，重视教师的指导作用。

第二节　中学物理翻转课堂教学模式理论基础

翻转课堂并不是一种新的教育、学习理论，其主要通过教学形式的变革、流程的再造顺应了基于计算机、互联网技术发展推动现代教育发展的趋势，理论基础仍然是融合了建构主义、最近发展区、掌握学习等理论的核心内容。

一、掌握学习理论

布卢姆的掌握学习理论认为除了 1% ~ 2% 超常儿童和 2% ~ 3% 的低常儿童外，其余 95% 左右的学生在学习能力、学习速度、学习动机等方面并没有很大的差异，只要提供合适的教学条件、足够的学习时间，学生的成绩将不是正态分布，绝大多数学生会掌握学习任务，获得良好成绩。

所谓掌握学习，是指以集体教学为基础，辅之以经常、及时的反馈，为学生提供所需的个别化帮助以及所需的额外学习时间，从而使大多数学生达到课程目标所规定的掌握标准。学生按自己的节奏学习课程，当完成一个单元的学习后，他们必须证明已学到了内容。采取的方式是“退出评估”，包括实验室和书面测试。如果学生在这些“退出评估”中得分低于 85%，他们必须返回去重新学习他们理解有偏差的概念，并再次参加考试。因此，学生的成绩真正是由他们已经掌握的内容的多少来决定。掌握学习的一般程序为“诊断性评价—群体教学—单元形成性测验—已掌握者进行巩固性、扩展性学习或帮助未掌握者（或未掌握者接受矫正，再次测验，予以认可）—进入下一单元的循环。”

但是，掌握学习理论与班级授课制存在着这样的矛盾：学生不可能按自己的时间和节奏进行学习，他们必须跟上班级群体教学进度。于是现实的教学策略是采取班级授课与掌握学习结合方式——班级群体教学辅之以每个学生所需的频繁的反馈和个别化的矫正性帮助，反馈常采取形成性检测的方式揭示学生在学习中存在的问题，再通过个别化辅导协助学生矫正错误，达成学习目标。然而这种策略在过去的教学实际中一直存在只注重群体教学和目标检测，缺少了个别化辅导矫正的现象，以致学生学习效果远不及理想状况。

一直以来，因为教师掌握甚至控制了绝大部分知识，成为“知识权威”，学生获取知识的渠道相对狭窄，课堂成为学生获取知识的一个很重要的方式，然后通过消化，吸收得以发展自己，这导致了过去课堂教学中“信息传递”环节所占时间比重大。近些年来，随着计算机和互联网技术的普及、发展成熟，学生获取知识的渠道得到了极大拓宽，教师的“知识权威”被解构，应运而生的翻转课堂在翻转了教学形式的同时实现了掌握学习。翻转课堂利用“微视频”等网络资源，学生可以自控式安排学习，获得个性化的学习体验。学生可根据自身基础、学习习惯和爱好，以及对知识点掌握程度的不同来控制和安排自己的学习节奏和时间，可以暂停倒退、反复观看视频和做练习学习他们理解有偏差的问题，以达到掌握水平，还可以通过网络教学平台向教师和同伴寻求帮助。另外，学生在自主学习“微视频”的过程中能够批判性地学习新知识，将其融入已有的认知结构中，并在互动交流中将其迁移到新情境中去，实现了深度学习。如果“微视频”设计适当，教学目标、要求清晰，学生的进步能获得高频率的反馈和评价，那么“绝大多数学生都能掌握”就更加容易实现。

二、建构主义理论

皮亚杰（J.Piaget）的建构主义理论主张：（1）教学应以学习者为中心，强调学生对知识的主动探索、主动发现和对所学知识意义的主动建构，而不是像传统教学那样，只是把知识从教师头脑中传送到学生的笔记本上。学习者的知识是在一定情境即社会文化背景下，借助学习过程中的他人帮助，如与教师或同伴间的协作、交流，利用必要的资料、信息等，通过意义的建构而获得的。（2）学习环境包括“情境”“协作”“交流”和“意义建构”四大要素。“情境”“协作”“交流”是学习的条件和过程，而“意义建构”则是整个学习过程的最终目标。建构在于学习者通过新旧知识经验之间的反复的、双向的相互作用，来形成和调整自己的经验结构。在这种建构过程中，一方面，学习者对当前信息的理解需要以原有的知识检验为基础，超越外部信息本身；另一方面，对原有知识经验的运用又不只是简单地提取和套用，个体同时需要依据新经验对原有经验本身也做出某种调整和改造，即同化和顺应两方面的统一。它要求的教学：（1）学生由外部刺激的被动接受者和知识的灌输对象转变为信息加工的主体知识意义的主动建构者；（2）教师要摒弃以教师为中心，强调知识传授，把学生当作知识灌输对象的教育思想，要由知识的传授者、灌输者转变为学生主动建构知识意义的帮助者、促进者，课堂教学的组织者、指导者；（3）教材所提供的知识不再是教师传授的内容，而是学生主动建构意义的对象；（4）媒体不再是帮助教师传授知识的手段方法，而是用来创设情境、进行协作学习和会话交流，即作为学生主动学习、协作式探索的认知工具。

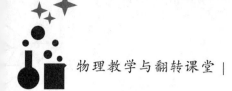

在中学物理学习中学生经常出现“课本看得懂，课堂听得明，一做作业就易错”的现象——这是因为学生在学习中没有实现知识的意义建构，这一现象也要求我们在教学中通过建构更好的学习环境，调动学生学习的积极性，帮助学生完成知识内化的过程。翻转课堂以教师所给的课前视频资料学习为基础，课堂中以大家的问题为核心通过学生交流、协作，进行知识的个人意义建构，同时培养能力，养成态度。传统课堂上的概念讲解、意义理解在翻转课堂中在教师主导下由学生自主探究和建构，而传统课下的知识应用在翻转课堂中则在教师指导下自主进行。简言之，翻转课堂可以归结为经验融入、概念探究、意义建构和探讨运用等四部曲，其中经验融入和探讨运用在课上进行，而“主题相关的概念探究和意义建构则由学生在课下进行”，而且这两个阶段并无明显的界限，因为概念探究的过程本身就伴随着意义的建构。

（1）“经验融入”作为教学第一步，教师主要对学生课下“概念探究”和“意义建构”两个阶段的学习做出指导和要求，并提供事先制作的教学视频材料，一般占少许课上教学时间。

（2）概念作为学科结构和知识体系的基本要素，在课堂教学中居于核心位置，也是课程学习的基础。传统课堂中，概念学习主要依赖于教师的课上讲解，同时可能伴有问答和示范等教学策略，但往往由于课上时间有限，学生对概念的理解只能随着教师的教学进度进行。即便个别学生一时不能理解某些概念，也只能课后再说，因为教学任务使然，难以顾及每位学生。而在翻转课堂中，概念学习由学生在教师的预先指导下，在课下根据自身学习进度和学习风格，通过教学视频或在线教学资源进行自主学习，容易的内容可以一看而过，复杂的概念可以反复学习、深入思考。如有疑问，就在“探讨运用”阶段与教师或同学一起讨论解决。显然，翻转课堂中，所有学生都可以自定步调开展概念探究，进行个性化学习。

（3）“意义建构”是学生在概念探究过程中理解相关概念及知识，并对其进行应用评价的过程。传统课堂中，这一阶段同样是在课上完成的。事实上，由于课上时间有限，新概念新知识的讲授一直是传统课上教学的重点和主旋律。很多时候，学生对这些新知识的意义建构不得不在课下完成，但究竟能完成多少，却不得而知。翻转课堂中，意义建构由学生在课下自主进行，教师可以要求学生在概念探究过程中撰写学习日志，强化对知识的理解。一方面，学生在课下有较为充足的时间进行意义建构；另一方面，即使在意义建构过程中遇到困难，也可以暂时搁置，等到课上探讨解决。

（4）“探讨运用”阶段与学生的知识迁移、运用、创新及问题解决等高阶能力密切相关，同时也是培养学生合作意识和沟通能力的重要环节。对于个别学生的疑问既可以通过同学之间的深入讨论加以消除，也可以直接与教师对话解决；而对全体学生的共性问题，教师可以进行针对性讲解。这一阶段，学生可以做作业、做实验，或是开展项目实践，综合运用课下所学知识，而教师则在一旁“待命”，随时解答学生疑问，或及时发现问题，并予以纠正。

三、最近发展区理论

维果茨基（L.Vygotsky）的最近发展区理论指出了教学与儿童发展之间的关系：教学不应当以儿童发展的昨天，而应当以儿童发展的明天为方向。只有这样才能在教学过程中激起那些目前尚处于最近发展区内的发展过程。即教学促进发展，只有走在发展前面的教学，才能有效地促进学生的发展，所以教学应该走在发展的前面并对其进行引导。儿童共有三个发展水平：（1）现有域，即现有发展区，是指儿童的现有发展水平，已知领域。这一领域是教师进行教学的基础，是教学的起点，起点太高太低都是低效的。（2）形成域，即最近发展区，是儿童正在形成过程中的潜在的认知领域。该领域是教师教学的重点区域和有效区域，离开这个区域的教学都是无效的教学。（3）未知域，即未来发展区，是指儿童即使在别人的帮助下也不能完成任务的区域。所以这一区域不是教师在教学过程中应该关注的。

教学中，当学生要解决的问题处于现有发展区时，他可以独立解决；当问题处于最近发展区时，他需要同伴或教师的帮助；当问题的思维水平要求在未来发展区时，即使有帮助，他也不能解决。但随着学生认知领域的不断扩大，未知领域的一部分又会演变为儿童的最近发展区，成为教学重点关注的领域。因此，教学过程就是最近发展区的移动过程，在这个移动过程中原本处于最近发展区里的问题就逐渐置于现有发展区里了。所以教学的关键在于激发形成正处于成熟过程中而又未完全成熟的发展区，通过教学使没有完全成熟的最近发展区得以成熟，成为现有发展区的一部分，同时，新的未完全成熟的发展区出现了，整个最近发展区的不停跨越过程就是学生发展的过程。最近发展区理论阐明教学的作用，它指出教学应走在学生发展前面，教学过程中教师应处于主导地位，教师是学生发展的促进者，而学生的心智发展主要是在交往过程中、活动中形成的，因此同伴影响与合作学习对学生发展具有重要意义。

翻转课堂中，学生在课前通过“微视频”的学习，已经消化吸收了现有域发展区的内容，学生记下来的无论是内容本身看不懂的或是思考后提出的问题，都属于最近发展区内的问题，课堂上教师的集体讲解（针对共性问题）、个别指导（针对学生个性问题）、同学间的同伴交流等便都是立足于学生的最近发展区的做法，这些做法能激发学生兴趣，促进学生吸收，更有效地促进学生发展，大大提高了教学的效率。因此，翻转课堂虽然看起来较传统课堂只是形式上的翻转，但把课堂变成了学生与教师、学生与学生交往的主阵地，课堂的主要任务在于解决学生的“最近发展区”内的问题，因此在帮助学生发展上更加有效。

四、其他学习理论

翻转课堂的一个重要特征是不再利用课堂时间去讲授学生通过自主学习可以完成的内容，课堂主要用来交流互动、探究体验。这种学习方式源于各种以学生为中心的学习理论；基于问题的学习、合作学习、同伴互助学习、同伴指导、主动学习。这些理论构成了翻转课堂的学习理论基础。

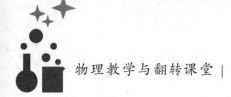

各种学习模式，想要达到的目标就是让学生主动去学习，广泛地说，能吸引学生的任何指导性方法都是主动学习法。因此，主动学习被看作包含有同伴互助学习和基于问题学习方法的集合。

翻转课堂促进了学生学习方式的转变，促成学生“主动学习”的实现，使得教学更加符合“以学生为中心”的基本理念。翻转课堂为学生提供了自主学习和交流的平台，个体之间运用对话、商讨或争论等合作互助形式对所学习的内容进行充分论证，以期达到共同的学习目标，给学生提供了创新、展示自我、体验成功、探求新知的机会，让学生变被动学习为主动学习，真正成为学习的主人。在课堂上，发挥学生的创造能力，让他们自己设计探究、交流，进行合作学习，使物理课堂成为一个创新性的学习社区，为学生直接地提供了一个群体互动的空间。不同知识层面学生的合作，不同能力层面学生的合作，使学生在其中学会学习、学会交往、学会关心，能更好地发挥学生的主动性创造性，更有利于问题的深化理解和知识的掌握运用，能促进高级认知能力的发展、协作精神的培养和良好人际关系的形成，有助于提高学生的自主学习能力、合作学习意识，也增强了学生的归属感、社会责任心、人际交往的意识、团队精神等。

第六章

中学物理翻转课堂教学模式的教学目标

教学目标是课堂教学各要素运转的指明灯。这一章，我们将介绍中学物理翻转课堂教学模式建构中的教学目标确立，包括教学目标的基本概念与相关理论，教学目标的设计与实例分析。

第一节　中学物理翻转课堂教学目标的理论基础

一、教学目标的重要性

“跳蚤效应”来源于一个有趣的实验：生物学家曾经将跳蚤随意向地上一抛，它能从地面上跳起一米多高。但是如果在一米高的地方放个盖子，这时跳蚤会跳起来，撞到盖子，而且是一再地撞到盖子。过一段时间后，拿掉盖子，会发现，虽然跳蚤继续在跳，但已经不能跳到一米高以上了，直至结束生命都是如此。为什么呢？理由很简单，它们已经调节了自己跳的高度，而且适应了这种目标，不再改变。

不但跳蚤如此，教学过程也一样，如果我们的教学目标只是设定在让学生记住概念、公式、定理这些知识，那学生必然只会做题，而不懂这些知识的来源、如何在实际中加以应用，更加不会创新，在学习上无法到达更高的高度。

爱因斯坦（A.Einstein）说过：“想象力比知识重要，因为知识是有限的，而想象力概括着世界上的一切，推动着进步，并且是知识进步的源泉。严格地说，想象力是科学研究中的实在因素。”因此，我们的教学目标不应是简单的知识传递，而是帮助每一个学生进行知识的吸收内化，使每一个学生学会想象，学会质疑，学会思考。

随着科学技术的飞速发展，“云计算”这一新的科技手段正以令人始料未及的速度渗透到教育领域。传统的教学环境以课堂为主，教育资源具有时间和空间的局限性，但随着“云环境”的出现，不仅突破了传统教育资源的瓶颈，使得教育资源有一个集中的平台，也能使得教师和学生能够随时随地参与学习、讨论。在“云环境”下，基于翻转课堂教学模式对物理教学流程进行再造，有利于保障学生主体性的发展。

翻转课堂教学模式将物理教学目标由接受知识，转变为吸收内化知识，也就是变“学会”为“会学”。“学会型”课堂，教师主要向学生传授知识，学生重在接受知识、识记知识、提高解决问题的能力。课堂教学目标定位在对概念定理、公式、规律的传授，尤其是教材内容的掌握上较多，对其他目标考虑较少，对学生而言，这是一种被动的学习方式。这种课堂教学的结果是：课堂毫无生气，学生不感兴趣，觉得学习枯燥无味；

物理学习变成死记硬背的过程；课堂从头至尾都是教师在讲，学生的创造力也得不到充分培养。而翻转课堂模式下的物理教学，教师倡导学生课前自发学习、积极思考，课堂上主动参与、乐于探究、勤于动手、敢于质疑，同时培养学生搜集和处理信息的能力、分析和解决问题的能力以及交流与合作的能力。翻转课堂模式的课堂教学目标，定位在让学生在学习科学过程中感受、理解知识产生和发展的过程，培养学生的科学精神和创新思维习惯，让学生经历科学探究的过程，亲身体验物理知识的形成和获取过程，即“重演知识发生的过程”，感受科学的启迪，吸收和内化所学的知识。这种课堂教学的结果是：通过体验型学习激励了学生的学习热情，有助于学生更好地理解并掌握所学的知识，还能从中汲取前人的智慧，领悟思想方法，陶冶科学精神，能够激发学生去主动学习、主动探究，真正体现学生才是学习的主体。

二、制定翻转课堂教学目标的理论依据

《上海市中学物理课程标准（试行稿）》（以下简称新课标）实施以来，针对传统课堂教学中存在只注重“知识与技能”目标的问题，增加了“过程与方法”“情感、态度与价值观”两类目标，体现出新课程不仅重视学习行为的结果，还重视学习过程，在过程中学习，在过程中促进学生全面发展、个性发展。但在新课标的“三维教育目标”实践运用中，教师出现一些困惑：如何界定学生应该用什么方法，经历哪些过程，实现“知识与技能”“情感、态度与价值观”？三维目标之间又存在哪些联系？针对以上困惑，国家课程标准教育目标分类根据 2001 版布卢姆教育分类研究成果，将新课标“三维教育目标”重新组织，将教学目标分为认知、情感和动作技能三个领域。

（一）认知领域的目标分类

知识维度分为四类：事实性知识、概念性知识、程序性知识和元认知知识。事实性知识指独立的、特定的知识内容，比如专业术语等；概念性知识比事实性知识更复杂，更有组织性，如关于理论、模型、结构的知识等，事实性知识和概念性知识都是指有关什么的知识；程序性知识指如何去做的知识，如关于技能与方法的知识等；元认知知识指个体认知方面的知识，如关于策略的、任务情景和自我认知的知识等。

认知过程维度分为六类：记忆、理解、应用、分析、评价、创造。记忆是指从长时记忆中提取相关的知识，如再认、回忆；理解指从口头、书面和图形等传播的教学信息中建构意义，如理解、举例、分类等；应用是在给定的环境中执行或者利用某种程序，如执行和实施；分析指把材料分解成各个组织部分，并确定各部分之间的相互关系以及与总体的关系，如区别、组织和归属评价是基于标准做出判断，如核查、评判；创造指把要素放在一起形成连贯的或者实用的整体，重新组织要素成为一种新的模式或者结构，如生成、计划和产生。

（二）情感领域的目标分类

克拉斯沃尔（D.R.Krathwohl）、布卢姆等在 1964 年出版的《教育目标分类学，第二分册：情感领域》一书中把情感领域目标分为五个亚领域，即接受（注意）、反应、价值评价、组织、由价值或价值体系形成的性格化。

接受是指学习者感受到某些现象和刺激的存在，愿意接受或注意这些现象和刺激。它包含观察、愿意接受和有控制的或有选择的注意。

反应是指学习者积极注意，如回答教师的提问、参加小组讨论、参与实验研究。反应包括默然的反应、愿意的反应和满意的反应。

价值评价是指学习者对某种行为、现象或客体做出价值的评估，即学习者将外在价值变为他自己的价值标准，形成了某种价值观、信念，并以此指引他的行为。它包括价值的接受、对某一价值的偏好和信奉。

组织是指学习者遇到许多价值观念出现的复杂情境时，克服价值观之间的矛盾、冲突，对各种价值观加以比较，接受重要的价值观和价值标准，把各种价值组织成一个体系。包括价值的概念化和价值体系的组织。

由价值或价值体系形成的性格化，是指根据已经内化了的价值来行事，包括泛化心向和性格化。

（三）动作技能领域的目标分类

辛普森（E.J.Simpson）在《动作技能领域教育目标分类》中提出了以职业技术教育为视角的动作技能教学目标分类，将技能领域目标分为下述六个类别：

反射动作是学习者在没有意识的情况下，对某些刺激做出的反应。一般来说，可观察到的动作包括不随意动作和随意动作。

基本基础动作是复杂动作的一个基础，是由第一层次反射形成的固定的动作，它们建立在学习者身体内部固有的反射动作基础之上，是无须训练的。

知觉能力是指学习者的刺激传递到大脑高级中枢中，并加以解释的学习者所具有的知觉通道。有效的知觉能力是学习者在认知、情感和动作技能中得到发展的必要条件。

体能是指器官活力的那些机能特征，它们的发展为学习者提供了一个健全的且有效的工具（身体），用意是技巧动作成为其他动作库的一部分。

技巧动作是从事复杂动作任务时，达到有效程度的结果，分为纵、横两个连续体。纵向连续体（也称复杂性水平）是指学习者接触到的各种动作技能的难度。横向连续体（也称熟练性水平）是指学习者达到的技能掌握水平。

有意沟通指身体内各种动作的沟通。有意沟通利于教师对学习者的情感需求和兴趣等的理解，从而制定出有针对性的教学策略以促进学习者的学习。

翻转课堂教学目标的制定，以 2001 版布卢姆教育分类理论作为依据，是因为它将知识分为两个维度，一个是学习内容部分（名词），另一个是学习行为部分（动词），使学习活动的组织与学习对象的分类更加清晰，使用行为动词能够体现学生学习心理发展的过程，更符合认知心理学的研究成果。同时，2001 版分类用“理解”和“创造”分别替代了 1956 版分类中的“领会”和“综合”，并把“创造”技能提升到认知过程的最高一层。“创造”这个技能包括把事物综合到一起进行新创造，要求学生不仅能在熟悉的领域解决问题，还能够在新环境中思考和解决新的问题，这对培养学生的创新精神起到了指导作用。

三、翻转课堂教学模式下教学目标的功能

翻转课堂教学模式下的教学目标与传统课堂的教学目标一样，也具有导向功能、控制功能、激励功能和评价功能，但又赋予这四个功能新的内涵。

（一）导向功能

导向功能是指明确的教学目标为教师的如何教以及学生的学什么指明方向。传统教学中，组织教学活动之前，教师首先要进行教学设计，教学设计要以教学目标为依据，设计课堂教学所期望的教学成果，有了教学目标，课堂上的教与学的方向就明确了，以避免教学中过多的随意性。

翻转课堂教学模式中的教学目标设计，不但包括课堂中的教学目标，还包括课前教学目标，以及课后教学目标。课前目标包含“微视频”的录制内容，学生观看“微视频”所预期达到的交流效果，课后目标则包含对视频内容、课堂教学过程的思考目标。

（二）控制功能

教学目标是教学系统内各组成要素的连接点，对其他要素起着统帅、支配和协调的功能，使之发挥出最佳的教学整体效能。

与传统课堂相比，翻转课堂模式下的教学活动更加倡导学生自主学习能力的发展，这种课堂更具变化性，教师要重视课堂上的变化。通过学生的信息反馈，教师和学生可以围绕目标来调节教学活动的偏差。教学目标使得教学活动的各个要素有机地聚合在一起，构成教学系统并使之能够有效地运行，反之教学过程就像一盘散沙，教学系统难以达到整体最优效果。

（三）激励功能

教学目标的确立，可以调动教师教的主动性和积极性，并形成教学动力，以尽力实现教学的目标。同时，教学目标也为学生提供了学习目标，对学生的学习具有激励的作用。

在翻转课堂教学模式下的教学过程中，学生的知识现状、学习能力都与教学目标之间存在一定的差距，而缩小这一差距实质上就是受教育者的需要。在“微视频”中，向学生明确具体的物理知识性教学目标，能激发学生对新知识的学习和思考，课堂上根据教学目标引导学生采用同伴互助方式，对所学内容进行讨论、思考，可以充分调动学生学习的积极性和主动性，能够促进其理解基本概念以及提高解决问题的能力，促进其吸收内化知识。

（四）评价功能

在传统课堂上，课堂教学多是传授知识性内容，学生在课后进行巩固复习，教学过程结束或告一段落后，要对受教育者是否达到要求或产生预期变化进行教学评价，评价教学是否达到了教学目的、完成了教学任务，是否需要调整，应当如何调整。这时教学评价以教学目标为依据，明确具体的教学目标是进行评价的前提。

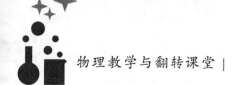

翻转课堂教学模式下的物理教学，通过教学流程的再造全面提升了师生之间的多向互动，学生成为学习的主体，教师变为指导者。再造后的教学评价随教学目标的转变而发生改变，不仅对知识性内容进行评价，也注重学习过程的动态生成性评价，关注学生学习过程中的发展和变化，评价具有过程性动态生成性、自我体验式的特点。

第二节　中学物理翻转课堂教学目标的设计

一、制定翻转课堂教学目标的主要策略

（一）规范目标的书写

新课标实施以来，传统课堂采取三维教育目标书写方式，包括“知识与技能”“过程与方法”和“情感、态度与价值观”三类目标。国家课程标准教育目标分类对新课标的“三维教育目标”进行重新组织，将教学目标分为“认知”“动作技能”和“情感”三个领域。

同时根据布卢姆教育分类理论，认知分为两个维度，一个是学习内容部分（名词），另一个是学习行为部分（动词）。区分认知领域列出的知识维度和认知过程维度，是翻转课堂教学目标与传统课程的最大不同之处，不同的知识目标所对应的行为动词是不同的，在表述教学目标时，应注意正确、规范使用知识维度和行为动词。

黎加厚在其《新教育目标分类与概论》一书中，将知识维度和认知过程维度分类如下：

A. 事实性知识—学习者在掌握某一科或解决问题时，必须知道的基本要素。包括知识术语，具体细节与要素的知识。

B. 概念性知识—某个整体结构能够使得其中基本的要素相互作用相互影响的知识。包括分类和类别的知识，原理和概括性知识，理论、模式结构的知识。

C. 程序性知识—怎么做，调查方法，应用技能的标准，运算法则，技术和方法有关的知识，即如何做事的知识。包括具体学科技能和运算法则的知识，具体学科技巧和方法的知识，判断何时应用适当程序的知识。

D. 元认知—关于一般的认知知识和自我认知的知识。包括策略性知识、关于认知任务的认识和自我认知。

A. 记忆—从长时记忆中提取相关的知识。包括再认和回忆。

B. 理解—从包括口头、书面和图形等传播的教学信息中建构意义。包括解释、举例、分类、总结、推断、比较和说明。

C. 应用—在给定的情境中执行或者利用某种程序。包括执行和实施。

D. 分析—把材料分解成各个组成部分，并确定各部分之间的相互关系以及与总体的关系。包括区别组织和归属。

E. 评价—基于标准做出判断。包括核查和评判。

F. 创造—把要素放在一起形成连贯的或者实用的整体；重新组织要素成为一种新的模式或结构。包括生成、计划产生。

（二）凸显学生主体性的发展

学生是学习的主体，主要体现为主动性、能动性和创造性。翻转课堂模式教学追求的不仅仅是掌握知识，而是通过已有知识的再发现提高学生的创造能力、怀疑精神、批判精神等。翻转课堂教学模式中，教材依然是教学的重要资源，教师应该广泛阅读，领悟课程标准的精神，结合翻转课堂促进学生主体发展的目标，确立教学目标，安排好相关重点活动。制定的教学目标要适合学生实际，同时，既要包含学生课前翻转视频所涉及的知识目标，又要包含课堂进步的活动目标，如何促进学生对知识的吸收、内化。设计中，教师按照课程标准的要求，依据教材特点、学情实际，在课堂中创设探究的情境与途径，培养学生提出问题的判断能力、分析问题的逻辑思维能力及解决问题的实践操作能力。

（三）制定多种适合学生的个性化视频教学目标

教师可根据学生对知识掌握的不同情况，在翻转视频的制作中，提供不同的个性化的教学方案。以《能量守恒定律》教学为例，部分学生对能量分类部分知识掌握比较薄弱，而有的学生基础较好。针对这两种不同的情况，教师可以制作两种“微视频”，针对基础较为薄弱的学生，在课前“微视频”中增加对各种能量的详细讲解，设置思

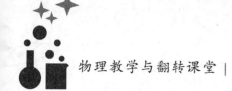

考题，再通过演示日常生活中不同物体具有的能量的动画演示，给出一些提示，要求学生自己推导出能量守恒定律；而针对基础较好的学生，可以在“微视频”中删掉能量分类部分的讲解，增加不同能量间的联系与区别的思考，这种设计更加注重学生的抽象思维能力的培养。而且，在“微视频”中，教师将许多抽象概念通过图片、动画演示更加具体化、形象化，可以积极调动学生课前自学物理知识的兴趣。

（四）将课前翻转视频目标与课堂目标“整合”

翻转视频虽是课前观看的内容，但课堂教学内容与翻转视频内容必然有所联系。不单单是依靠视频介绍基础知识内容，而是把课堂活动与视频内容有机整合在一起，视频是课堂活动的预热、课堂活动是视频内容学习方式的延伸。教学目标设计，需包含翻转视频所达到的目标，不能因它是课前活动便对视频内容随意安排，而应结合课堂教学目标，确定学生课前需获得的知识，精心设计翻转视频的教学内容。课堂内教学目标，包含学生所要获得的知识及获取知识的过程，同时要凸显课堂活动与翻转课堂视频的联系，不能将课堂与课前分离成为两个毫无联系的教学部分。

（五）处理好预设与课堂生成的关系

制定教学目标是教学过程中最基础、最重要的预设。实际教学过程中，尤其在翻转课堂模式下的教学过程中，具体教学活动的发生过程可能与目标的预设并不一致，学生提出不同的问题、产生不同的质疑，导致教学活动需要随时做出调整，而预设的目标一般不会发生改变。因此，教师在设计教学目标时，要充分分析、判断预设的活动是否包含学生所有可能出现的情况，思考是否存在比原预案更好地实现教学目标的设计方法。

二、教学目标设计的步骤与方法

教学目标是教学过程中师生预期达到的学习结果和标准。它是课程目标的进一步细化，对教学活动设计起指导作用，为教学评价提供标准和依据。教学目标还是教学过程的逻辑起点和终点，它对教学过程具有导向作用，引导教学过程的顺利开展。翻转课堂的教学目标设计，不但要着眼于课堂目标的设计，还要兼顾翻转视频预期达成目标的设计，充分认识到教学目标在翻转课堂教学中的地位和作用，制定切实可行的教学目标。为此，教师应该依据翻转课堂教学理念，立足文本（体现教学价值）、立足学生（凸显主体发展）、立足课堂（提高教学效益）来制定具体的教学目标。

（一）任务分析

传统的课堂，在制定教学目标时，教师只需翻阅教学大纲，按照要求在课堂上完成知识的传授，它的教学目标仅仅包含对教材学习任务的分析。

翻转课堂教学模式下的教学目标中，任务分析不仅包括本节内容的学习任务分析，还包括学生的学情分析。学情分析指教师要分析学生现有的知识水平、学生的心理发展情况及学习风格、哪些因素可能会影响学生的学习结果预设完成本节教学目标需要的策略和方法。确定学生现有水平和学生可能的发展水平，即学生的最近发展区，有利于选择合适的教学资源供学生学习，有利于更准确地为学生打造翻转课堂模式下的课堂学习活动。不同的学生具有不同的学情，教师也应依据学情做出相应的调整。

（二）目标分解

教学目标体系是自上而下逐步具体化的，目标分解过程也是不断具体化的过程。与传统课堂相比，翻转课堂教学目标的分解发生了巨大的变化。传统课堂不仅仅指课堂目标的设计，课堂目标也偏重如何进行知识的传递，而翻转课堂教学模式则将课时教学目标分为课前教学目标、课堂教学目标和课后教学目标，确定哪些知识是通过课前观看翻转视频习得；哪些技能是通过课堂教学获得，分别利用何种过程与方法获得；哪些需要课后完成，为下节内容做铺垫。这种教学目标将课前、课中、课后都做出明确规划，学生的学习过程是一个整体的、更系统的过程。再分解目标时，教师结合学生的学情设计目标，课前目标侧重“知识获取”的过程，教师制作“微视频”，每个视频中包含一到两个事实性知识或概念性知识以及相应的检测练习，供学生课前观看；课堂目标侧重“知识内化”的过程，或引导学生提出疑惑小组讨论主动探索，或在相互学习和探讨的过程中增加理解知识的深度，或共同研究解决应用中面临的问题；课后目标结合下节课的教学内容做出设计，为下节内容做好铺垫。

（三）目标表述

1. 认知目标

2001 版分类学将知识划分为一个维度，这与获取知识的过程、对它起作用的实际操作就形成了一个二维矩阵，二维的交叉点就是具体设定的教育目标。我们可以根据布卢姆分类中认知领域的知识维度和每一种技能的说明，相应制定自己的教学设计目标。以《电压与电流的关系》课为例，我们尝试用修订的知识目标分类学将其细化：

在《电压与电流的关系》一课中，涉及的知识类型有：事实性知识，如知道生活中恒定电阻的电压与电流存在关系；概念性知识，如理解欧模定律的内容；程序性知识，如进行“恒定电阻的电压与电流的关系”实验；元认知知识，用什么样的记忆方式和理解方式。

教学目标不能停留在知识的“识别”与“回忆”层面，而要更多地注重知识的迁移、技能的锻炼，因此，可将认知维度分类如下：

（1）理解概念性知识—通过课前观看“微视频”，理解等电阻变化，理解欧姆定律的内容。

（2）执行程序性知识—实施“恒定电阻的电压与电流的关系”实验。

（3）应用程序性知识—运用U–I图像验证电阻的电压与电流的函数关系，感受“化曲为直”的科学方法。

（4）评价元认知知识—确定欧姆定律内容由实验观察的数据得来。

（5）说明概念性的知识—学会用欧姆定律解释生活中的相关现象。

2. 动作技能

教育目标的动作技能领域包含一切人类可观察到的随意动作。其中知觉能力指学习者的刺激传递到大脑高级中枢中，并加以解释的学习者所具有的觉通道。例如，在《电压与电流的关系》教学中，教师课前让学生观看“微视频”，学生会在大脑中对视频内容作出反应，上课时再利用视频所获得的信息主动开展学习任务。虽然知觉能力在课堂中难以察觉，但这一技能有利于帮助学生对课堂活动作出相应的回应，也是学生主动思考大胆质疑的基础，教师便可根据学生的各种动作和认知，识别出他们是否具有这样的能力。因此，我们可以将动作技能维度设定为：课堂上对欧姆定律或相关内容大胆质疑，经历“质疑→实验探究→验证→应用”的探究过程。

3. 情感

学习的结果不仅使行为产生变化，也使内在心理或情感产生变化。而那些内在的心理变化，如理解、欣赏、热爱、尊重等，不能直接进行观察和测量。为了能间接地测量、观察这些内在心理变化，需要列举反映这些内在变化的行为样品，使这个目标具体化。一般来说，如果在目标中出现“合作”一词，表示学生完全愿意参与，即愿意的反应；学生能够以积极的态度面对刺激、愿意集中精力观察，则表示学生愿意接受；若伴随行为产生了积极的反应，则表示学生对该内容或过程具有满意的反应。

例如，在《电压与电流关系》一课中，我们将该维度目标设定为：通过探究实验，激发学生的合作意识，通过小组间交流，学会倾听、大胆表达、勤于反思。

三、翻转课堂教学目标设计的特征

传统的教学环境以课堂讲授为主，教育资源也具有时间和空间的局限性，但随着“云计算”的出现，打破了只有在课堂才能听教师讲解这个瓶颈，使得教育资源有一个集中的平台，学生可以在课前、课后反复观看讲解过程，教师与学生也可利用多种工具随时交流、讨论。翻转课堂教学模式正是基于“云环境”在教育中的应用，改变了传统的教学环境，具有以往教育技术无法提供的一些特点，翻转课堂教学目标设计的特征有：

1. 增强教学的时空性

翻转课堂借助“云环境”实施教学，有利于提高教育资源的应用率，增强学生与教师的课堂互动，也增加了学生与教师课外的交流、联系，促进学生课前、课后自主学习的意识，它使得物理教学更不受时空的局限。在翻转课堂教学模式中，运用视听媒体制作课前“微视频”，学生可以自定步调学习视频内容，也可根据学习程度反复观看视频，充分发挥了学生的自主性及使用空间的无限性。学生可以利用一切课余时间进行反复学习，既经济又方便，这对学生基本知识和技能的学习有很大帮助。教师利用课堂时间解决学生问题，可以大大提高教学效率，更能促进学生学习能力的发展。

2. 促进多种目标的结合

随着教学思想的多样化发展，教学目标也出现多种目标相结合的趋势。从偏重知识目标，行为目标，转向多种目标的互相补充，重视知识、智力与个性的全面发展。

尤其是翻转课堂教学模式，学生由接受教师传授的知识的学习，转向研究方法的学习，物理教学由注重知识的讲解，转向注重重演知识的发生过程，知识吸收内化的过程，学生通过自主体验探索、发现，培养自身发现问题解决问题的能力，收集、分析信息的能力，锻炼严谨的科学态度和不懈的进取精神。通过小组合作实践，学会与他人合作与交流的技能，形成一定的表达能力和积极的人生态度，全面发展自身的综合能力。

3. 彰显学生的主体性

教学目标强调的是学生的行为，因此应该以学生为中心，尤其要重视学生的兴趣、意愿的激发，依据学生的心理，寻求合适的教学途径，以实现促进学生知识、技能、情感全面发展的目标。

翻转课堂教学模式正是把学生视为教学过程的主体，课前视频设计尊重学生的兴趣需要和个别差异，课堂目标设计注重学生主体性的全面发展。例如翻转课堂模式下习题课的教学设计目标，改变了以往教师讲评题目、学生更正的被动式学习方式，通过课前“微视频”的学习，在课堂上模仿进而锻炼学生解决实际问题的能力；在单元复习课上，教师不再带领学生逐个复习知识点，而是引导学生在梳理单元知识内容的过程中，形成系统化的思想；规律课教学中，教师不仅仅注重规律内容的讲解和应用，而是通过课前观看“微视频”，引导学生在课堂中自主思考大胆质疑、主动探索、获得真知。

第三节　中学物理翻转课堂教学目标设计的实例分析

翻转课堂教学与传统课堂的教学目标有很大区别，下面以物理教材中初中三年级内容《电压与电流的关系》为例，分析传统教学与翻转课堂教学的教学目标设计。

一、传统课堂教学目标设计

（一）知识与技能

1. 通过 DIS 实验采集数据、分析数据的过程，学会利用 DIS 系统研究导体不同参量之间的内在关系，提高应用信息技术进行物理实验的能力，培养运用归纳法与控制变量法探究物理规律的能力。

2. 理解欧姆定律的内容，能运用欧姆定律解释生活中的相关现象。

（二）过程与方法

1. 通过 DIS 实验进一步感受控制变量法在研究多参量内在关系中的作用：

2. 通过描绘 $U–I$ 图像，掌握利用图像反映物理规律的方法。

（三）情感、态度与价值观

1. 通过对“恒定电阻的电压与电流的关系”的探究实验，体验观察分析讨论过程，养成尊重事实的科学态度；

2. 通过小组实验，增强与同学之间的相互协作能力，通过各小组的交流过程，学会表达与倾听，学会反思与质疑；

3. 通过寻找生活中运用此规律的现象，感受到物理原理在生活中的广泛存在。

在这个传统课堂的教学设计中，学生具有一定的主体性，教师先由两个情景实验引入，引发学生思考导体的电阻与电流的关系。接着，通过 DIS 实验对电阻的电压与电流之间的关系做进一步定量的研究，在采集到实验数据的基础上，教师引导学生对实验数据进行处理，并做进一步的交流、反思、改进。通过小组间、师生间对实验数据的交流、分析处理，归纳得出导体等电阻变化过程中电压与电流之间的定量关系。通过探究实验，认识控制变量、猜测实验与拟合证实、化曲为直等多种科学研究方法，懂得物理定律是建立在实验研究基础上的，养成尊重事实的科学态度；通过小组实验，增强与同组同学之间的相互协作能力，通过各小组的交流过程，学会表达与倾听，学会反思与质疑。

根据新课标的三维目标，这堂课的教学目标设计要求学生掌握知识与技能，把握学习过程与方法，并在情感、态度与价值观方面有所收获。但我们发现，这个教学设计中，学生一直是在教师的引导下开展活动，缺乏自主性，并不是真正的主动学习。笔者认为，由于学生长期以来习惯接受书本的知识，很少会对所学内容产生疑问，不敢提问、不会提问，所以，只能跟着教师的步伐，由教师引导着学习、被动接受。因此笔者思考，如何在物理课堂的教学过程中，逐步增强学生的问题意识，让学生积极思考、大胆质疑，进而主动探索、自主学习。对此，笔者基于翻转课堂教学模式，做了尝试。

二、翻转课堂教学目标

（一）认知

1. 课前目标

理解概念性知识—通过课前观看“微视频”，理解等电阻变化，理解欧姆定律的内容。

2. 课堂目标

执行程序性知识—实施“恒定电阻的电压与电流的关系”实验。

应用程序性知识—运用 U–I 图像验证导体电压与电流的函数关系，感受“化曲为直”的科学方法。

评价元认知知识—确定欧姆定律内容由实验观察的数据得来。

3. 课后目标

说明概念性的知识—学会用欧姆定律解释生活中的相关现象。

（二）动作技能

通过课前观看“微视频”，课堂上对欧姆定律或相关内容大胆质疑，经历“质疑→实验探究→验证→应用”的探究过程。

（三）情感

通过探究实验，激发合作意识，通过小组间交流，学会倾听、大胆表达、勤于反思。

本节课按照新课标和上海市物理新教材的编写意图，以“提出质疑→实验探究→数据分析→应用巩固”的思路设计本节课。在课堂外，教师布置观看“微视频”，“微视频”内容包括导体电压与电流的关系，即欧姆定律及如何应用欧姆定律解题。在课堂上，教师鼓励学生针对视频内容积极提问，学生的问题涉及多个方面，包括：“导体的电压与电流真的是正比关系吗？”“为什么是正比关系？”“电压电流与电阻没有关系吗？”等等。学生带着强烈的疑问进行探究活动，通过实验探究导体的电压与电流是否成正比的定量关系，在验证函数关系过程中，再次发现问题、解决问题，感悟“化曲为直”的科学研究方法，同时经历用图像描述物理规律的过程。在翻转课堂教学模式下的课堂中，学生自己提出问题、解决问题，学生是真正的探究者，教师只是辅助者，为重演知识的生成过程提供有效途径，逐步增强学生的问题意识、引导学生进行主动探究。

第七章

中学物理翻转课堂教学模式的操作程序

任何一种教学模式都具有其独特的操作程序。操作程序是指教学在时间上展开的逻辑步骤以及每个步骤中教师与学生的主要行为活动等，它是教学模式的外部显现，其内部蕴藏着与其模式相对应的教学设计和教学策略。在实际教学过程中，既有教材内容的展开顺序、教学策略运用的顺序活动组织顺序，又有内在复杂的心理活动顺序，所以操作程序只能是基本的、相对的，而不是僵化和一成不变的。

教学设计作为教师教学活动的首要环节，是对整个教学过程实施方案的整体架构与合理预设。它可以帮助教师对各个教学因素进行系统的统筹规划，从而在有限的四十分钟课堂教学时间内有效地开展课堂教学，取得更好的教学效果。传统教学过程通常包括“知识传递”与“知识内化”两个阶段。在“知识传递”阶段，学生通过教师在课堂中的讲授，完成对教学内容的接受和初步理解；“知识内化”则放在课后，学生运用在课堂上所学的知识完成作业和巩固练习，以此强化对所学内容的理解。

翻转课堂作为一种新兴的教学模式，在当今信息技术的支持下，颠覆了传统的教学过程：它将“知识传递”放在课外，学生借助“云环境”等现代科技手段获取教师制作的“微视频”以及学习任务单后，自主完成知识的建构，课堂则成为他们探讨问题、小组协作探究、师生之间深入交流、得到个性化指导并完成知识内化的场所。与传统课堂教学相比，翻转课堂有着颠覆性的变化和典型的特征。因此，教师有必要对其教学设计的流程进行重新规划。

第一节　中学物理翻转课堂教学过程设计的依据与原则

一、翻转课堂教学设计的依据

（一）教学内容是教学设计的基本依据

教材是教师进行教学的基本素材，也是学生获取知识的重要途径。但教材往往更侧重知识内容的前后逻辑结构，难以顾全学生的认知发展结构。教材内容是静态的，它是对教学内容的某种预设，而具体教学情境则是动态的、开放的，是复杂多变的。为了更好地开展教学，教师需要对教材进行“二次开发”，在教学过程中根据具体的教学目标和教学情境对教材内容进行方法化处理，转变为教学内容。教学内容是教学设计的基本依据，教学设计反过来可以将教学中的静态预设与动态生成有机地结合起来。在物理教学中，典型课型主要分为以下几种：物理概念课、物理规律课、物理实验课、物理习题课、物理单元新授课、物理单元复习课以及试卷讲评课等。课型不同，教学设计和教学策略会略有差异。但翻转课堂教学设计总的设计思想要依托传统教学设计，再加入翻转课堂的特征。教师在分析教材掌握教学目标和重难点后，将学生通过自主学习可以掌握的概念、规律、实验原理、典型例题等设计在“微视频”里，再通过后续的课堂活动设计来完成课外的“知识传递”与课内的“知识内化”两个过程。

（二）教学目标是教学设计的重要依据

教学内容是教学目标的载体，教学设计通过内容的教学来达成教学目标，可以说教学目标是教学的出发点与回归点。教学目标的定位越清晰准确，教学过程会开展得越顺畅，教学的有效性也会随之提高。教师在设计教学方案和“微视频”时，要认真研读新课标和教材内容，明确教学目标，再依据教学目标进行物理教学设计。新课标确立了知识与技能，过程与方法，情感、态度与价值观三位一体的教学目标。在教学中，它们并不相互独立，而是相互渗透、有机结合的。教学目标是教学设计的重要依据，也是教学设计的核心内容。翻转课堂的教学目标不是关注学生学习到了多少知识，会解决多少问题。课前的“微视频”设计注重向学生传授知识，教学目标重点定位在学生对物理概念、规律、实验原理、典型例题等知识的获取理解和掌握等方面；在后续的课堂教学活动中，教师通过学习任务单的反馈，问题和情境探究的一系列设计，小组合作设计来提高学生的技能，引导学生感受知识发现的过程，学会获取知识的方法，学会团结协作，树立正确的情感、态度价值观。目标定位不同，采取的教学策略不同，取得的效果就不相同。

（三）学生特点是教学设计的主体依据

传统教学设计作为一种比较成熟的教学设计模式，具有许多优点，但也存在一个较大的弊病：传统教学采用班级授课制，整套教学设计理论都是围绕教师如何“教”而展开，很少涉及学生如何“学”的问题。按这样的理论设计的课堂教学，学习变成一种机械记忆性学习，学生的积极性、主动性很难得以发挥，创新能力和思维能力很难得到提高，学生对学习的兴趣也会逐步减弱。教学过程是师生共同参与的过程，包括教师的“教”与学生的“学”。学生是教学的对象与主体，教师的“教”只有通过学生积极主动的“学”才能起到有效作用。教学相长，在教学过程中，师生之间的关系应该是平等的，但是在传统的教学观念里，教师就是权威，地位不可撼动。在翻转课堂教学中，“微视频”不出现教师的形象，而且教师的语言是轻松幽默的，学生没有压迫感；在课堂上，教师少讲，学生可以畅所欲言表达自己的观点，真正实现了师生平等。翻转课堂无论是“微视频”设计、问题设计还是情境探究设计都要充分考虑学生的认知发展规律、学生的需求和兴趣特点、学生的基础和接受能力等，让学生真正成为课堂的主人。

二、翻转课堂教学设计的原则

根据建构主义理论，“学习是建构内在的心理表征的过程，学习者并不是把知识从外部搬到记忆中，而是以已有的经验为基础，通过与外界的交互作用来建构新的理解。”在这种观点中，教师是教学过程的组织者、指导者、意义建构的帮助者；学生是知识意义的主动建构者；教材所提供的知识是学生知识意义建构的对象；媒体是用来创设情境、进行协作学习和会话交流，即作为学生主动学习、协作探索的工具。依据建构主义，翻转课堂教学设计应该遵循以下几个原则：

（一）关注学生发展

新课标指出：物理课程要着眼于学生的发展，使学生获得终身学习的兴趣、习惯既定的学习能力。在信息技术飞速发展的今天，信息及知识的更新速度加快，没有人可以在学校学到所有的知识。教育最重要的目的不是学生获得了多少知识，而是让学生亲历获取知识的过程，培养学会学习的能力，使其掌握获取知识的手段，实现能力的可持续发展。在传统的教学过程中，教师实行班级授课制，是以教师为中心的教学模式，强调“如何教”，这种教育方式不利于调动学生的学习积极性，学生能力难以得到全面提高，也难以取得良好的教学效果。翻转课堂为学生的全面发展提供了一个非常好的平台：学生通过主体学习活动以及多种学习方式；自主学习、探究学习、合作学习等，使其在原有的基本学习技能、自我管理和自主学习能力、网络学习能力、人际交往与合作精神实践探索能力和创新思维能力得到全面发展。因此，翻转课堂的教学设计应强调“授人以渔”而不是简单的“授人以鱼”，尽可能为学生提供自主学习和探究活动的情境，培养他们在学习过程中探究思考的精神和能力，促进其全面发展。

（二）以学生为主体

在传统教学中，学生参与教学活动的机会少，大部分时间处于被动接受状态，学生的积极性、主动性很难得以发挥。这种教学方法抛弃了作为教学中起主体作用的学生，扼杀了学生勇于思考、敢于探索的积极性，剥夺了学生勤学好问的权力。在翻转课堂中，由于教学过程的完全颠倒，教师与学生的角色和地位发生了质的变化。学生获取知识的主要途径是教师制作的教学“微视频”和各种网络资源。学生观看“微视频”时，不需要像在课堂上一样集中精力，他们可以根据自己的学习需求和步调来学习“微视频”，遇到难以理解的内容时可以重复播放某些片段或暂停下来去寻求相关资料以及网络资源的帮助，也可以停下来做笔记或仔细思考，甚至还可以通过聊天工具向教师或者同学寻求帮助，而不是被动等待教师的“直接告知”。在课堂上学生参与教师设计的课堂活动，在与教师、同伴交互协作解决问题的过程中深入掌握知识。这就意味着教师不再承担“传授知识”的绝对主体角色，而是作为课堂教学活动的设计者与组织者，设计探究型活动供学生研究，在学生“探究讨论”等“知识内化”阶段给予个性化的指导帮助，以确保每位学生将所学知识完全吸收掌握。学生由“被动接受者”变为“主动探究者”，增强了学习的自主性。在翻转课堂中，倡导教师减小语言的密度，改变“一言堂”“满堂灌”的现象，把学习的主动权和不该占用的时间都还给学生，教师变“教”为“导”，学生变“听”为“学”，鼓励学生质疑展示、引导学生合作探究，力争做到先学后教、以学定教、学教互动、少教多学。学生摆脱了被动接受知识的角色，成为整个教与学过程中的主体，所有的知识都需要学生在自主学习和实践的过程中掌握，教师只对学生的意义建构起帮助和促进作用。

（三）关注学生的个体差异

世界上没有完全相同的两片树叶，也没有完全相同的两个人，学生的差异是客观存在的。传统的教学模式是以知识传授为本位的，整齐划一的“课堂知识传授”无法满足不同层次学生的学习需要。翻转课堂教学承认学生的个体差异，旨在挖掘学习者自身的智慧和潜能，从而最大化地体现学习者的自我价值。在翻转课堂教学中既要有一般要求，使教学的深度、进度适合一般学生的接受能力，又要针对不同程度的学生，提出层次要求，促进学生的个性化发展。各种信息技术工具和丰富的信息资源为创建个性化学习环境提供了有利条件。利用“微视频”“先学后教”，使得翻转后的课堂可以有更多时间用于学生的探究学习和个性化学习。例如习题课教学，在“微视频”中，教师分析一道典型的例题后，抛出一个学生需要在典型例题基础上“跳一跳”才能解决的问题，以此激发学生的深度思考。在传统教学中，教师讲解这道典型例题已经耗用了不少时间，因为急于完成教学进度，索性就整齐划一，将解决问题的方法直接灌输给学生。但是学生对新知识的理解和接受能力怎么可能完全相同呢？这样的教学方式完全忽略了学生的主体性和个体差异性。采用翻转课堂教学模式，“微视频”的学习是放在课前，学生有充足的时间去思考，去查阅相关资料。通过自己的努力习得的知识不仅掌握得更加牢固，而且通过获取知识的过程，学生获取知识的能力以及自信心和满足感都大大增强。在课堂教学中，教师会根据与视频配套的学习任务单中反映出来的问题，以学定教，主要研究学生不会的、容易出错和学生想不到的内容。翻转课堂教学使每个学生都能参与学习、主动学习、学会学习，真正实现了因材施教。这不仅仅是教育本质的回归，也是社会发展的要求。

（四）强调课堂互动交流的有效性

课堂交流是学生自主学习的升华。课堂互动交流是指在课堂上，教师与学生之间、学生与学生之间沟通讨论的过程。传统教学模式是教师讲，学生听，而最有效的学习应该是教师与学生之间、学生与学生之间的沟通与交流。学生通过课前自主学习，在课堂上与教师和同学交流学习体验，分享自学收获。教师对于课堂互动交流应该有准确的定位，不能简单地认为“提问即等同于交流”“交流越多越好”，忽略课堂交流的质量，而是应该根据学生的课前知识掌握情况，提出有针对性的探究问题，与他们共同展开讨论，以确保课堂互动交流的有效性。教师要创造轻松、平等、愉悦的课堂氛围，鼓励学生大胆提出自己的观点和想法，小组成员通过交流、协作共同完成学习任务，在此过程中教师要随时捕捉各小组的探究动态并及时给予指导。

第二节　中学物理翻转课堂教学过程的设计

一、课前“知识获取”模块

（一）创建“微视频”

高质量的“微视频”为翻转课堂的实施提供了必要的教学资源。教师通过画板或者 PPT 呈现教学内容并加以讲解，整个过程通过屏幕录制软件即可转换成几种格式的视频。利用“微视频”，学生能够根据自身情况来安排和控制学习的进度和速度。相对于教材等纸质资源来说，网络和多媒体资源可以供学生随时查询、复习，有利于学生保存和利用学习资源。视频可以反复再现，避免了教师讲解完毕，学生看完遗忘的现象，可以更好地帮助学生掌握课本的基础知识。具体来说，“微视频”制作有以下几点要求：

1. 视频要短小

现在的学生比较喜欢碎片化的学习方式，在进行“微视频”制作时，一般是以讲清一两个知识点或者一道典型例题为视频长度标准，时间最好控制在八分钟以内。一方面可以吸引学生的学习兴趣，另一方面不增加学生课后学习负担。

2. 视频中不出现教师形象

这样既可以让学生的注意力集中在教师的讲解和视频内容上，又让学生感觉教师和自己是平等的，没有距离感。制作“微视频”时要注重视频效果、语言简洁度、互动策略等一些影响学生学习效果的重要因素。因此，教师在制作“微视频”的过程中，除了考虑如何在有限的时间里把知识点讲解清楚，还要考虑如何利用网络的特性实现教学互动，如何设计版面更能让学生喜欢，如何设计语言更加简洁、更具有幽默感等各个方面。

3. 视频质量要高

“微视频”内容的设计是一门艺术，高质量的视频才能吸引学生的目光，激发学生学习的热情，形成一种教学上的良性循环。“微视频”制作，并不是按照传统教学经验，教师根据教材要求逐个讲解知识点，而是根据课程标准和教学内容，理清知识点之间的关系，确定、分解教学目标，利用数字技术对知识点进行最优呈现。随着教师对录制和制作“微视频”的流程越来越熟练，“微视频”的质量一定会逐步提高。

制作“微视频”，技术层面问题不大，关键还是观念的转变。这个转变需要一个过程。随着翻转课堂被越来越多的教师认同和采用，可利用的“微视频”资源会越来越多，“微视频”的质量也会越来越高。不少人认为，有了“微视频”，课堂翻转了，教师在课堂上的作用被削弱了。其实恰恰相反，无论是课前的“微视频”制作，还是课堂中的引导，翻转课堂都对教师提出了更高的要求，逼着教师改变“以我为中心”的传统教学方式，花更多时间去研究探究式、个性化的学习。

（二）编制学习任务单

学习任务单是与“微视频”配套使用的，它是为帮助学生明确视频学习内容、达成教学目标、掌握学习方法、检测学习效果而设计的学习活动的载体；是学生取得自主学习实效、养成学习习惯、提升学习能力的有效支架；也是教师有效组织翻转课堂教学的好帮手。学习任务单的设计应包含学习指南、问题设计、学习检测、“我的问题”等环节。通过学习指南，学生明确学习内容、学习目的和学习任务。尤其对于不了解自主学习方法的学生，可以借助学习指南，尝试自主学习，逐步形成个性化学习习惯。问题设计是“学习任务单”设计的核心。就物理教学而言，就是发现问题、分析问题和解决问题的过程。通过问题设计，把“微视频”中的知识点转化为问题提出来，使学生在解决问题的同时更深层次地把握视频中的重难点，从而培养学生解决问题和举一反三的能力。通过学习检测设计科学的进阶练习以确保教学的有效性。教师以教学目标为依据，设计一些题目，供学生学习“微视频”后完成，从而加强对学习内容的巩固并发现自己的困惑。教师通过练习完成的质量，及时了解学生的学习情况，检测其知识掌握的程度，并以此为依据调整课堂教学进度、难度，制定个别辅导计划，增强课堂教学的针对性。对于课前练习的数量和难易程度，教师要合理设计，利用“最近发展区”理论，帮助学生利用旧知识完成向新知识的过渡。“我的问题”的设计不但可以培养学生提出问题、大胆质疑的能力、养成主动思考的习惯，还可以帮助教师及时掌握学生在“微视频”学习中遇到的难点。

（三）设计自主学习环境，支持学生课下学习过程

翻转课堂中学生获取新知识的主要渠道是其课下的自主学习过程，因此有必要对其自主学习的环境进行设计，支持学生顺利完成课下的“知识获取”。有人说，未来

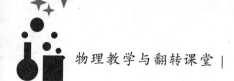

的教育在“云”上，以移动互联网、“云计算”为代表的新一代信息技术的发展，既对教育教学系统的变革产生了巨大的推动力，也为翻转课堂教学模式提供了无所不在方便快捷的技术保障。教师可将制作好的“微视频”提前发布到云盘上，学生可以随时随地地通过移动学习终端开启自主学习的旅程，也可以便捷地查询网上相关资料，构建了移动时代的课堂教学。学生还可以利用网络交流平台与教师、同伴随时分享自己的收获，展开讨论、分析疑惑。

（四）自主学习

新的课程标准和课程理念，为教师确定了新的角色定位：转变教学理念，强调学生的自主学习。教师提前发布“微视频”，并将学习任务单发放给学生。学生利用课余时间观看“微视频”，学习和掌握基本知识点，并完成学习任务单上的内容。当学生逐渐接受并喜欢这种教学模式，他们不仅仅能够主动通过“微视频”进行课程内容的学习，在完成学习任务单的过程中找到自己学习中存在的难点，而且能够合理地安排自己的学习时间。对于学生的课前学习，教师应该利用信息技术提供网络交流支持；学生可以通过网络进行资源检索，还可以通过留言板、聊天室等网络交流工具与教师、同学进行互动沟通，了解彼此之间的收获与疑问，师生之间、生生之间能够进行互动解答。

二、课上“知识内化”模块

“微视频”的应用吸引了人们过多的目光。然而，在翻转课堂中，对学生学习最有益的改变并不是在课前的学习，而是体现在课堂活动中。“微视频”是以知识点为单位进行制作的，对学生而言，是一种碎片化的学习，教师的作用是要把这些“碎片”系统化，让学生既见到树木也见到森林，做到知识的融会贯通。翻转课堂将“知识传递”转移到课前，释放出课堂时间用于学生“知识的内化”。教师需要在批改学习任务单、评测学生课前学习情况的基础上对课堂活动设计进行优化，充分利用学生在课前学习时所产生的疑问，确定问题，开展探究式活动，并利用会话情境、协作等学习环境要素充分发挥学生的主动性、积极性和首创精神，帮助学生在具体环境中运用所学知识，在高质量的教学活动中完成“知识的内化”。

（一）教学准备

1. 问题设计

教师需要根据学习任务单整理出有价值的探究问题。如果问题较多，可以由学生分小组进行梳理。一般来说，问题往往可以分为并列式、递进式、包含式。学生对知识掌握的程度参差不齐，教师可以按照“组内异质，组间同质”的原则组建学习小组。每个学习小组以 4 人左右为宜，每个小组选出组织和协调能力强的学生任组长，对本组成员进行统筹管理、监督和评价。学习小组可以是动态的，隔一段时间进行调整，这样组内便于合作交流学习、组间便于竞争学习。教师探究问题设计完成后，可以事先将问题分割成几个部分，组长根据问题的难易、类型进行小组内部的分工合作设计。各个小组成员进行独立探究，也可以由不同小组中研究相同问题的学生集中起来组成一个“专家组”，共同学习和研究所承担的问题。最后学生再回到自己的小组，把自己掌握的那部分教给组内其他成员，这样学生就会掌握全部的学习内容。在此过程中，教师应该有针对性地指导学生选择题目。当问题涉及范围较小、不容易进行分割时，小组成员可以进行独立思考，如果自己不能解决的，再和小组成员进行合作探究。

2. 情境探究设计

建构主义认为，学习总是与一定的社会文化背景即“情境”相联系的，在实际情境下进行学习，可以使学习者利用自己原有认知结构中的有关经验去同化和索引当前学习到的新知识，从而赋予新知识以某种意义；如果原有经验不能同化新知识，那么要引起“顺应”过程，即对原有认知结构进行改造与重组。总之，通过“同化”与“顺应”才能达到对新知识意义的建构。物理情境教学是指在物理教学过程中，教师有目的地创设真实、生动、具体、形象适宜的场景或氛围，以引起学生积极的态度体验、行为体验，激活学生的情境思维，从而激发学生主动地理解知识、建构意义。在翻转课堂中，教师根据学生课前知识的获取成果以及学习内容的需要，有目的地设计有探究意义的问题情境，让学生带着任务进行学习，使学习任务在真实的情境中展开。教师可以设计一些很贴近生活实际的实验，来激发学生学习物理的兴趣、提高理论与实际相联系的能力。例如在学习位移与时间图像之后，教师可以鼓励学生用位移时间图像来描述龟兔赛跑的小故事；在学习摩擦力的知识以后，教师可以让学生尝试在竖起的百元大钞上立硬币的实验并解释其中的奥秘；在大气压强这一节，教师可以让学生尝试纸杯托水的实验……学生在情境中获得具体的感受，激发起相应的情感，教师由此引导学生关注教学内容，刺激学生的探究欲望，培养其独立解决问题的能力，发展学生的创新思维。

（二）教学过程

1. 独立思考

独立学习能力是指个体独立面对学习任务时所表现出来的心理特征和行为表现，这是学习者应具有的重要素质。新课标指出：学生的学习应由依赖走向独立，要培养学生进行自主学习，而独立性正是自主学习的灵魂所在。初中生身心发展趋于成熟，独立性是他们普遍具有的本质属性，是客观存在的。著名教学论专家江山野认为，学生的“独立性”有四层意义：

（1）每个学生都是一个独立的人，学习是学生自己的事情，这是教师不能代替也是代替不了的。教师只能让学生自己读书，自己感受事物，观察、分析、思考问题，帮助他们明白事理，掌握知识。

（2）每个学生都独立于教师的头脑之外，不以教师的意志为转移。教师要想使学生接受自己的教导，首先就要把学生作为不以自己意志为转移的客观存在，作为一个具有独立性的人来看待，使自己的教育教学适应他们的实际情况。

（3）每个学生都有种独立的要求，他们在学校的整个学习过程也就是一个争取独立和日益独立的过程。

（4）每个学生（有特殊原因的除外）都有相当强的独立学习能力。

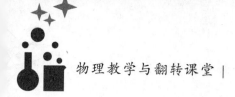

在翻转课堂的教学设计中，教师要在“主导—主体相结合的新型教育思想”的指导下，设计一些需要学生通过独立自主探究才能够解决的问题，充分发挥学生的主体性和独立性，激发学生进行学习的内在动机；运用不同教学策略来培养学生独立学习和解决问题的能力，让学生在独立探索中构建自己的知识体系。学生通过自己的努力完成了任务，会激发潜在的学习动机，不仅培养了解决问题的能力，也提升了自主学习的自信心。

2. 合作探究

合作学习，是教学中学生学习的一种组织形式，是学生在团队中为了完成共同的学习任务，按照明确的责任分工进行的互助式学习，通常以小组学习为主要形式。合作学习克服了传统的学习情境中学习者只注重孤立地进行特定技能和知识内容的学习与训练，与真实世界的情境没有直接联系的缺点，它更注重师生之间、生生之间的交互作用。学生在教师的组织和引导下，以学科知识为载体，一起讨论和探究，共同解决学习中遇到的问题。通过这样的合作学习环境，个体的思维与智慧就可以被整个群体所共享。合作学习有利于发展学生个体的思维能力，增强师生之间、生生之间的沟通能力以及包容能力，是人才成长的必经之路。翻转课堂为合作学习提供了良好的学习环境：每个人都可以参与活动，能够主动地提出问题，自由地展开讨论和交流，在与小组成员的沟通交流中随时检查自己想法的正确性，提供多种解决问题的策略，集思广益。组内互助解决个人学习时产生的疑问，组内不能解决的疑难问题，课堂上由小组间互助合作解决。教师在整个过程中需要随时捕捉学生的动态并起到引导、鼓励、点拨、指导和帮助的作用，保证小组活动的有效开展。

3. 释疑拓展

释疑拓展是教师经验的结晶，是教师知识精华的浓缩。物理课堂不能只有知识的呈现和训练，而应更为重视对问题的深入理解以及思维能力的培养，在掌握基本知识内容后有必要讨论更深层次的问题，适度拓展和延伸教学内容。古人云：“学贵有疑，小疑则小进，大疑则大进。”所谓“有疑”，是指人们在认识活动中，意识到一些让人疑惑的问题，产生一种怀疑、困惑、焦虑、探索情绪的心理状态并由此形成积极思维，不断提出问题和解决问题的思维过程。鼓励学生提出富有挑战性的问题，对激发学生探求新知识的动力开启学生的创新思维、培养学生的探索精神，实现个性化发展都会起到重要作用。“学起于思，源于疑”，教师要善于创设各种问题情境，激发学生的好奇心和探究问题的兴趣，促使学生发现问题，激发思考。学生有了疑问，才会进一步思考问题，在不断的思维碰撞中有所发现，有所突破。全班学生都不能解决的学习问题，教师应该在关键之处给予适当地点拨，启迪学生的思维，达到一种“一语惊醒梦中人”的效果。这是在自主学习独立思考、合作探究基础上的一种高效的教学行为。

4. 练习巩固、成果交流与评价

练习巩固旨在达到当堂反馈、诊断教学的效果。教师依据教学目标和教学内容，选取合适的检测练习，进行针对性的同步训练，这样可以及时检测出学生基础知识的薄弱点，以便弥补教学上的不足。学生经过独立探索、合作探究学习之后，还是一种碎片化学习。教师要引导学生把整节课的知识内容加以整理、概括；汇报交流学习体验将自己的探究结果以及在探究过程中收获的心得与全班同学进行交流分享，实现思维的碰撞升华。同时，教师要对学生在“微视频”学习中和课堂活动中的表现给予及时的评价。

第三节　中学物理翻转课堂教学操作程序实例

在此，我们选取《限流电路和分压电路对滑动变阻器阻值的选择》这一课题进行翻转课堂教学操作程序实例分析，来了解物理翻转课堂教学的一般操作程序。

一、教学任务分析

本设计的主要内容有：限流电路和分压电路特点以及限流电路和分压电路对滑动变阻器阻值的选择。滑动变阻器是中学物理电学实验中的常用仪器，高考电学设计性实验命题对其在电路中的两种连接方式（限流接法和分压接法）会直接或渗透考查，是初三实验教学中的一个难点兼重点。

本设计从滑动变阻器两种连接方式入手，通过对负载 R 上电压调节范围和电流调节范围，闭合开关前触头位置分析比较，得到限流电路和分压电路的基本特点。

通过一个简单的电路设计，发现限流电路对滑动变阻器的阻值选取具有一定的要求，继而引出新的问题：分压电路对滑动变阻器阻值的选取是否也具有一定的要求？通过改变在实物连接电路中负载的阻值大小，依据实验结果，进一步探讨限流电路和分压电路对滑动变阻器阻值的选择问题，突出重点，突破难点。

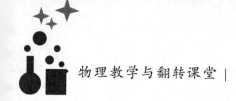

初中学习已经接近尾声，学生在知识层面上已经有了一定量的积累，本设计期望学生能够在限流电路和分压电路基本知识的基础上获得进一步的提升。

二、教学目标

（一）知识与技能

1. 知道滑动变阻器的限流接法和分压接法并能连接实物图；

2. 理解限流电路和分压电路的基本特点；

3. 在实际问题中，能根据实验设计要求选择合适的滑动变阻器。

（二）过程与方法

1. 通过应用比较的方法，认识滑动变阻器限流法和分压法两种连接方法的特点，感受比较方法在物理教学中的作用；

2. 通过探究限流电路和分压电路中对滑动变阻器阻值选择的实验过程，感受理论联系实际进行分析、归纳是物理学习中的重要方法之一。

（三）情感、态度与价值观

1. 通过简单的电路设计，感悟物理源于实际，提高学习物理的兴趣；

2. 通过教学过程中的讨论交流，感受交流合作是学习的重要方式之一，激发与他人合作、交流的愿望。

三、教学重点与难点

重点：限流电路和分压电路特点，限流电路和分压电路对滑动变阻器阻值的选择。

难点：分压电路的实物连接。

四、教学资源

电脑、投影仪、多媒体课件、电流传感器、电压传感器、数据采集器、两节干电池变阻箱、滑动变阻器（50Ω，0.1A）、直尺、开关、导线若干。

五、教学设计思路

本设计包括三部分内容，一是限流电路和分压电路的特点；二是限流电路和分压电路对滑动变阻器阻值的选择；三是依据电路理论对实验结果加以分析、总结归纳。

本设计的基本思路是：从改变小灯泡功率的角度出发，引入滑动变阻器两种连接方法、限流法和分压法，通过分析、比较得出限流电路和分压电路中通过负载的电流以及负载两端电压的变化范围，得到两种电路的基本特点。通过一个简单的设计性实验，抛出新的问题：限流法和分压法对滑动变阻器阻值的选择是否有要求？然后依据实验探究限流法和分压法中滑动变阻器阻值的选择。最后根据串并联电路基本规律从理论角度对实验结果加以分析、讨论，巩固所学知识，感悟理论与实践在物理学中的重要作用。

本设计要突出的重点是：限流电路和分压电路基本特点以及限流电路和分压电路对滑动变阻器阻值的选择。方法是：从改变小灯泡功率的角度出发，引入限流电路和分压电路并加以分析比较，得出限流电路和分压电路的基本特点。通过实验来探究限流电路和分压电路中滑动变阻器阻值的选择问题，并通过练习进行巩固。

本设计要突破的难点是：分压电路的实物连接。突破的方法是，把分压电路连接方法分析清楚，再去连接实际电路。闭合开关之前，小组成员之间互相确认一下实物连接是否正确。

本设计强调：新知识与已学知识之间的联系，理论与实践之间的联系。完成本设计内容约需 2 课时。

六、教学流程

情景Ⅰ设计改变小灯泡功率的电路

设问 1：如何改变小灯泡的亮暗程度？为后续引入滑动变阻器的两种接法—限流法和分压法作铺垫。

情景Ⅱ设计电路

通过电路设计，发现限流法中对滑动变阻器的阻值选取具有一定的要求。

设问 2：分压电路中对滑动变阻器的阻值是否有要求？

活动 *I* 探究负载 R 取值不同时，限流电路中通过负载 R 的电流与滑动变阻器滑片距离阻值为零的点的距离 L 之间的关系。

活动Ⅱ探究负载 R 取值不同时，分压电路中负载 R 两端的电压 U 与滑动变阻器滑片距离阻值为零的点的距离 L 之间的关系。

活动Ⅲ分析实验结果，并用理论加以说明。

活动 IV 应用性练习。

七、教学实录

（一）课前学习

1. 翻转课堂视频

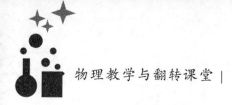

课前观看限流电路和分压电路的基本特点（时长约 8 分钟）。说明：在课前，学生通过观看该视频，了解新课学习中所需要的基本理论知识，不懂的地方可以反复观看学习或查阅相关资料。

2. 翻转视频内容回放

若电源电动势定，要改变小灯泡的亮暗程度，通过前面的学习可知，我们可以借助于滑动变阻器。（画出电路设计图）

变阻器的这种连接方式我们称之为限流法。通过电路分析，我们可以得出通过小灯泡的电流 I 以及小灯泡两端电压 U 的调节范围。

如果要求小灯泡两端电压能够从零开始连续可调，限流法显然不能满足我们的设计要求，那么我们可以采用滑动变阻器的另外一种连接方式：分压法。

在分压法中，可得出通过小灯泡的电流 I 以及小灯泡两端电压 U 的调节范围。

从保护电路角度出发，限流法中，闭合开关前滑动变阻器阻值取最大值；而分压法中，闭合开关前滑动变阻器分压部分的阻值取最小值。从节能角度出发若要求负载两端的电压和通过负载的电流相同，显然限流法电源提供的功率更小，所以若设计电路中无特别说明，我们首选限流法。若有特别的设计说明，如要求负载两端的电压能够连续可调，我们要选择分压法。

从上面的分析中我们可以得到限流法和分压法中电路的基本特点，并可以发现分压法中滑动变阻器无论是电压还是电流调节范围都较大。在限流法中要求滑动变阻器的阻值要大于负载 R 的阻值，这样负载 R 两端的电压调节范围才能比较大。那么分压电路中对滑动变阻器的阻值是否有要求呢?

（二）新课

知识回顾：通过前面对“微视频”的自学，学生已掌握滑动变阻器常用的两种方式：限流式和分压式以及两种电路的基本特点。

师：通过前面的学习我们知道，在限流电路中，要求滑动变阻器的阻值大于负载 R 的阻值，那么滑动变阻器的阻值是否越大越好呢？下面我们通过实验来进行探讨。这里滑动变阻器的阻值为 50Ω，既然是大控小，所以变阻箱阻值被设定为三组：15Ω.5Ω、0.5Ω。搭建限流电路后（两节干电池串联），打开 DIS7.0 中的通用软件，闭合开关后将滑动变阻器阻值从最大调至最小，记录各次实验中滑动变阻器滑片离开起点（0Ω）的距离 L 以及通过负载 R 的电流强度 I，记录在表格中，注意不要超过滑动变阻器的额定电流。

师：实验开始前有哪些注意事项？

生：开关要断开，滑片初始位置应在滑动变阻器的最大阻值处。生：分组实验。

师：（将学生的实验数据输入 Excel 表格中并作图）在实际应用中，我们希望能够平缓地控制负载 R 两端的电压或者通过负载 R 的电流，从这个角度看，请同学们根据实验结果分析，滑动变阻器阻值是否越大越好呢？

生：滑动变阻器阻值不是越大越好。滑动变阻器阻值最大值越大，在 $L=0$ 附近变化较大。

师：一般来说，在限流法中，滑动变阻器的最大阻值约为待测电阻的 3 ~ 10 倍（板书）。

师：为什么滑动变阻器阻值越大，在 $L=0$ 附近会变化比较大？请同学们讨论一下（分小组讨论）。

滑动变阻器阻值越大，其单位长度的阻值越大，滑片向右稍做移动，整个电路总电阻迅速增大，通过电路的电流就很小，要连续均匀地调节电流，负载 R 两端的电压，滑动变阻器只能在极小的范围内调节，所以操作很不方便。

师：下面我们探讨一下分压电路中对滑动变阻器阻值是否有要求。因为我们不确定滑动变阻器和负载 R 阻值之间的大小关系，所以这里负载 R 的阻值我选择了 0.5Ω、5Ω、500Ω 分压电路搭建完毕后，开关闭合后，使分压输出电压从零开始，逐步移动滑片位置，记录滑片移动距离 L 和负载两端电压 U。

师：实验开始前有哪些注意事项？

生：开关要断开，滑片初始位置应使得滑动变阻器分压部分电阻取最小值。

生：分组实验。

师：（将学生的实验数据输入 Excel 表格中并作图）前面我们说过，在实际应用中，我们希望能够平缓地控制负载 R 两端的电压或者通过负载 R 的电流，从这个角度看，请同学们根据实验结果分析，在分压电路中，滑动变阻器的阻值和负载 R 的阻值相比有没有什么要求呢？

生：滑动变阻器的阻值要小于负载 R 的阻值。

师：那么请同学们从理论上分析一下为什么滑动变阻器的阻值要小于负载 R 的阻值？请同学们按照之前的分组进行讨论。

生：假设滑动变阻器的阻值大于负载 R 的阻值，由于负载 R 的阻值比较小，那么根据并联电路的特点，负载 R 与滑动变阻器分压部分的电阻并联之后的等效电阻阻值更小，那么它们这部分等效电路在整电路中分得的电压也比较小。但是由于分压电路的特点，随着滑动变阻器滑片的移动，负载 R 两端的电压最终等于外电路两端的输出电压，从取得的实验数据和图像上来看，负载 R 两端的电压就会从很小的一个值迅速增加到最大值，所以不能够连续均匀地调节负载 R 两端的电压。

师：各小组之间看看刚才得到的实验数据，负载 R 两端的电压变化区间有没有什么规律？并请大家从理论上分析一下其中的原因。

生：由于电池内阻的存在，负载 R 两端的电压变化区间并不是从 0 增加到电源电动势 E。当滑动变阻器完全并联在电路中时，负载 R 两端的电压等于外电路的输出电压，此时负载 R 的阻值越小，整个外电路总阻值也比较小，电池内阻对电路影响比较大，这时可以看到负载 R 两端的电压变化区间很小。

师：请同学们再看看分压电路对滑动变阻器还有哪些要求。

生：在分压电路中，滑动变阻器有一部分是串联在电路中的，所以要求滑动变阻器的额定电流比较大。

师总结：分压电路中应选择滑动变阻器阻值比较小而且额定电流比较大的（板书）。

师生共同总结本节课。

第八章

中学物理翻转课堂教学模式的教学评价

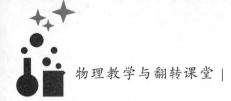

翻转课堂的物理教学运用，必然带来教学评价的改革，以评价促革新是保障改革取得实效的基础。本章阐述中学物理翻转课堂教学模式的教学评价基本设想、指标体系以及评价实例。

第一节　教学评价的基本概念和理论

一、教学评价的基本概念

"评价是价值学的基本范畴。评价是主体对客体于人的意义的一种观念性的把握，是主体关于客体有无价值以及价值大小的判断。"美国学者格朗兰德（C.N.E.Groniund）在1971年提出："评价 = 测量（量的记述）或非测量（品质的记述）+ 价值判断。"

李剑萍、魏薇认为："教学评价是系统地、有步骤地从量的测量（事实判断）和质的描述（价值判断）两个方面对教学活动进行判断的活动。"施良方等认为："教学评价是以教学为依据，运用可操作的科学手段，通过系统地收集有关教学的信息，对教学活动的过程和结果做出价值上的判断，并为评价者的自我完善和有关部门的科学决策提供依据的过程。"陈珍国认为："教学评价是以教学为依据，制定科学的标准，运用一切有效的基础手段，对教学活动的过程和结果进行测量衡量，并给予价值判定。其实质是从结果和影响两个方面对教学设计给予价值上的确认，并引导教学设计工作沿着既定的目标方向前进。"笔者主要采用此观点。

近年来，国内外的教学评价研究一般从评价教师的授课和学生的学习两方面进行。因此，笔者所指的翻转课堂的教学评价主要是指以教学为依据，以教师的授课和学生的学习两个方面（包括教学视频的制作和学习等）为对象制定科学的标准，运用一切有效的基础手段，对教学活动的过程和结果做出客观衡量和价值判断的过程，是教学工作的重要环节之一。教学评价的主体可以是专家、教学管理人员、教师、学生等。教学评价过程是指根据一定的评价标准对教师的授课和学生的学习活动进行价值判断的过程。教学评价的对象不仅包括课堂教学中教师的授课活动，更包括学生的学习活动。

斯塔佛尔比姆（D.L.Stuffiebeam）说过，"评价不是为了证明（prove），而是为了改进（imProve）。"因此，教学评价的主要目的是为了及时了解课堂教学情况，为进一步改善课堂教学提供依据，促进学生的发展。"教师是教学的组织者，在课堂教学中应该充分注意到课堂教学评价的作用，应该及时地利用评价来了解学生的学习情况，以及利用反馈的信息来自觉主动地调整自己的教学行为，使课堂教学能够更有效地进行。”因此，反馈、调控应是评价工作努力的方向。通过教学评价，教师能更深入地更新教学观念，学习教学理论，进一步改进课堂教学，从而提高自身教学能力，更好地落实教学目标。

二、当代教学评价的几个主要理论基础

（一）建构主义学习理论

从 20 世纪末起，以建构主义学习理论为代表的认知学习理论在世界范围内逐渐成为一种主流的学习理论之一。

“建构主义学习观的核心是：学习是一个建构的过程，学习者可以主动建构知识，他们要么是自己、要么是求助他人或其他信息源的帮助来达到建构知识的目的。”建构主义者认为，“知识的获得是学习者在一定情境下通过人际协作活动实现意义建构的过程。”

建构主义学习理论为教学评价提供了有益启示：课堂教学不是教师给学生灌输知识、技能，而是教师通过设置学习情境，让学生驱动自己学习的动力机制，积极主动地建构知识的过程。这种建构是学生在自身经验、信念和背景知识的基础之上，通过与他人相互作用而实现的。教师的“教”与学生的“学”不是简单的拼合，而是在师生互动、生生互动的过程中对知识的建构。因此，教学过程重点应在于课堂之上师生之间的多边互动，教学的中心应该在于学生而不在于教师，教师在课堂教学中应充当引导者、促进者和帮助者。翻转课堂重新安排知识传授和知识内化这个过程，改变了传统教学中的师生角色和课堂时间规划，对传统教学流程进行了再造，完成了由“教师灌输—学生接受”到“学生自主学习—发现问题—教师引导解决问题”的转化。因而，建构主义中对教师角色的定位恰好在翻转课堂中能得到很好的体现。教师的作用从传统的传递知识的权威转变为学生学习的辅导者，为学习者构建出个性化、协作式的学习环境，完成教学流程的再造，成为学生学习的高级伙伴或合作者。因此，在翻转课堂教学评价中，要关注学生是否能够积极主动地驱动自己建构知识。

（二）多元智能理论

建构主义学习理论兴起的同时，西方的心理学家还提出了多元智能理论，其代表人物有加德纳（H.Gardner）等。

加德纳在《智力的结构》一书中提出智能的定义：“智能是解决某一问题或创造某种产品的能力，而这个问题或这种产品在某一特定文化或特定环境中被认为是有价值的。”“多元智能理论关注学生的不同智能，认为学生的智能无高低之分，只有倾

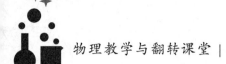

向上不同的差别。任何学生都具有八种智能，只要加以开发，都可以在某一方面成功，成为有用之才。正视差异，善待差异，是教学成功的关键。在教学中，注意学生的个体差异，把差异作为教学中的一种宝贵资源，是多元智能理论在教学中的基本观点。”

多元智能理论为教学评价提供了有益启示：人的多元智能的发展水平的高低关键在于开发。教学的目的是开发学生多种智能，并帮助学生发现其智能的特点，促进其发展，学生的发展就是通过对他们潜能的不断开发来实现的。不同环境和教育条件下个体的智能发展方向和程度就有明显的差异，而人的各方面智能因素同等重要，在教学实践中要予以全面考虑和关注。因此，在翻转课堂教学评价中，要重点关注教师在教学流程的再造过程中是否重视了学生的个体差异，开发了学生的智能，促进了学生个性的发展。

（三）后现代主义理论

后现代主义教学论的产生是以后现代主义哲学、文化思潮的产生和发展为基础的。后现代主义把世界看作是开放的、多元的和具有可转变性的。多尔（W.E.Dll）是后现代主义的代表人物之一。他认为：“在教师与学生的反思性关系中，教师不要求学生接受教师的权威；相反，教师要求学生延缓对那一权威的不信任，与教师共同参与探究，探究学生所正在体验的一切。教师同意帮助学生理解所给建议的意义，乐于面对学生提出的质疑，并与学生一起共同反思每个人所获得的心照不宣的理解。”

后现代主义为教学评价提供的启示是：这个世界本身就是多元的，不能把学习者视为单纯的知识接受者，而更应看作知识的探索者和发现者。每个学习者都是独一无二的个体，不能以绝对统一的尺度去度量学生的学习水平和发展程度。教学不仅要注重结果，更要注重过程。创新已经成为社会、个人发展的动力源。因此，翻转课堂必须要有多元的评价观，在教学流程的再造中师生互动必须要给学生的不同见解留有一定的空间，要鼓励学生质疑、探究和创新。

（四）发展性教师评价理论

“所谓发展性教师评价，是指以促进教师专业发展为目的，强调对教师的教学评价贯穿于教师的整个教学活动中，通过评价激发教师的发展需求，帮助教师制定发展目标，在一种富有人情味、温馨的氛围中，充分调动教师持续学习、主动提高的积极性，并为教师发展创造条件，从而促进教师发展，进而实现学校的发展目标的一种评价制度。”它是 20 世纪 80 年代由英国率先提出的评价模式，是在对奖罚性评价模式评判的基础上发展起来的，强调教师评价应该关注教师的专业发展，为教师服务。发展性教师评价更能体现以人为本的思想，基本理念主要有：（1）让评价促进教师专业发展；（2）评价指标个性化；（3）评价氛围和谐；（4）评价的结果与教师的奖罚脱钩；（5）评价体现多元化等。

发展性教师评价理论为教学评价提供的启示是：教学评价的目的是促进教师专业发展，评价过程要立足于当前课堂表现，向被评价者提出专业发展目标，关注被评价者在考察期内课堂教学能力的提高；通过评价使教师明确自身的专业发展潜力，确定自身的专业发展方向，主动提高自身的课堂教学能力。因此，在翻转课堂教学评价过程中，要重视教师积极参与，激发教师参与评价的热情，在和谐的氛围中让教师了解自己在教学流程的再造中的课堂教学行为特征，在交流与创作中提高自身的课堂教学能力和水平。评价过程要尊重教师的个性特征，倡导教师在教学流程的再造中形成自己的课堂教学特色。

（五）合作学习理论

“合作学习（cooperative learning）是以现代社会心理学、教育社会学、认知心理学，现代教育技术学等理论为基础，以研究与利用课堂教学中的人际关系为基点，以目标设计为先导，以师生、生生合作为基本动力，以小组活动为基本教学形式，以团体成绩为评价标准，以标准参照评价为基本手段，共同达成教学目标的一种教学理论与策略体系。”合作学习在20世纪70年代兴起于美国，在20世纪80年代取得实质性进展，是一种富有创意和实效的教学理论与策略。由于它在改善课堂气氛，提高学生成绩，发展学生能力以及促进学生形成良好心理品质等方面实效显著，引起了世界各国的关注，并成为当代主流教学理论与策略之一。

合作学习理论为教学评价提供的启示是：合作学习把学生的个体发展作为首要的目标，把“人人进步与发展”作为学习评价的尺度开展小组评价法，培养学生的团队精神，把个人之间的竞争变为小组之间的竞争，形成了“组内成员合作，组间成员竞争”的一种局面，有利于实现学习评价的多元化，科学化。评价观把“不求人人成功，但求人人进步”作为教学所追求的一种境界。因此，在翻转课堂教学评价中要注重判断是否把教学流程的再造为师生互动、生生互动，共同发展的过程，课堂活动是否有利于逐步培养学生自主学习、合作学习、探究学习的习惯和态度，是否能对学生进行更全面的评价，促进学生的全面发展。

三、物理新课程标准的主要特点及教学评价改革

新课程标准的首要目标是关注人的发展，关注人是新课程的核心理念，而“改变学生的学习方式，提倡自主、合作、探究的学习方式恰是实施新课程最为核心和最为关键的环节。”因此，《基础教育课程改革纲要（试行）》提出了转变学生的学习方式的任务，促进学生在教师指导下主动地、富有个性地学习。“本次课程改革的重点之一，就是要让学生的学习产生实质性的变化，提倡自主、合作、探究的学习方式，逐步改变以教师为中心、课堂为中心和书本为中心的局面，促进学生创新意识与实践

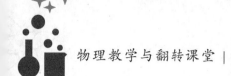

能力的发展。”可见，物理新课程标准主要特点之一就是关注学生学习方式的转变。

因此，在物理教学中，教师就要以教学方式的转变带动学生学习方式的转变，让学生在活动中得到更多“做”的机会，让学生在实际的操作、整理、分析和探究中学习，完成教学流程的再造和学生学习方式的转变。也就是按照学习“金字塔理论”，使学生开展位于“金字塔”较低部位的团队学习、主动学习和参与式学习等学习方式的学习。学生的学习方式由过去传统的被动式接受式和封闭式转变为自主学习、探究学习和合作学习。因此，在课堂上教师要鼓励学生自己去发现问题，引导和带动学生解决问题，培养学生自主学习，养成良好的学习习惯；倡导学生进行合作交流，体验知识的生成过程。

而且，物理新课程标准还关注学生的全面发展。2001 年，《全日制义务教育物理课程标准》中提出：“物理课程不仅应该注重科学知识的传授和技能的训练，注重将物理科学的新成就及其对人类文明的影响等纳入课程，而且还应重视对学生终身学习愿望、科学探究能力、创新意识以及科学精神的培养。”朱慕菊在《走进新课程》中也曾提出:“在中学阶段,物理课程不仅应该注重向学生传授科学知识和训练相关技能，还应注重让学生了解物理科学的新成就以及物理对人类文明的影响等，而且还应重视培养学生终身学习的愿望、科学探究的能力、创新意识以及科学精神。因此，物理课程的构建应注重让学生经历从自然到物理、从生活到物理的认识过程，使学生认识到学习物理不仅是有趣的还是有用的，要让学生在物理学习中经历基本的科学探究过程，让学生学会解决问题的能力，同时还要注重将物理学科与其他学科的融合，使学生得到全面的发展。”

以《上海市中学物理课程标准（试行稿）》为例，它提出中学物理课程的总目标是:“让学生获得必需的物理基础知识和基本技能，初步了解物理学的发展历程；经历物理知识的形成过程，感受、认识和运用物理学的基本思想和基本方法；受到科学精神的熏陶，养成良好的学习习惯和科学态度，逐步形成正确的世界观、人生观和价值观。初步具有现代社会成员所必需的基本能力和科学素养。”

基础教育课程改革的核心理念是“以学生发展为本”。学生不仅是学习的主体，更是自我发展的主体。课堂要为学生的个性发展创造条件，教师应注重教学过程中学生的主体地位的体现。因此，课堂教学评价指标体系要从学生全面发展的需要出发，除了注重学生获得知识技能之外，还应重视学生的学习过程和方法的掌握，以及学生的学习态度和情感体验。

2001 年 6 月，教育部《基础教育课程改革纲要（试行）》中提出新课程教学评价改革要求：“改变课程评价过分强调甄别和选拔的功能，发挥评价促进学生发展，教师提高和改进教学实践的功能。建立促进学生全面发展的体系。评价不仅要关注学生的学业成绩，而且要发现和发展学生多方面的潜能，了解学生发展中的需求，帮助学生认识自我，建立自信，发挥评价的教育功能。”《全日制义务教育物理课程标准》中也明确指出“物理教学应该改革单一的以甄别和选拔为目的评价体系。在新的评价观念的指导下，注重过程评价与结果评价的结合，构建多元化、发展性的评价体系，以促进学生全面素质的提高。”

新课程改革对教师提出了更高的要求：教师要以教学方式的转变带动学生学习方式的转变。教师在教学流程的再造中要尊重学生的创造性，在学生的学习探索过程中，通过交流、讨论、合作学习等方式，适时有效地给予引导和帮助。教师对学生的课堂评价要具备发展性，即课堂评价要增强学生的学习动机，提高学生的学习兴趣，提示学习的努力方向。因此，教师的课堂评价能力是衡量教师课堂教学能力的重要指标。教师要在对学生学习活动的评价中形成自己的教学风格，要在每一次具体的教育情境中不断地反思完善自我，从而推动课堂教学改革的深入发展。

第二节　中学物理翻转课堂教学评价的指标体系构建

“评价指标体系是由不同级别的评价指标按照评价对象本身逻辑结构形成的有机整体，是一组指标或具体指标的集合。”本节结合物理新课程标准和翻转课堂的特点，分别以采用翻转课堂教学模式下教师的授课活动和学生的学习活动为对象，构建教学评价指标体系样例，以期能够为翻转课堂的教学流程的再造过程中教师的授课活动和学生的学习活动两方面做出较为客观的价值判断。

一、新课程背景下中学物理翻转课堂的特点

在传统课堂上，教师在课上传授新知识，学生在课后进行巩固复习，以掌握这些知识和技能，并将其内化迁移到其他相关情景之中。因此，传统课堂面临的一个大问题就是很难兼顾每个学生的个性化需求。而翻转课堂把原来的教学流程进行了再造，将原本在课堂上讲授的内容，由教师录制下来，在课堂教学之前，连同相关的课程和学习材料，并放置到网络上，供学生课前学习。学生在自我网络学习的过程中，通过网络反馈学习难点给教师，教师课前加以归纳，使课堂上的指导更有针对性；而在课堂上，学生运用在线实录上学到的知识和技能解决问题，在师生、生生的多边互动中进行讨论和交流，寻求指导和帮助，以实现自主学习。同时，教师则上升为学生学习

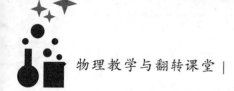

的组织者、帮助者和指导者的层次。

通过实践研究发现，与传统课堂相比，中学物理翻转课堂在师生互动性方面有如下几个方面的特点：

（一）课堂行为结构方面

翻转课堂上学生语言、行为比率提升，而教师语言行为比率下降。这种现象恰恰反映了翻转课堂的本质：通过流程再造、通过关注以学生为主体的活动设计，把更多课堂时间还给了学生，把课堂的主体还给学生。通过改变教学结构，改变了课堂教学功能，牢牢抓住翻转课堂的本质——课堂教学中学生主体性的回归。

（二）教师语言结构方面

翻转课堂上教师所提出的问题中封闭性与开放性问题之比明显低于传统课堂。说明在翻转课堂上教师提问的复杂性、层次性都要更高。翻转课堂创设了更多让学生进行过程分析、原因解释、综合判断等高层次的思维活动，这更好地促进学生发现问题、分析问题和解决问题能力的发展，提升了学生的学习品质。同时，翻转课堂通过引导学生更深层次思维，引导学生更深层次探究物理，从而克服了传统课堂“去物理化”（少实验、少探究）倾向。

（三）学生行为结构方面

翻转课堂上学生行为中主动行为比率明显高于一般课堂，而且，同伴讨论的比率更高。这说明翻转课堂中已明显体现出了学生的主体性，在教师的有意识得引导鼓励下学生敢于主动回答问题、勇于表达自己的观点，课堂的参与度和思维的活跃度较传统课堂有了明显的提升，使得物理课堂回归到“探究”的本质上。翻转课堂中的学生在充分、主动交互过程中更容易达成意义建构，提高了学生课堂学习的效率和品质。

（四）课堂上师生交互情感氛围方面

翻转课堂上师生情感氛围的融洽度优于传统课堂。翻转课堂上活动始终围绕着学生的需求展开，教师角色已经转变为参与者、协助者、引导者。在教师有意识、更有效地利用言语等行为努力营造和谐的师生互动的氛围中，学生在教师的指导、帮助下一起交流思想、解决问题，学生的个性化问题得到更充分的解决，学生主体地位得到尊重，学生心理感受更轻松。因而与传统课堂相比，再造流程后的翻转课堂，情感氛围更加和谐。

（五）课堂上师生互动行为对比方面

翻转课堂较传统课堂而言师生有更多的持续互动时间。学生与教师互动持续时间越长，思考的问题越深刻。这对促进学生发展、提升学习品质效果都非常显著，课堂上学生的主体性得到彰显。

翻转课堂通过教学流程的再造，全面提升了师生之间的多向互动，其彰显师生互动行为方面的特点均符合上海“二期课改”确定的教学理念，更好地落实了“以学生发展为本”，促进了学生主体地位的回归。课堂倾向于促进学生主体发展的活动，而不仅仅是教师传授知识。学生成为学习的主体，教师变为指导者。教师也可以利用网络教学平台组织教学活动，指导学生发展他们自己的协作学习小组让学生互相帮助、学习和互相借鉴。因此，教学评价也必然要随着课堂教学的变化而发生相应的改变。

二、中学物理翻转课堂教学评价的关注点

如果把翻转课堂模式下的学习过程分为两个环节，那么通过视频来进行学习过程的第一个环节为“课前自学”；课堂中通过师生多向互动进行学习过程的第二个环节就是“课堂互动”。第一环节“课前自学”是通过教师录制教学视频，学生的自我学习，利用教师提供的视频和素材资源，思考问题，提出问题来实现的。然后，教师要把学生通过网络提出的问题加以总结归纳，形成后面课堂上的教学引导。教师在这种模式下自制学习内容，并通过共享、动态的测评，来追踪学生的学习过程。因此，这一环节的教学评价中以教师的授课活动为对象的教学评价必然要关注教师录制的教学视频内容是否正确、科学，能否突破重、难点，表达是否精炼，是否符合学生的认知规律，制作是否富有创新性；对学生提出的问题是否适当，对学生通过网络提出的问题的总结和归纳是否合理，对学情的判断是否准确等。这一环节的教学评价中以学生的学习活动为对象的教学评价必然要关注判断是否能迅速领会所学内容，知识与技能过程与方法掌握的情况如何，情感态度与价值观是怎样的，自主学习的能力如何，能应用所学内容解决哪一个层次的问题，还存在哪些困惑，是否能提出更有价值的问题，展现出的个性如何等。

第二环节“课堂互动”主要是师生之间的多向交流互动。教师或学生把前面学习中记下的问题，拿出来相互讨论，学生之间不能相互解决的问题，教师再加以点拨和引导。因此，教师在设计课堂活动时，要充分利用学生在课前学习时所产生的疑问，确定问题，开展探究式活动，并利用会话、情境、协作等方法充分发挥学生的主动性，对所学知识进行内化。在教学活动中，教师应从学生的发展着想，成为教学活动的组织者、指导者与参与者。那么，教师利用技术工具和信息资源为学生创建个性化学习环境能力如何；在个性化的学习环境中，教师能否真正发挥学生自身的潜能，进行自主学习、合作交流和动手实践，使学生真正成为自我激励的学习者；教师能否总结提炼学生的问题，组织学生互动，设计引导学生展开深入的讨论，通过有效的教学指导和合理的技术工具让学生进行自我组织的探究性学习，积极主动地构建自己的认知结构，获得具有创新意义的学习成果；教师在课堂上能否组织学生进行有效的分组学习，又能否灵活地进行个别辅导或者是分组辅导，能否利用对学生的适当评价来激励学生，等等，这些必然都将成为翻转课堂这一环节的以教师的授课活动为对象的教学评价所要关注的主要内容。这一环节的以学生的学习活动为对象的教学评价必然要关注以下内容：学生在对教学视频进行自主学习活动中的表现，包括领会内容的快慢，初步解决问题，提出有价值、有深度的问题等；学生在探究活动中的表现，包括独立钻研、发现问题提出问题、分析问题、创造性地解决问题等；学生在合作学习活动中的表现，包括主动参与、交往意识、合作意识、团队精神，倾听、尊重他人的意见等；学生在学习评价活动中的表现，包括自我评价组内互评、组间互评等。

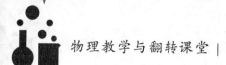

三、中学物理翻转课堂教学模式下以教师教学为对象的教学评价指标体系

（一）中学物理翻转课堂教学模式下以教师授课活动为对象的教学评价

翻转课堂教学模式下以教师的授课活动为对象的教学评价是在翻转课堂教学模式下的对中学物理教师课堂教学行为进行价值测评，确定其处于何种状态，是评价者（包括学校管理者、专家、同事和教师本人等）依据在翻转课堂教学模式下中学物理教师课堂教学评价体系，科学、合理、全面地对课堂教学活动进行信息收集、分析，在此基础上对教师课堂教学表现做出价值判断的活动。这种评价对中学物理教师在翻转课堂教学模式下的专业发展具有导向作用，能促进物理教师在这种教学流程再造中有意识地反思自己的课堂教学行为，提高课堂教学行为的规范性和有效性，使教师明确自身专业发展方向。

物理翻转课堂关于物理教师的教学评价应重点对以下几个方面做出价值判断：

1. 判断教学是否体现以促进人的发展为根本宗旨的教学目标。其中包括：物理学科教学的基础目标；学生主体性发展目标。

2. 判断教学内容是否科学合理。其中包括：教师正确理解且深入挖掘物理教学内容和教育因素；重视物理教学内容的文化内涵，体现科学性与人文性社会性相结合；关注物理教学内容的实践性。

3. 判断教学视频是否科学且有创造性。其中包括：教学视频内容正确、科学；教学视频表达精炼，且符合学生的认知规律；教学视频的制作富有创新性。

4. 判断课堂促进学生主动学习的教学策略和方法是否适当。其中包括：引导主动参与；组织合作学习；自主学习及尊重差异；鼓励创新。

（二）中学物理翻转课堂教学模式下教师课堂教学评价体系样例

“教师评价指标体系是教师评价标准的载体和具体体现。”翻转课堂教学模式下中学物理教师课堂教学行为评价指标体系是根据中学物理教师课堂教学行为内涵，对在翻转课堂教学模式下中学物理教师教学行为进行价值判断的一系列指标集合，是中学物理教师在翻转课堂教学模式下对中教学行为价值取向的具体体现，也是中学物理教师翻转课堂教学模式下教学行为的评价依据。根据课堂教学能力内涵，结合翻转课堂教学模式的特点，评价指标体系要逐级细化，最终形成明确的、可操作的有机整体，能全面地衡量中学物理教师翻转课堂教学模式下的教学行为。

美国犹他州的中学提出评价中学物理课堂教学的八个方面：（1）学习目标；（2）教学资料的收集和使用；（3）教学技巧；（4）师生交流；（5）行为控制；（6）学习气氛；（7）对学生进步的掌握；（8）准备和组织。英国的一些中学从物理教师的专业知识、教学方法、学生成绩、教学效果、课堂管理等方面对物理课堂教学质量进行评价。

东北师范大学林松锦通过研究认为："中学物理教师课堂教学能力主要由课堂表达能力、课堂组织管理能力、课堂创新能力、课堂实验教学能力、课堂多媒体应用能力、板书能力和课堂评价能力"作为中学物理教师课堂教学能力评价指标体系中的七个一级指标。结合建构主义关于教学评价的理论、发展性教师评价理论以及新课程课堂教学评价的理念，将这七个一级指标再进一步研究，逐层深入分析它们的结构与内涵，进而分别确定它们的二级指标与三级指标。

本文综合以上等观点，结合翻转课堂教学模式的特点，确定了翻转课堂教学模式下关于中学物理教师课堂教学行为的七个方面：（1）教学视频制作；（2）课堂表达；（3）课堂组织管理；（4）课堂创新；（5）课堂实验教学；（6）课堂多媒体和板书应用；（7）课堂评价。将这七个方面作为翻转课堂教学模式下关于中学物理教师课堂教学行为的七个一级指标，再进一步研究，逐层深入分析它们的结构与内涵，进而分别确定它们的二级指标与三级指标。在详细分解各级指标的基础上，建立起系统的翻转课堂教学物理教师课堂教学行为的评价表样例。

四、中学物理翻转课堂教学模式下以学生学习为对象的教学评价指标体系

（一）中学物理翻转课堂教学模式下以学生的学习活动为对象的教学评价

翻转课堂教学模式下以学生的学习活动为对象的教学评价是在翻转课堂教学模式下对学生在学习中学物理过程中的行为进行价值测评，确定其处于何种状态，是评价者（包括教师、学校管理者、专家、学生之间或学生本人等）依据在物理翻转课堂教学模式下学生的学习评价体系，科学、合理、全面地对学生学习活动进行信息收集分析，在此基础上对学生学习活动中的表现做出价值判断的活动。由于教师在这种再造后的教学流程中的角色已经从内容的呈现者转变为学习的教练和助手，教师在课堂上有更多的机会观察学生在学习活动中的表现，这也能促进这种关于学生学习活动的教学评价向更深的方向发展。这种评价对中学物理教师在这种教学流程再造中有意识地反思和调整自己的课堂教学行为，进一步促进学生的自主学习具有重要的意义。

（二）中学物理翻转课堂教学模式下学生评价体系样例

翻转课堂教学模式下以学生的学习活动为对象的教学评价指标体系是根据中学物理课堂教学目标，对在翻转课堂教学模式下学生学习活动进行价值判断的一系列指标集合，是学生在翻转课堂教学模式下学生学习活动价值取向的具体体现，也是中学物理教师翻转课堂教学模式下教学目标是否实现的评价依据。这种评价体系，应根据课堂教学目标内涵，结合翻转课堂教学模式的特点，评价指标体系要逐级细化，最终形成明确的、有可操作性的有机整体，全面地衡量在翻转课堂教学模式下的学生学习活动。

在翻转课堂教学模式下的评价中，学生的自主学习能力、合作能力、表达能力、组织能力等多个方面都应更加得到关注，学生的情感、态度与价值观等方面的评价都应得到加强。这种评价应是多元化的，评价的主体应包括教师、家长、学习同伴、学生本人等各方面，应包括鼓励自主学习与合作学习评价、监测学习进度和过程评价、检查理解和鼓励元认知评价、展示理解状况评价等。

张春莉从建构主义观点提出，“评价课堂教学的六个方面的指标：

（1）学生主动参与学习；

（2）师生、生生之间保持有效互动；

（3）学习材料、时间和空间得到充分保障；

（4）学生形成对知识真正地理解；

（5）学生的自我监控和反思能力得到培养；

（6）学生获得积极的情感体验。”

本书认为判断翻转课堂模式下一堂课是否成功，可以从这样几个方面来看学生发生的变化：

（1）学生自学教学视频后对知识的领悟水平和能力的提高程度；

（2）课堂上师生多向互动的过程，学生参与教学活动程度（态度、广度、深度）；

（3）学生的自我监控、反思和自评、互评意识与能力；

（4）学生情感、态度等状态。

本文结合翻转课堂教学模式的特点，把中学物理翻转课堂教学模式下学生学习过程分为视频学习和课堂互动学习两个阶段。在这两个学习阶段中，视频学习过程中的评价主体为教师、学生自身和家长；课堂互动学习过程中的评价主体为教师、学生自身和小组其他同学。针对每学习阶段的特点确定评价内容作为中学物理翻转课堂教学模式下关于学生学习活动的评价指标，建立起系统的中学物理翻转课堂教学模式下对学生学习活动的评价表样例。

第三节 中学物理翻转课堂教学评价实例

本节以中学翻转课堂教学模式下《滑轮》这一节课的教学为例，应用之前所述的以教师教学为对象的评价指标体系做如下分析。

一、教学目标

1. 知识与技能

（1）知道滑轮，能分清定滑轮、动滑轮及各自的特点和实例；

（2）领会定滑轮，动滑轮及各自的原理，用途和优缺点；

（3）能应用两种滑轮的原理分析和解决问题。

2. 过程与方法

经历对两种滑轮的使用和特点的探究过程，体会从具体到抽象的研究方法。

3. 情感、态度与价值观

激发好奇心和探究欲，发展对科学本质的理解，学会探究解决问题的策略，并乐于与人合作，与环境和谐相处，提升自主学习能力，培养相互协作和交流。

二、教学过程

片段 1：课前“微视频”（10 分钟）

教师首先结合示意图复习杠杆的概念、分类和作用。教师引导：“人们使用机械，总是要实现一定的目的，比如：省力杠杆能省力、费力杠杆能省距离、等臂杠杆能改变用力方向等。下面我们介绍另一种机械，大家看看它能实现我们的什么目的？”用图片展示生产生活中存在的几种滑轮，如旗杆和起重机上的滑轮等。

稍作停顿之后，教师设问：“我们今天就是要深入研究这种机械，这种机械就是滑轮。大家看看，它有什么特点？”再稍作停顿，教师结合图片自答：“它们都有轴、轮子、槽等构件，于是我们这样定义：周边有槽，可绕轴转动的小轮叫滑轮。”

再稍作停顿之后，教师讲解：“人们把滑轮分成两类，其中轴固定不动的滑轮叫定滑轮；轴随物体一起移动的滑轮叫动滑轮。”分别展示定滑轮和动滑轮图片，并强调：区分“定”和“动”的关键在于“轴”是否动。

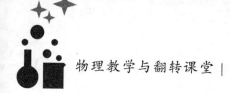

最后，教师结合旗杆和起重机上的滑轮图片留出思考题：在生产生活中人们为什么要使用滑轮呢？换句话说，定滑轮和动滑轮能实现人们的什么目的呢？

对片段中教师的评价：

教师在课前“微视频”中复习杠杆的概念、分类和作用；通过实例图片介绍了滑轮的特点和定义、分类；把滑轮的作用和原理预留到后面的课堂上解决。最后为学生留出思考题：滑轮能实现人们的什么目的，为学生进一步的深入思考指明了方向。视频中内容正确、科学、准确，符合教学目标，而且通过最后为学生留出的思考题突出了重点难点。

整个 10 分钟“微视频”层层深入，表达思路清晰，语言精练，概括性强。通过几个问题引导学生思考，启发性强。在生产生活中常见的例子中选材，配以直观的图片，符合学生的认知规律，能使学生分别形成正确的定滑轮和动滑轮的概念。而且，视频问题能巩固学习内容，能引发学生深入思考，为学生在后面突破难点做好了铺垫。

可以说，教师的这个“微视频”设计还是比较好的。当然，设计相对保守，创新性不强。

片段 2：课堂 1

（1）教师复习提问滑轮的概念、特点和分类。

（2）师生交流“微视频”中所留的思考题：在生产生活中人们为什么要使用滑轮呢？换句话说，定滑轮和动滑轮能实现人们的什么目的呢？

（3）学生分组实验探究滑轮的使用特点。

学生分组按活动卡的活动步骤做实验探究，小组交流研究方案，合作完成实验，交流、共同得出结论。

在设计实验“探究两种滑轮的使用特点”时，课堂有些混乱。教师令学生停下，又进行实验步骤的讲解，然后才放手让学生实验。各组学生虽然完成了此探究实验，实验过程中气氛不佳，其他学生参与讨论不热烈，缺乏观点交锋。最后得出结论的过程存在着明显的被教师“诱导”的成分。

（4）教师讲解两种滑轮的本质。

在分别总结出两种滑轮的使用特点后，教师在黑板上结合示意图分别讲解“两种滑轮的本质”，期间，进行了一些简单的师生问答，但学生参与一直不够积极。于是，教师不得不放慢节奏，仔细强调，直到下课。下课时间到了，学生们的思维没有调动起来，教师原计划的课堂练习没能来得及完成。课堂教学没有达到预期的效果。

对片段中教师的评价：

这个教学片段是发生在课堂上的。按照翻转课堂教学模式下对中学物理教师课堂教学行为的评价体系，分别从课堂表达、课堂组织管理、课堂创新、课堂实验教学、课堂多媒体和板书应用、课堂评价六个方面对教师的课堂教学进行评价。对于这个教学片段而言，教师在课堂评价方面未能准确评估学生的学习效果，学情分析不够，因此在学生分组实验探究滑轮的使用特点之前实验指导不到位。在课堂组织管理方面，学生的主体性体现不足，待教师发现学生设计实验有困难的问题后，只靠讲授来弥补，未能充分调动学生的课堂积极性，进而影响到课堂气氛。

总的说来，教师没能准确地判断学情。课堂的表达、课堂组织管理都存在一定问题。因此，学生思维没有调动起来，没有探究方向。于是，教师不得不逐步引导。加之学生对仪器不熟悉，动手能力不够强等原因，花了不少时间。学生虽然在教师的引导下一步步完成了此探究实验，但明显表现出，整个实验过程中气氛不佳，学生参与讨论不热烈，学生们的思维没有调动起来，得出结论的过程存在着明显的“被引导”成分。在课堂创新方面也缺乏可圈可点之处。

任课老师经过研究，认为以上课堂教学虽然都完成了教学内容，学生也基本能够理解，但还是存在学生思考的主动性不足，思维量不够的问题，“二期课改”的理念体现不够，预期的教学目标没能实现。本节课改进的着力点应放在“调动学生思考的主动性，提高学生的思维量”上。于是任课教师进行了改进，有了如下教学片段。

片段 3：课堂 2

教师复习提问滑轮的概念、特点和分类。

师生交流“微视频”中所留的思考题：在生产生活中人们为什么要使用滑轮呢？换句话说，定滑轮和动滑轮能实现人们的什么目的呢？

学生分组实验探究滑轮的使用特点。

教师提问：滑轮这种机械怎么用呢？教师让学生代表到前面演示，其他学生继续参与讨论，献计献策。这时课堂气氛活跃起来。学生真的得出了定滑轮、动滑轮的两种基本的用法。这时教师适时在 PPT 上放映，并让学生总结两者的区别，在黑板上分类列出。

教师接着提出：继续我们刚才的问题，大家看看它能实现我们的什么目的？（难度有些上升）学生一时回答不出，但可以提出一些猜想，教师分别给予肯定的评价，并把问题推向深入。教师让学生回想使用杠杆的几个目的：省力、省距离、改变用力方向，设问：我们可不可以暂时也从这几个角度来思考呢？（与杠杆类比，引导探究方向）学生们想了想，纷纷表示赞同。教师在黑板上列出这几个思考的角度。

这时教师点题：也就是我们要分别探究一下定滑轮、动滑轮在这几个方面有什么样的使用特点。同时提醒学生思考：是否省力？是否省距离？是否改变用力方向？学生分组设计出实验的基本思路，合作实验完成得比较顺利，大家共同总结出了结论。教师对学生们的积极思考和合作给予了积极的评价。

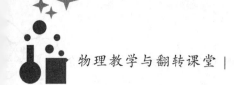

明确两种滑轮的本质。趁着学生热情高涨，教师及时进一步把问题引向深入。提出：我们通过实验分别总结出了定滑轮、动滑轮的使用特点，这只是“知其然”，我们还要“知其所以然”，也就是我们还要分别知道定滑轮、动滑轮为什么会有这样的使用特点。教师在 PPT 上分别展示定滑轮、动滑轮的使用示意图，让学生联系前面所学的杠杆原理进行讨论交流。学生们通过讨论交流和教师的适当点拨，分别得出了两种滑轮的本质。

拓展。趁着学生们正对滑轮工作原理的深入思考，教师提出：如果我们的滑轮没有向“正上”拉，而是向其他方向拉，会怎么样？我们分别讨论一下。学生们一愣，但马上指着 PPT 上的图得出：使用定滑轮，向各个方向都不省力，也不省距离（学生们可以应用理论正确地解决问题了）。

教师继续问：那么，对于动滑轮呢？（难度稍高）学生通过动滑轮原理的示意图进行分析：用力方向改变，动力臂不再是滑轮的直径，而是比滑轮的直径小，于是有了猜想—使用动滑轮不一定会省一半的力，只有当拉力竖直向上时，动力臂才等于阻力臂的两倍，才能省一半的力；而其他情况不满足此条件。（课堂达到高潮）学生马上通过实验，验证了通过分析得到的结论。

对片段中教师的评价：

与前面一个教学片段相比，本教学片段的改进之处突出表现在教师结合学生前面所学的杠杆的用途，让学生类比杠杆思考滑轮的使用方法，自行概括总结出两种滑轮的使用方法。在学生分组实验探究滑轮的使用特点时，教师仍然引导学生类比杠杆思考探究滑轮的使用特点（是否省力，是否省距离，是否改变用力方向）。在课堂组织管理方面，教师做到了充分体现学生的主体性，以适当的提问，不断地以“思考任务”驱动学生思考。提出的问题具有一定的挑战性，适合学生水平，属于“学生跳跳就能够得到”的问题，问到了学生的“最近发展区”。教师通过任务分解和引导讨论探究的方向的方式，降低了任务的梯度，帮助学生克服了不熟悉仪器和找不到探究方向的困难，充分调动学生课堂积极性。学生们合作讨论交流了探究的方案，构思探究的能力得到了锻炼。教学思路新颖，思维启发性强，合理地应用了肯定评价，师生关系和谐，课堂气氛融洽，有利于激起学生的创新思维，合理组织学生观察、操作实验。

趁学生完成实验探究正有成就感之机，教师及时趁热打铁，对学生们的积极思考和合作给予了积极的评价，调动课堂气氛，进一步把问题引向深入，让学生研究“其所以然”。学生们的思维正在兴奋状态，通过讨论交流和教师的适当点拨，很容易得出了两种滑轮的本质（工作原理）。

教师再引导学生进一步探究两种滑轮的使用特点："使用定滑轮，向各个方向都不省力，也不省距离"和"动滑轮省半力的条件（难度稍高）"等，这时学生们可以应用理论正确地分析和解决问题了。学生再通过实验，验证了由理论分析出的结论，自然产生了成就感。在有效把握学生课堂思维状况方面明显比前一个教学片段要好。可以说，这不失为课堂较为圆满的收尾。

第九章

概念课翻转课堂

第一节　概念课翻转课堂的学习

一、物理概念学习

物理概念是客观事物的物理共同属性和本质特征在人们头脑中的反映，是物理事物的抽象。概念学习就是掌握同类事物的共同的关键特征，习得一个概念不仅要求学生学习与掌握一类事物的共同本质特征，而且要求他能排除非本质特征。概念学习方法有两种：概念形成和概念同化。概念学习作为一种智慧技能的本质特征，在于它们能在不同于原先的学习情境中应用。概念的建立是一个从具体到抽象，再从抽象到具体的过程。

（一）概念形成

在教学活动中，概念形成就是学生通过对多个具体实例的辨别，不断提出假设并进行检验，以归纳的方法概括得出同类事物的共同本质特征，从而获得概念的过程。例如，教师在教直线运动的概念时，先呈现如下四个实例：汽车在平直公路上的运动、小车沿倾斜轨道下滑的运动、粉笔竖直下落的运动和弹簧振子的振动，然后请学生思考，这些例子中物体的运动有什么共同点。在学生不断提出假设、检验假设后，最终归纳出物体运动的轨迹都是直线。这时，教师再告诉学生，运动轨迹是直线的运动叫作直线运动。

（二）概念同化

用定义的方式直接向学习者呈现同类事物的关键特征，学习者利用认知结构中原有的有关概念理解新概念，这种获得概念的方式叫作概念同化。概念同化实质上是通过新概念和头脑中的原有认知结构发生作用，从而形成新的认知结构的过程。以直线运动概念的教学为例，教师直接告诉学生运动轨迹是直线的运动叫作直线运动，再举出一两个直线运动的实例：粉笔竖直下落的运动和弹簧振子的振动。

（三）错误概念的矫正

学生在学习学科知识之前，已经建立了一些概念，有些概念并不完全准确，甚至是错误的。比如：认为速度大的物体惯性大，认为物体沿粗糙斜面上滑一定要受到一个斜向上的拉力作用等。这些概念会对后续的概念学习产生一定的影响，在概念学习中应当采取必要的教学措施矫正学生的错误概念。

（四）变式练习

变式练习是指在其他教学条件不变的情况下，概念和规则的例证的变化。通过变式练习，使学生在新的情境里运用概念、规则解决问题，这是促进概念应用的关键。在概念教学中，精心设计变式练习，可以促进知识、技能的迁移，提高学生分析问题、解决问题的能力。比如，在学生学习了弹力后，为了使学生能够应用弹力概念分析物体受到的弹力的方向，我们会请学生对处于不同情景中的物体受到弹力的方向进行分析，这就是变式练习。这种练习可以使学生在形成弹力概念后，能够应用弹力概念分析物体受到的弹力的方向，同时也巩固了弹力的概念，弹力分析的方法、技能也会迁移到后续对摩擦力的学习。

二、翻转课堂的概念学

翻转课堂教学模式下的概念教学主要有两个环节：课前学习和课堂学习。与传统的教学模式相比，学生在翻转课堂的概念学习行为发生了根本性的变化，教师的教学行为也要进行相应的调整。

（一）课前学习

1.教授概念方式的选择

中学物理概念主要有具体概念和抽象概念。具体概念既可以通过概念形成来学习，也可以通过概念同化来学习；抽象概念的学习方式主要是概念同化。概念形成的学习方法可以激发学生学习的积极性，培养学生的归纳推理能力。例子的选取对于学生建构正确的概念非常重要，既要有正例，也要有反例，选择的正例无关特征不要都相同。比如，在直线运动的概念教学中，如果教师选择的实例都是物体沿同一方向做直线运动，那么学生会误认为只有物体沿同一方向运动，才是直线运动。概念同化的方法要对概念进行解释，促进有意义学习，避免机械接受学习。比如，教授直线运动的概念先给出定义：运动轨迹是直线的运动叫作直线运动，再对定义进行解释，如什么是运动轨迹，再给出直线运动的实例。

2. 错误概念的矫正

杜伟宇认为：学生对于某一概念的错误认识源于学生对支撑这一概念的物理知识系统的理解错误，改变错误概念应从改变支撑学生错误概念的知识系统着手。他提出概念改变的三个关键步骤：（1）认识到异常情况，即认识到目前知识系统是有瑕疵的；（2）创建新系统，即建构新系统，解释观察到的事实；（3）使用新系统，即在新的情境中基于新系统做出推论和预测，并检验之。在学生自主学习环节中，如果教师能够了解学生学习某一概念的难点，做好充分准备，改变错误概念的三个步骤未必能够全部完成，但至少能够完成一两个步骤。例如，教授力的概念时，教师通过体验性的实验让学生体会到用力，肌肉会紧张。学生会认为人（动物）之间或者人与物体之间会有力的作用。再举出书压桌面、衣服挂在衣帽架上等现象，学生会发现书对桌面有压的作用、桌面对书有支持的作用，衣服对衣帽架有拉的作用、衣帽架对衣服有支持的作用，即物体与物体之间也会有力的作用。上述提到的现象都有一个共同点，就是都涉及两个物体，并且相互之间有作用力。于是，形成了力的概念：力是物体对物体的作用。可见，在形成力的概念的过程中，人们经历了排除无关特征，即发生力的作用的物体不一定要有生命，最终归纳出了力的本质特征。如果与学生自主学习阶段配套的学习卡设计合理的话，也会暴露学生的错误概念，激发学生的认知冲突，教师可以在课堂教学阶段组织恰当的教学活动进行纠正。

3. 变式练习的设计

视所学概念的难易程度，将简单的变式练习安排在视频和学习卡中呈现，比较复杂的问题应在课堂教学中解决。目的是示范运用概念解决问题的方法，检验学生物理概念建构的情况，了解学生运用概念解决问题的情况，对学生的学习情况做出客观的评价。

（二）课堂学习

1. 课堂问题的提出

课堂上，问题不再是由教师一个个提出，而是教师在梳理自主学习阶段学生提出或反映出来的问题的基础上，根据概念学习的需要，逐一呈现学生的问题。在微信群或 QQ 群里的学生的讨论情况、学习卡上面学生提出的问题、练习中反映出来的问题都是课堂问题的来源。若是学生学习卡上直接提出来的问题，应列出学生姓名，并给予肯定。

2. 课堂问题的解答

解答问题的主体趋于多元化。经过思考后，如果可以由某一位学生直接回答的，就请这位学生讲给大家听。如果单个学生不能独立解决，可以在全班组成几个合作学习小组，各组分别讨论解答问题；如果是各组意见不一致，教师可以适度引导促使问题的解决。

3. 概念学习成效的检验方式

课堂作业是检验概念教学成效的主要方式。因此，课堂作业题目的选择要有针对性，课堂作业的时间安排要合理，课堂作业的交流展示要开展好。

三、概念课翻转课堂的优势

第一，翻转课堂拉长了概念学习的时间跨度，使教师能够在教学视频中有充分的时间使学生理解概念引入的目的，从而明确概念的物理意义。一般来说，由于视频的特点，既可以展示图片，又可以展示物理现象和实验视频，学生也可以模仿视频做一些容易准备实验材料的实验，加上学习卡的辅助，几乎所有的概念学习都可以通过翻转课堂来完成。避免学生陷入概念死记硬背，解题机械模仿的困境。

第二，翻转课堂能够使教师较为准确地把握学生学习某些物理概念的障碍，有效地突破难点。学生自主学习中提出的问题以及练习解答中显现出来的问题，为教师清楚地了解学情提供了有力抓手，也培养了学生的问题意识和提出问题、分析问题、解决问题的能力。

第三，翻转课堂中课前的学生自主学习阶段，照顾到了不同学生的不同学习节奏。绝大多数学生都能有效地参与教师在概念学习中组织的讨论探究活动。

第二节　概念课翻转课堂的教学设计

一、确定物理概念的教学目标

教学目标是教学行为的起点和归宿，提高物理概念的教学质量，首先就要制定恰当的教学目标。采用翻转课堂教学模式进行教学时，教学活动分为课前学习和课堂学习两个模块。课时教学目标相应地要进行分解，并对模块教学目标进行进一步陈述。两个模块的教学目标应注意相互衔接，前一模块的学习目标能够体现后一模块的学习内容和能力的准备，后一模块教学目标能够体现前一模块学习内容的应用和巩固。学生课前学习阶段教学目标的设定要注意接近学生的最近发展区。课堂教学模块的教学目标要视学生课前学习模块的完成情况合理制定。

现以《测量平均速度》的教学目标设计为例：

（一）课前学习教学目标

知识与技能：理解瞬时速度和平均速度的区别，了解测量平均速度的具体步骤。

过程与方法：通过对瞬时速度、平均速度的分析比较，感受分析、比较、推理、归纳等科学方法。

情感、态度与价值观：通过在常见的交通事件中发现问题、提出问题，感受到物理与社会生活的密切联系，激发学习物理的兴趣。

（二）课堂学习教学目标

知识与技能：掌握测量平均速度原理、方法、步骤，能运用平均速度的概念解决典型情景下的简单问题。

过程与方法：通过测定物体在不同的运动情况下的瞬时速度和平均速度，概括瞬时速度和平均速度的大小区别，运用比较、分析归纳、概括的方法。

情感、态度与价值观：通过实验测量平均速度，感悟观察、实验对形成概念和发现规律的重要作用；通过介绍我国汽车工业发展的概况和飞速发展的交通事业，激发民族自豪感和自信心。

二、学习任务分析

教学目标不可能凭空达成，它总是要借助于具体的学习任务，通过开展具体的学习活动来完成。教师如何确定安排学生完成什么学习任务呢？学习任务分析是一定要进行的工作。学习任务分析就是在教学活动之前，预先对教学目标中规定的、需要学生习得的能力或倾向的构成成分及其层次关系所进行的分析。对教学内容进行任务分析，通常涉及三个方面：确定学生的原有基础、分析使能目标和分析支持性条件。采用翻转课堂教学模式进行教学，任务分析需要有系统思维，需要关注模块与模块的逻辑关系。为了提高目标的达成度，模块之间在任务、资源、过程、评价等方面应形成紧密联系、环环相扣的关系。

（一）确定学生的原有基础

在进行新的内容的学习时，学生原有的相关知识、技能、学习习惯、学习方法对学习的进展起着决定作用。教师只有充分了解学情，才能够制定有针对性的教学方案。翻转课堂教学模式分为两个模块，确定学生原有基础的工作也要分块进行。学生再课前学习模块中，学生与视频、学习卡交流；在课堂学习模块中，学生与老师、同伴交流。以学生的问题为起点的交流才是一种实质意义上的互动。在学生课前学习模块开始之前，教师可以通过以往的教学经验结合与个别学生的谈话来了解学习内容与学生的知识基础、生活经验有怎样的关系，学生已经会了什么，不会什么，什么是比较模糊的。在学生课前学习时，教师可以利用相配套的学习卡，了解学生已经知道什么，还有什么不清楚，弄不清楚的原因是什么，他们有什么样的问题，他们感兴趣的问题是什么。还要考虑在上课的过程中，通过进一步的学习，学生会有什么困惑。

（二）分析使能目标

使能目标就是从原有知识基础到教学目标所需要的次级目标。分析使能目标就是考察学生从原有基础到教学目标之间，还有多少知识和技能没有掌握。分析使能目标，可以为教学内容的呈现顺序提供科学的依据。使能目标分析的过程是：从已确定的教学目标开始提问和分析，要求学习者获得教学目标规定的能力，他们必须具备哪些次一级从属技能，而要培养这些次一级的从属技能，又需要具备再次一级的哪些技能？如此逐级分层到教学起点。

使能目标的分析揭示了各知识点之间的内在联系和逻辑顺序，指明了从起点能力到终点目标所必须经历的学习过程，指明了知识学习的逻辑顺序；使教学活动符合学生的认知规律，使课堂教学结构得以优化。在自主学习模块和课堂教学模块，教师要合理安排各知识点的学习顺序。

在《测量平均速度》一节中，还涉及通过实验测定平均速度的大小这一学生实验，这一实验要放在课堂教学中，加深学生对于平均的理解。根据以上分析，教学顺序应做如下安排：

课前学习阶段：先学习瞬时速度的概念，再学习平均的概念。

课堂学习阶段：先学会通过实验测定平均速度的大小，然后解决学生在自主学习中提出的问题和教师发现的问题，最后学习运用平均速度的概念解决实际问题。

（三）分析支持性条件

支持性条件就是对完成学习任务起着促进和动力作用的条件，它犹如学习的“催化剂”，有助于学习结果的有效完成。例如，认知策略学习动机、注意程度情感、意志等对学习任务的完成就起着重要的支持性作用。《测量平均速度》一节中，课前学习阶段，可以通过对实际问题的讨论，激发学生的学习兴趣，对具体问题的分析、讨论过程，使学生充分感受科学方法的应用。在课堂教学阶段，通过实验、具体问题的讨论，维持学生积极的学习动机，感悟观察、实验对形成概念和发现规律的重要作用。

在“云环境”下，我们在组织教学时要充分发挥“云计算”的资源性支持作用、交互性支持作用和管理性支持作用。博客、微信、QQ 等都可以让学生处于“云计算”环境中学习，学生可以观看视频课件、交换意见，教师也在同一个平台的话，就可以参与交流，了解学生的动态，同时指导学生的学习。

第三节　概念课翻转课堂教学的基本步骤

采用翻转课堂教学模式进行物理概念教学的结构如下：课前，学生自主学习，建构概念，应用概念，解决简单的问题，并且提出学习中的困惑。课堂学习中，教师针对学生课前学习中遇到的问题，设计各种课堂活动，巩固深化概念。

一、课前学习阶段

（一）教学视频的制作

1. 设计教学视频

先将教学内容进行结构化处理，分解出本节课要建立哪些概念。每个概念的视频制作按照引入概念、建构概念、应用概念的逻辑顺序进行设计。各部分的设计思想如下：

第一，引入概念对于使学生理解引入某个概念的物理意义有重要作用，切不可随意省略。引入概念的方式有：生活中的物理现象、物理实验、已有知识的基础理论的需要。教师要对学生的已有知识、经验、思维能力等方面进行分析，结合物理概念的特点，在学生已有的认知结构中找出新概念建立的“生长点”，确定新概念引入的方式。

第二，建构概念，就是明确物理概念的内涵和外延，弄清这一概念和相关概念的联系和区别。教师要设计必要的脚手架，引导学生经历分析、综合、判断、推理等思维活动形成物理概念。一个物理概念的建立，一定有与之对应的科学方法，教师要分析清楚其中所用的科学方法，并引导学生归纳总结。如质点概念的建立用了物理模型法。

第三，应用概念，就是运用所学的概念解决实际问题。在课前学习阶段，只要求学生解决简单的实际问题，用以加深对物理概念的理解。比如，学习了弹力后，分析静止在水平桌面上的一本书受到的弹力的方向。

2. 制作教学视频

目前，可以进行视频制作的软件和器材很多。至于选择什么方式，应根据视频表现内容和效果来确定。比如，概念引入部分，可以在网上下载视频进行后期加工，也可以采用 PPT 的录屏软件，还可以自己用摄像机或手机录制一段视频。视频内容可以是生活中的现象，可以是物理实验，当然也可以是知识回顾。注意视频内容的呈现节奏要有张有弛，使学生容易维持较长时间的注意力。视频的时间最好控制在 10 分钟之内。

（二）学习卡的编制

学习卡是与教学视频配套使用的，应包含学习指南、“我的问题”、达成检测三块内容。

1. 学习指南的作用是辅助学生对相关内容进行有针对性的自主学习。物理概念学习卡的编制应突出概念学习的过程性。应能够对学生概念学习中的观察、实验、分析、综合、判断、推理等思维活动的过程进行引导和记录，对其中涉及的科学方法进行归纳和总结，对概念之间的联系和区别进行分析和比较。

2.“我的问题”的作用是引发学生对相关问题的思考并大胆质疑。编制学习卡时旁边要预留一些空白处请学生对于相关学习内容提出质疑或另外提出相关的问题。

3. 达成检测的作用是确定学生的原有基础，为课堂教学活动设定教学起点。教师要精心设计少量检测题，检测学生的概念学习情况。检测题目要针对教学内容的重点难点设定，应严格控制题目的难度和题量，以免加重学生的学习负担。

（三）课前学习

教师在进行新课教学的前两天，上传教学视频将学习卡发放给学生，并对课前学习活动提出要求。学生课前学习部分的表现将计入平时成绩。学生利用放学时间自主观看视频，完成学习卡。每名学生可以按照自己的学习能力和学习基础，确定自己的学习节奏。在需要思考、记录的时候，可以暂停播放视频。有的学生可能观看一两遍，有的学生可能要多次观看，看不懂、想不通的地方可以反复观看，实在弄不清楚的作为问题提出来，甚至可以对视频内容进行质疑，填在学习卡的“我的问题”版块里，提出经过思考的、有明确指向的问题将会提高学习卡的评定等等。最后，完成学习卡上“达成检测”部分的题目。

二、课堂学习阶段

（一）课堂教学的设计

1. 批改学习卡。学习卡纳入翻转课堂评价中，一方面可以对于学生的课前学习产生激励作用，另一方面也可以使教师更好地掌握学生课前学习活动的基本情况。教师需要检查、批改学生的学习卡，通过对“学习指南”的检查，发现学生在概念学习过程中存在的问题；查看“我的问题”，收集学生提出的问题；批改“达成检测”，分析学生在概念应用方面存在的问题。

2. 对通过各种渠道收集的问题进行分类处理，归纳、提炼课堂要解决的问题。对于与本节课内容关系不大的问题或者学生现阶段还没有能力解决的问题先搁置起来，留待以后解决。比如学习加速度时，学生提出“物体的加速度是怎样产生的”，这一问题虽然与所学内容有关，但是学生研究这一问题的时机还不成熟。对于关于物理概念的重点、难点问题，现在可以解决的问题，应该分析问题产生的原因，据此来归纳、提炼课堂教学中要解决的问题。比如，学生在学习平均速度概念时常会有这样两种错误认识：一是物体运动的初始速度大，平均速度就一定大；二是物体的瞬时速度变化量大，平均速度一定大。产生第一种认识的原因可能是不理解平均速度的物理意义，还可能是因为日常生活中对于物体瞬时速度的感知经验比较丰富，但是对于平均速度的大小不太留心，对于两者的关系没有直接经验。产生第二种认识的原因是对速度变

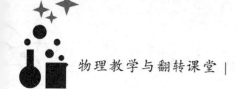

化量本身就比较陌生，平时对于平均速度的大小感性认识比较缺乏。显然，这两个错误出现的主要原因都是因为缺少对于不同的变速直线运动的平均速度大小的直接经验。这才是课堂学习活动中真正要解决的问题。对于只存在于个别学生当中，且比较简单的问题，学习卡上面进行单独交流就可以了。对于较多学生存在的问题，教师要进行归纳、提炼，在课堂学习活动中解决。

3. 课堂教学活动。设计解答学生的疑问、巩固深化概念是概念课课堂教学活动的根本任务。巩固深化概念是指学生把所建立的概念和规律牢牢地保持在记忆里，并不断丰富概念的内容，发展物理概念的外延，并能顺利地应用知识解决物理问题和顺利地接受新知识。它包括“概念发展”“方法应用”和“能力转化”教师在进行课堂学习活动设计时，可以将课前学习中提炼出来的问题纳入巩固深化概念的教学内容，重新整合，整体规划教学活动安排。一节课的时间不可能面面俱到，教师要根据教学内容和学生的学习情况，确定一两个重点。课堂学习基本按照以下六个环节进行：情景导入、独立思考、协作探索、自主作业、交流讨论、反馈评价。教师要根据学生学习的需要具体安排相适应的教学组织形式。由于学生已经进行了课前学习，合作学习更加能够发挥学生的主动性，激发学生的潜能。切记在进行合作学习之前，一定要在问题提出之后，请学生独立思考，并且预留出学生思考的时间。对于通过小组合作学习能够解决的问题，要组织学生进行小组讨论、合作探究等活动，使小组内通过协作互助共同解决问题。如果小组内成员的意见难以达成一致，可以进行组间交流，全班集思广益来解决问题。但是，如果所要研究的问题对于学生来说涉及新知识，接受式、启发式教学就是非常好的。

（二）课堂学习

1. 情境导入

情境导入中对情境创设的要求是：教师创设具体的物理情境，生成一系列任务，学生通过完成这些任务，可以解决课前学习中存在的问题。比如，前面提到的平均速度概念学习中缺乏对于不同的变速直线运动中平均速度大小的直接经验的问题，教师可以提供长木板、小车、垫块、DIS（位移传感器、计算机、数据采集器）等器材，演示用 DIS 如何测定运动小车的加速度，并要求学生记录初速度、末速度、运动时间和平均速度，然后请各小组自己设计实验，测量并记录三组长木板与水平面夹角不同的情况下，小车沿斜面下滑和冲上斜面的初速度、末速度、运动时间和平均速度，并保存相应的 v–t 图像。

2. 独立思考

独立思考是合作学习的前提，只有大家都开动脑筋，积极尝试解决问题，才能够使每名学生都在学习活动中取得最大的收获。能力强的学生可能会想出解决问题的方法，能力稍差的学生可能只有一个大致的思路，但是具体细节问题还不知道怎么解决。只要认真思考了，在协作中就不会被牵着鼻子走，就能够从其他同学那里得到启发，学会解决问题的方法。

3. 协作探索

首先，学生们经过思考以后，小组讨论，分工合作，共同完成教师布置的任务。然后，教师抛出学生们在课前学习中错误率较高的题目，请学生再次尝试解决。最后，教师拓展这部分知识，提出要求更高的任务。还是以刚才提到的任务为例，每组学生可以按照调节实验器材、操作电脑、记录数据三项工作来分配任务。任务完成后，教师再请学生找规律：瞬时速度的大小与平均速度的大小是否有直接关系？学生通过对测得的数据进行分析，应该不难回答这个问题。如果再问：当物体运动速度为零时，平均速度一定是零吗？若这个问题学生还是不能一下子就答出来，教师可以提示学生研究刚才保存下来的 V–t 图像。

4. 自主作业

学生在课堂中自主完成作业是翻转课堂的一个重要的组成部分。当解决完课前学习中的所有问题后，应安排学生完成教师精心编制的课堂作业，巩固深化所学概念。

5. 交流讨论

学生在做作业的过程中如果遇到困难，可以和小组内的同学商量，也可以和老师讨论。

6. 反馈评价

教师对学生在课堂活动中的表现进行归纳与总结，结合课前学习中存在的问题，肯定学生的进步。翻转课堂中的评价体制是多维度、多方式的，评价内容包括针对性练习的成绩、提出问题的情况、课堂独立解决问题的表现、在小组协作探究式活动中的表现、成果展示等多方面。教师根据这些反馈的评价结果制定下一步的教学计划，确定下节课的探究问题。

第十章

规律课翻转课堂

第一节　规律课翻转课堂的学习

笔者认为，适合翻转课堂模式下学习的内容主要有：需要重复讲解的内容，基本的事实和定律，已成定论的观点、基本的方法和规律，基本的演示和操作步骤。显然物理规律课用翻转课堂模式也会起到很好的效果。

一、物理规律课的基本类型

物理规律包括定律、原理、定理、公式定则（法则）、方程等。物理规律按照得出的条件大致分为以下三类，不同类型的物理规律其教学过程也是不同的。

（一）实验定律

物理学中的绝大多数规律，是在观察和实验的基础上，通过分析归纳总结出来的，我们把它们叫作实验定律。如欧姆定律。

（二）理想规律

有些物理规律不能直接用实验来证明，但是具有足够数量的经验事实。把这些经验事实进行推理分析，弱化次要因素，抓住主要因素，推理到理想的情况下，总结出来的规律，我们把它们叫作理想规律。如牛顿第一定律、能量转化和守恒定律等。

（三）理论规律

以已知的事实为根据，通过数学演绎导出的物理规律称为理论规律，我们把这种物理规律叫作定理方程、原理。如液体内部压强定律是由压强公式、密度、压力知识推导出来的。

二、物理规律的特点

（一）物理规律是观察实验、思维想象和数学推理相结合的产物，任何客观规律都只能被发现，而不能被“创生”。但不同学科的规律被认识与发现的途径又是不尽相同的。物理学规律揭示的是物质的结构和物质运动所遵循的规律，因此必然与人们认识物理世界的途径有关，即都是与观察实验、抽象思维、数学推理等有着密不可分的联系。

（二）物理规律是物理概念之间的必然联系

物理规律都是由概念组成的，由一些文字语言或数学语言将这些概念的逻辑关系表达出来。例如，欧姆定律是由导体、电流、电压、电阻等概念组成的。物理量表明了导体的电流与导体的电阻和加在导体两端的电压之间的定量关系。又如，热力学第一定律把热量、功与内能联系起来。

（三）物理规律具有近似性和局限性

由于物理学所研究的对象和过程，往往不是处于自然状态的实际客体和实际现象，而是采用科学抽象简化之后建立的理想模型和理想过程，又由于物理学是实验科学，在观察和实验中，限于当时仪器的精密程度、操作技术的准确程度，不可避免地会出现测量误差。因此，反映各物理量之间关系的物理规律，只能在一定精度范围内足够真实，并且近似地反映客观世界。

我们对物理规律的类别与物理规律特点的认识，有利于理解物理规律，有利于把握翻转课堂的核心内容以及学生在学习过程中不可忽视对物理规律的客观认识。

第二节　规律课翻转课堂的教学设计

巴甫洛夫（I.P.Pavlov）说过："切勿成为事实的保管员。要透彻地了解事物的奥秘，持之以恒地探索支配它们的法则。"物理规律课的教学目标就是以学生为主体，通过一些方式、方法让学生对物理概念间的联系有深入的理解，不仅要让学生掌握规律本身，还要对规律的建立过程、研究问题的科学方法进行了解，更重要的是应用规律来解决具体问题。翻转课堂的设计中，不同的物理规律应采用不同的教学方法。

一、翻转课堂下物理规律的教学设计

（一）翻转课堂下实验规律的教学设计

1. 创设便于探索规律的探索实验法

探索实验就是根据某些物理规律的特点，设计实验，让学生通过自己做实验，总结出有关的物理规律。例如在牛顿第一定律的教学中，让学生通过实验探索，发现物体的惯性跟物体质量和物体所受合外力之间的关系，在此基础上，总结得出牛顿第一定律。

案例：翻转课堂在牛顿第一定律教学中的应用。

“微视频”内容：

（1）物体运动状态的改变用什么物理量描述？

（2）呈现给学生一些感性的材料，让学生思考：F1赛车为什么用轻质材料制作，而且体积小？战斗机在作战之前为什么要抛弃副油箱并加速引擎？引导学生推测惯性和质量以及受力有关，这些都是牛顿第一定律研究涉及的相关物理量。

（3）如果研究这些物理量之间的关系，在探究实验中，应该用什么样的方法？怎样设计实验？

课堂内容：

主要用初步设计的探究实验方案进行实验，看是否能达到预期发现，有什么考虑不周全的，纠正实验的设计或在教师的引导下继续探究，总结出牛顿第一定律。这样就避免了教师直接给学生实验设计方案，学生按部就班进行实验。在探究中犯错也是一种学习，探究的过程和过程中使用的方法，将是受益终身的。

探究的实验不但能使学生深刻理解、牢固记忆实验总结出来的规律，而且能充分调动学生学习的主动性，增强学习兴趣，更重要的是通过这种方法使学生掌握研究物理问题的基本方法。

2. 引领学生感悟物理学研究方法的演示实验法

演示实验法就是让学生一边学，一边演示实验，引导学生观察，根据实验现象，师生共同分析、归纳，总结出有关的物理规律。

3. 以学生为主体运用物理方法的验证实验法

验证实验法是采用证明规律的方法进行教学，从而使学生理解和掌握物理规律。具体实施时先由教师和学生一起提出问题，将物理规律直接告诉学生，然后教师指导学生，并和学生一起通过观察分析有关现象、实验结论，验证物理规律。

案例：力的合成及平行四边形法则在翻转课堂模式下的教学。

“微视频”内容：

（1）感性材料呈现：一个人提一桶水，和两个人共同提一桶水的效果。教师利用纤夫拉船等实例，让学生能从力的等效性理解力的合成和合力的概念；

（2）通过实验理解两个互成角度的共点力的合成遵循平行四边形定则；

（3）知道合力和原来的两个共点力夹角关系，会用直角三角形知识计算共点力的合力。

课堂内容：

（1）学生设计实验方案，不断完善实验设计，验证平行四边形法则的正确性。通过设计与实施实验方案，培养实事求是的科学态度；

（2）呈现一些力的合成的实例，学生用力的合成分析解决生活中的实际问题。

（二）翻转课堂下物理理想规律的教学设计

理想规律是在物理事实的基础上，通过合理推理至理想情况而总结出的物理规律。因为达不到它所需的实验条件，所以不能直接用实验来验证，故在教学中应用“合理推理法”，即依据研究问题的需要，把实际研究对象及其状态、行为等进行合理的抽象，力求达到突出主要因素、忽略次要因素，从而从表面现象中提炼出反映事物本质联系的规律。

案例：牛顿第一定律的翻转课堂教学

“微视频”内容：要引导学生实验，让小车分别沿不同粗糙程度的斜面向下滑，学生会发现接触面越光滑，摩擦阻力越小，小车就滑得越远。如果推理到接触面完全光滑，而且在没有摩擦阻力、空气阻力的理想情况下，小车将会永远运动下去，且保持速度不变，做匀速直线运动，从而总结出牛顿第一定律。

翻转课堂中典型的例子就是“可汗学院”翻转课堂有关牛顿第一定律的教学。这里可以在视频中介绍物理学史，以及伽利略的理想斜面实验。

课堂内容：解决学生在学习“微视频”中出现的问题。

（三）翻转课堂下物理理论规律的教学设计

理论规律是由已知的物理规律为依据，经过推导得出的物理规律。因此，应采用“理论推导法”展开教学。如在“液体内部压强规律”的教学中，在“微视频”中提出问题：在液体中设想一段液柱，底面积为 S、高为 h、密度为 ρ，此液柱体积 $V=Sh$，质量 $m=\rho v$，重量 $G=mg=\rho gSh$。学生在教师的指导下，根据压强公式 $p=F/S$，运用“理论推导法”推导出液体内部压强的数学表达式，作为进阶作业的设计部分，在进阶作业中还要设计试管封闭、U 形管封闭气体的压强计算。又如，电学中电流和电压的分配规律是根据串并联电路的公式推导出来的。

案例：动能定理的翻转课堂模式下的教学方法

“微视频”内容：

（1）通过生产和生活中熟悉的现象先形成感性认识，如一架飞机在牵引力的作用下（不计阻力），在起飞跑道上加速运动，速度越来越大。

（A）飞机的动能如何变化？为什么？

（B）飞机的动能变化的原因是什么？

（C）牵引力对飞机所做的功与飞机动能的变化之间有什么关系？

（2）根据运动学规律，运用“理论推导法”推导出动能定理，学生就容易接受和理解。学生在获得知识的同时，加强了理论联系实际，激发探索自然的兴趣与热情。

（3）合力对物体做“正”“负”功的理解。

课堂内容：

本节课是一节纯理论的内容，“微视频”制作中注意提高学生的学习兴趣，充分重视情境、问题、体验。将课堂留给学生进行自主交流，应用合作的方式解决问题。如一架喷气式飞机，质量 $m=5\times10^3kg$，起飞过程中从静止开始滑跑的路程为 $s=5.3\times10^2m$ 时，达到起飞速度 $v=60m/s$，在此过程中飞机受到的平均阻力是飞机重量的 0.02 倍（k=0.02），求飞机受到的牵引力。

不要限制学生的思路，学生可能用运动学解决，也可能用动能定理解决，比较两种方法，得出动能定理在解决受力和运动问题的优势，并总结出解决这一问题的基本步骤：确定研究对象—受力分析、运动情况分析—各个力做功情况—初末动能—动能定理列方程。

二、在翻转课堂下物理规律课的学习任务分析

（一）使学生建立新旧物理知识的联系

物理规律本身反映了物理现象中的相互联系、因果关系和有关物理量间的严格数量关系。因此，在物理规律的教学中，必须将那些原先分散学习的有关物理概念联系起来，重点研究它们的关系。只有用联系的观点来引导学生研究新课题，提出新问题，才能激发起学生的求知欲望。物理规律本身，总是以一定的物理事实为依据的，对于抽象思维能力不强的学生来说，理解和掌握物理规律更需要有充分的感性材料作为支柱。

在翻转课堂模式下，教师在选择视频内容时，要注意引导学生运用新旧联系的观点将物理知识有机地串联起来，在大脑中形成一个相互连接的知识链，应用时可以快速准确地提取知识。在课堂解决问题时，也要经常用联系的观点引导学生。

（二）使学生理解物理规律的物理意义

奥苏贝尔（D.P.Ausubel）指出：“不管某个命题本来具有多少潜在意义，如果学习者是要任意地和逐字逐句地记忆它的话，那么学习过程和学习结果必是机械的或者无意义的。”

中学阶段所研究的物理规律，一般都用文字语言加以表述，用一段话把某个规律的物理意义表述出来。对于物理规律的文字表述，要认真加以分析，使学生真正理解它的含义，而不能让学生硬套结论。对规律的文字表述的引出，必须在学生对有关问题进行分析、研究，并对它的本质有一定认识的基础上进行，学生只有知道规律是怎么建立起来的，才能真正理解它的含义。

在牛顿第一运动定律的教学中，在“微视频”里仿照伽利略当年运用“理想实验”的思路，在观察实验的基础上，进行推理想象，由有摩擦时的运动情况推想到无摩擦

时的运动情况，最后把这一规律的内容作如下表述：“一切物体在没有受到外力作用的时候，总保持匀速直线运动状态或静止状态。”在理解时，要注意弄清定律的条件是“物体没有受到外力作用”。还要正确理解“或”这个字的含义，“或”不是指物体有时保持匀速直线运动状态，有时保持静止状态，而是指如果物体原来是运动的，它就保持匀速直线运动状态；如果原来是静止的，它就保持静止状态。

大多数物理规律的内容都可以用数学公式表达出来，即定律的公式。公式的形式要能表达出定律的内容，能反映出研究对象间的内在联系，还能由之计算得出有关的物理量的数值。对于物理定律公式，要研究它是怎样建立起来的。在实验归纳法中，是怎样把实验数据通过思维加工和数学加工，转化为定律的表达式的。要使学生从物理意义上去理解公式中所表示的物理量之间的数量关系，不能从纯数学的角度加以理解。例如，欧姆定律公式 $I=U/R$，指某段电路中电流的大小，与这段电路两端的电压成正比，与这段电路中的电阻成反比，公式中的 I、U、R 三个物理量是对同一段电路而言，单纯把公式加以数学变换，得到电阻的定义式，就可能得出“电阻与电压成正比”这一类错误的结论。

（三）使学生明确物理规律的适用条件和范围

物理规律都是在一定条件下建立或者推导的，因此也是在一定范围内使用的，超过这个条件和范围，物理规律将不再成立。所以学生只有明确规律的适用条件和范围，才能正确地运用规律来研究和解决问题，才能避免乱用规律、乱套公式。

（四）使学生弄清物理规律与物理概念之间的关系

物理规律总是与许多物理概念紧密联系在一起的，与某些物理规律也互相关联，应当使学生把物理规律与和它相关的物理概念或物理规律之间的关系搞清楚。例如，牛顿第一定律与物体的惯性虽有联系，但两者有本质上的区别，不能混为一谈。常发现中学生把惯性与运动状态等同起来，把用力改变物体的运动状态说成是“打破物体的惯性”，把物体不受外力作用保持原来的运动状态说成是“保持物体的惯性”。我们知道，惯性是物体的固有属性，物体无论是静止还是运动，无论是从静到动还是从动到静，任何时候都具有惯性，在经典力学范围内，物体的质量视为不变，惯性的大小也视为不变，物体作平动时，惯性大小的量度就是质量，因此不能说“打破”惯性。牛顿第一定律是一个反映这些客观事实的物理规律，与反映物体属性的惯性，不能等同起来。

（五）使学生学会应用物理规律解决实际问题

对于重点的物理规律，不仅要求学生理解，而且要求会灵活运用。因为掌握物理规律的目的就是能够运用物理规律去解决问题。在这一过程中，是将抽象的物理规律具体化的过程，是认识上的一个大的飞跃。一方面，它可以巩固、深化和活化对规律的理解，可以适时、定期地进行检查，检查学生学物理规律的效果。另一方面，引导学生运用物理规律解决生活中的实际问题，经常运用学过的物理规律或者物理原理解释物理现象，并通过训练使学生逐步学会逻辑地说理和表达，这可以发展学生分析、解决问题的能力；激发学生学以致用的热情，进行小设计和小制作，培养学生创造能力和动手操作能力等。

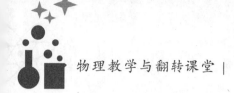

例如，综合运用欧姆定律、串并联电路、电功率等概念和规律可以解决日常生活用电中的简单问题，如常见家电的选择和使用、保险丝的选择等。

第三节　规律课翻转课堂教学的基本步骤

物理规律的学习过程是一个复杂的认知过程，它是感性认识和理性认识、特殊认识和一般认识反复结合、相互作用的发展过程。在学生有必要的感性认识的基础上，概括归纳出规律，同时理解规律的物理意义和适用范围，并在实际运用中能够定性和定量地深入理解规律。

学习是个体一种有目的、有计划、有组织的积极自主行为，只有学生在学习中表现出良好的自觉性和主观能动性，才能保证学习的有效性。在物理学习中应用翻转课堂的方式，课前学习“微视频”，并在此过程中收集疑问，在课堂上解决学习中遇到的问题，都极大地发挥了学生的自主性。

一、课前学习阶段

（一）课前准备

课前呈现“微视频”学习资料。“微视频”是 10 分钟左右的简短的、紧紧围绕着某个物理规律的针对性很强的知识呈现。

1. 设计“微视频”

先将教学内容进行梳理，设计视频中呈现的资料的流程图。主要呈现物理规律的来龙去脉，以及物理概念和规律的关系，并且有简单的应用。如在《阿基米德定律》的学习中，在设计视频时可分为创设情境、建立规律、应用规律三个部分。每个物理规律的视频制作按照创设情境、建立规律、应用规律的逻辑顺序进行设计。

（1）创设便于发现问题、探索规律的物理情境

教师制作“微视频”引导学生学习物理规律，首先需要引导学生在实际生活中发

现问题。创设与形成物理规律有关的生动的、新颖的物理情境使学生感知大量的感性材料，对物理现象有一个感性认识，形成表象。因此，在教学的开始阶段，要创设便于发现问题的物理情境。在中学阶段，是通过观察、实验发现问题，也可以从分析学生生活中熟知的典型事例中发现问题；二是从对学生已有知识的分析引申和逻辑展开中发现问题；另外，创设的物理情境要有利于引导学生探索规律。例如，使学生获得探索物理规律必要的感性知识和数据；提供进一步思考问题的线索和依据；为研究问题提供必要的知识准备等。创设的物理情境还应有助于激发学生的学习兴趣和求知欲望。方法：观察、实验、参观等活动；教师形象的语言描述、现象介绍；各种形象化的直观教具展示、电脑模拟等方法。

（2）探索物理规律的建立

第一类：运用实验总结物理规律。

第二类：运用已有知识，通过理论推导，得出新的物理规律。

第三类：提出假说，检验和修正假说，得出结论。

2. 制作“微视频”

目前，可以进行“微视频”制作的软件和器材很多。至于选择什么方式，应根据视频表现内容和效果来确定。物理规律的建立部分，可以在网上下载视频进行后期加工，也可以采用 PPT 的录屏软件，还可以自己用摄像机或手机录制一段“微视频”。“微视频”内容可以是生活中的现象，可以是物理实验，当然也可以是知识的呈现。视频时间最好限制在 10 分钟之内。

3. “云环境”的支持

“微视频”发挥的作用，不只是传播知识，还应该把教学和评价有机地结合起来。数据平台支持答对问题进入下一个环节学习的进阶作业模式，这样可以及时反映学生的学习情况和学习效果。学生发现问题、解决问题，极大地体现了学生学习的自主性。进阶作业设计少量检测题，检测学生的物理规律的学习情况。检测题目要针对教学内容的重点难点设定，应严格控制题目的难度和题量，以免加重学生的学习负担。

（二）学生课前学习

教师在进行新课教学的前两天，根据学生自身的条件可以采用不同的方式将“微视频”上传到网络平台上，学生可以通过网络终端进行学习。不具备网络的学习者，可以复制视频进行学习。另外，随着智能手机的普及，学生可以随时随地地利用碎片时间学习视频内容，可以说“云时代”使高效地利用零星碎片时间得以实现。学生可以根据自己的学习习惯和学习方式确定学习步调，对没有搞懂的知识点作重复学习，顺利完成进阶作业。学生课前学习活动的表现会计入平时成绩。

二、课堂活动阶段

（一）课堂活动的设计

1. 了解进阶作业反馈的学生情况

一方面可以对于学生的课前学习产生激励作用，另一方面也可以使教师更好地掌握学生课前学习活动的基本情况。教师需要认真分析归类出进阶作业中反映的情况，发现学生在学习物理规律过程中存在的问题，以便在课堂中给予学生帮助。

2. 收集、归纳、提炼课堂要解决的问题

一方面，对于进阶作业中学生存在的普遍问题，分析学生产生问题的原因，对学生的知识结构和情况有全面的了解；另一方面，课前的“微视频”和进阶作业中的学习，只是涉及了教学中相对简单和中等难度的问题。只是满足“微视频”资料的学习，对于学生掌握知识的系统和完整性是不够的。还要在课堂上，对规律的学习进行巩固和深化。所以课堂上除了从学生那里收集问题之外，教师要根据本节课的重点，向更深层次的问题延伸出去，使学生的学习更进一步。

3. 课堂活动设计

解答学生的疑问、巩固深化规律是课堂学习活动的根本任务。巩固深化是指学生把所建立的概念和规律牢牢地保持在记忆里，不断丰富概念的内容，发展物理概念的外延，并能顺利地应用知识解决物理问题和接受新知识。它包括“规律建立”“方法应用”和“能力转化”。教师在进行课堂学习活动设计时，可以将学生课前学习中提炼出来的问题纳入巩固深化规律的教学内容中去，重新整合，整体规划教学活动安排。在一节课的时间里不可能面面俱到，教师要根据教学内容和学生的学习情况，确定一两个重点。

（二）课堂活动的实施

对于学生在课前学习的过程中产生的问题，对于课堂上某个学生提出的问题，可以尝试让班级里其他同学帮忙解决，然后教师进行梳理指导。对于学生找不到途径解决的问题，也可由教师解答。

1. 引导学生对规律进行讨论

一般往往要从以下三个方面展开讨论：

（1）讨论规律（包括公式和图像）的物理意义，包括推敲文字表述的含义，明确公式和图像的含义；

（2）讨论和明确规律的适用条件和范围；

（3）讨论这一规律与有关概念、规律、公式间的关系。

在讨论的过程中，应当注意针对学生在理解和运用中容易出现的问题，以便使学生对这一物理规律获得比较正确的理解。

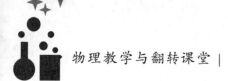

2. 引导学生运用物理规律解决问题

在教学中，要结合典型的问题，通过教师的示范和师生共同讨论，使学生将实际生活中的问题与理论结合起来，训练学生用物理规律解决日常生活实际问题的能力，达到对物理规律的深刻理解，逐渐领会分析、处理和解决问题的思路和方法，做到举一反三。

3. 合作学习

目前的课堂教学，缺乏师生和生生之间的合作。课堂中教师讲得太多，给学生的活动空间非常小，创新需要自由民主的空间，这样才能有自主选择、主动参与、力求变异、组织合作、自我调控的可能性。

库埃豪（E.Coelho）认为在合作学习中，在小组形成上，异质小组的运用最为有效。根据学生平时的成绩水平、语言表达水平、学习风格、学习能力将学生分组，通常 4 至 5 名学生组成一组，使组员们尽可能的异质。小组梳理出本组课前学习中出现的问题，先在组内讨论、思维碰撞、尝试解决。然后将课堂中无法解决的疑难杂症收集起来，教师引导解决。教师根据学生课前学习的状况，兼顾教学重点设计出课堂检测题，由学生独立思考后完成。可以让学生和其他小组成员交换试卷评分，也可以将试卷收上来，教师评判。根据完成的情况进行个人和小组总分的统计，作为评价的一个方面。

（三）课后活动

1. 自主作业

课堂中自主完成作业是翻转课堂中的一个重要环节。在解答完课前学习中的所有疑惑后，应布置给学生相应的课堂作业，以巩固深化所学物理规律。

2. 交流讨论

作业中遇到疑惑的问题，可以和小组内的同学交流沟通，也可以和老师讨论。

3. 课后反思

一方面，教师对学生在课堂活动中的表现进行归纳与总结，结合课前学习中存在的问题，肯定学生的进步，做好课后的反思工作：整体学生的认识在学过这节课后的变化，哪些还需要加深巩固；个别学生在学习上还有哪些困难，做好个别辅导。反思不仅有利于教师关注到群体，也有利于兼顾个体学生的进步。另一方面，学生课后除了完成作业外，也应该做好反思工作：我学到了什么，哪些方面已经很好，哪些方面还有不足，哪些方面需要改进。这个自评的过程，有利于学生在下个阶段的学习中采取相应的对策。

第十一章

实验课翻转课堂

第一节　实验课翻转课堂的学习

实验是学习物理学科的基础，更是学好物理的保障。从实验类型上主要可以分成：演示实验和学生实验。

一、演示实验

演示实验的现象直观形象，往往可以带给学生最直接的冲击，激发学生的兴趣。课堂上有条件，应当场演示实验，甚至可以让学生共同参与，亲身体验，感受自然界的奥秘。

对于一些需要特殊环境及要求，无法在课堂上或不方便完成的，则可以进行翻转教学。有些演示实验由于受条件（时间、空间等）所限，如用三棱镜研究光的色散需要有太阳光；或者说该演示实验有一定的危险，如静电的防范、避雷针的使用。

对于这一类演示实验我们可以制作成“微视频”。在课前放给学生看，激发他们自学的热情。有条件的学生自己上网搜索学习，探究其原因。课堂上，学生交流学习心得和成果，调动主观能动性，充分享受学习物理带来的乐趣。

案例 1：在讲解生活中惯性现象之前，可以将学生在运动会上踢球、跑步和掷铅球等运动拍成视频。学生预习时，感受这些运动，初体验惯性规律。

课堂上，学生会根据亲身体会，将自己的感受拿来与大家分享，学生讨论的热情会得到点燃。同时，引起学生对生活中物理现象的关注，感受物理与我们的生活息息相关。

案例 2：检验静电的产生。

实验过程：分别用毛皮摩擦的橡胶棒和用丝绸摩擦的玻璃棒去接触验电器，观察实验现象。

现象 1：用毛皮摩擦过的橡胶棒去接触验电器，发现验电器的金属箔张开，说明此时与验电器相接触的橡胶棒带电。

现象 2：再用丝绸摩擦过的玻璃棒去接触验电器，发现验电器的金属箔张角减小（或者先减小后增大）。

该实验本身操作方便、简单，现象也很明显。但要成功完成，需要在干燥的环境下进行。所以教师上该节课的时候，条件是否允许，很难确定。因此，我们可以做两手准备。在课前，将成功的实验现象拍成视频。上课条件允许，当场演示实验效果更佳；若无条件，则放视频。这样也有好处，不仅帮助学生知道实验事实，达成课堂教学效果，还知道另一个真相——潮湿的空气容易导电。

通过上述案例，可以发现以上演示实验作用非常直接，是打开学生学习兴趣的一把钥匙。只要有条件，演示实验就应该在学生面前当场演示，并保证成功率。若无条件，我们可以通过采用翻转的模式进行，其宗旨和原则是提高学生学习的时效性和有效性。

二、学生实验

在现行的教学大纲下，根据课程标准课时安排，要顺利完成学生实验的学习时间非常紧。因此，在教学过程中，实际效果往往差强人意。

学生实验毫无疑问应由学生来完成，教师不能越俎代庖。那么，在有限的时间内，如何既保证学生顺利完成实验，又锻炼其处理和解决实际问题的能力，加强团队协作提升思维能力呢？通过平时教学总结，我发现只要学生上课前明确该节实验课的目的和原理，熟悉该实验所需器材的工作原理和特点，实验课就能顺利开展，课堂气氛往往有序而又热烈。

那怎样才能让学生对实验原理和步骤等了如指掌呢？若采用翻转的方式进行实验教学，就可以取得这样的效果。因为在学生实验之前，采用可控制的“微视频”学习，根据个人的实际情况控制学习进度，能较好地理解基本理论或基本技能等方面的问题。这样做既可以进行个性化的教学，还能锻炼学生的自学能力。课堂上，学生就会有充裕的时间，就实验改进、数据处理及误差分析等深层次的问题，进行深入相互的交流和探讨，从而获得思维上的碰撞和提高。这样实验教学的作用才真正落到实处，距离真正的素质教育就不远了。

学生实验的翻转教学，可以就以下几个方面展开：

（一）实验原理的翻转教学

将一些实验原理比较复杂，难理解的部分做成“微视频”，教师的讲解帮助学生预习。或者说某一节实验课需要大量旧知识作铺垫，同样也可以制作“微视频”，来帮助学生回顾和加深理解。

案例 1：测定重力加速度方法的实验研究。

方法：二力平衡

用弹簧秤称量已知质量为 m 的重物，当物体处于静止状态时，根据二力平衡可知，

弹簧秤的拉力 F 等于物体重力 mg，即 $F=mg$。

传统做法往往是将这种方法罗列在课堂上，缺乏变化，课堂气氛枯燥无味。若将这部分内容制作成翻转视频，供学生自主选择，对熟悉的内容是快进还是跳过可以自由掌控；反之，有问题的学生可以重新学习，补缺补漏加以巩固和提升。这样的做法既帮助学生回顾了已有理论知识，同时又提高了学习效率，实现因材施教。

（二）实验装置的原理和特点的翻转教学

对一些组装较为复杂的装置，或有一些特殊要求的实验也可以进行翻转教学。

案例 2：用 DIS 研究回路中感应电动势的大小与磁通量变化快慢的关系。

该实验研究感应电动势的大小与磁通量变化快慢的关系。在保证磁通量变化相同的情况下，通过改变相同磁通量变化所用的时间，从而测定磁通量的变化率。

光电门与螺线管的相对位置不变，还要保证挡光片每次挡光时间结束前后，钕磁铁与螺线管的相对位置变化一样。这都需要安装固定实验装置前，学生都须明确。至于为什么，可以利用课前翻转视频解释清楚，包括每一件仪器的具体功能。

只有在实验课前，对安装实验装置及其原理熟悉，各仪器的具体操作规范，才能成功完成本实验。

（三）数据处理方法的翻转教学

在进行定量实验时，需要记录大量的实验数据，还要对其进行处理和分析。这是检验实验成功与否的重要依据。

我们可以制作“微视频”，在课前放给学生看，从中传授一些处理本实验数据的相关方法和手段。比如实验数据处理的常用方法：列表法、图像法、解析法等。例如：对探索性实验，特别是数据的规律性不太明显的时候，其难度有较大的伸缩性，可以采用先列表、再作图，便于找到数据之间的关系。有时我们也综合采用几种方法。

第二节　实验课翻转课堂的教学设计

实验课课型主要分为基础型实验、拓展型实验和研究型实验。不管是哪一类实验课课型，学生都必须先理解实验原理，掌握基本的实验技能，顺利完成实验，才能从中获得实验的成功与收获。

实验翻转课的教学设计主要分两个部分：课前学习与课中实施。在设计课前学习时，老师要明确学生已有知识，该知识可能是实验原理、实验技能或实验方法等，可以通过简单的知识梳理来加以回顾。同时，老师更要清楚通过本节课学生要达到什么样的要求，怎样实现这一要求，要设计哪些环节，这都是在课前的学习设计中要关注到的。在课堂教学过程中，要做好预设与生成，并能根据学生的认知水平与能力不同及时做好调整。

一、基础型实验

基础型实验相对比较简单。学生在课堂上完成，其动手能力得到锻炼且容易在实验中获得成功的喜悦。

案例 1：电流的磁场

通过对初中有关电流的磁场章节内容的学习，我们发现在初中时学生对磁场概念有一定的认识，知道电流周围存在磁场；而高中教材对这一内容阐述的主要不同点，是在表述磁场时增加了磁感线描述不同磁场的分布，如：通电直导线、通电螺线管和环形导线磁场的分布。

本节课的主要设计分两个阶段：

1. 课前学习：在进行翻转教学时，将初中与高中有重合的一些内容放在课前学习，以复习的方式为主。比如：通过理论知识的复习，或几个演示实验的回顾，知道基本的磁现象。理解磁场不仅有强弱，还有方向。

2. 课中实施：设计几个体验实验，以活动形式展开，来真切感受电流周围的磁场，用磁感线来描述特殊形态的物质——磁场。

活动 1：体验电流周围存在磁场。

（1）在静止的小磁针上方放置与之平行的直导线。接通电源，观察现象。接着改变电流方向，再做一次。

（2）记录现象，在图上画出小磁针的偏转方向。

（3）说明什么？

活动 2：观看演示实验并记录现象（特别是通电后，小磁针静止时的指向）。

在图中用磁感线画出电流产生的磁场。

活动 3：验证通电螺线管两端的极性。

请将导线缠绕在铁质的螺帽上，再给其通电。然后在图中画出导线缠绕方向，标出电流流向及此时两端极性。再用实验进行验证。

活动 4：讨论环形电流周围磁感应线分布。

采用翻转教学的好处是学生有充裕的时间参与其中亲身体验，在学习过程中运用观察分析和空间想象等方法，从演示所呈现的现象中，得出有关现象的本质和规律，感受建立科学模型方法在物理学研究中的重要作用。

二、拓展型实验

拓展型实验是学生在已学内容的基础上，对物理规律的应用进行适当的延伸和拓展，学生必须对学过的物理规律要有深刻的理解并熟练地掌握。该类实验可以促进学生思维能力的提升。

案例 2：滑动变阻器的分压式连接。

滑动变阻器的分压式接法是物理实验教学的一个重点，同时也是教学难点。滑动变阻器的分压式接法是经常考查的知识点，以设计型电学实验形式呈现居多。特别是在上海物理试卷中，滑动变阻器的分压式接法应用屡屡出现。

本节课的主要设计分两个阶段：

1. 课前学习：对滑动变阻器的限流连接和分压连接，进行了理论的分析和梳理，理解两种电路的优点和不足。在制作“微视频”时，主要考虑两个方面：一是理论的梳理，是电路的实物连接；二是抓住学生存在的主要问题，进行设计。

2. 课中实施：在已有的理论基础上，以实验为载体，通过实验操作、简单设计和拓展性实验，步步深入，依据学生认知规律来学习新知识，加深对物理规律的理解与掌握。从简单实验着手，通过比较，感受滑动变阻器的限流式接法和分压式接法，初步掌握简单的分压式接法。通过描绘小灯泡完整 U–I 图线的设计，练习较为复杂的分压式接法，初步体验分压式电路的设计。通过一个较为复杂的拓展型实验，提高设计的难度，激发学生设计的热情，再用具体实验来检验设计的正确与否，经历探索科学规律的一般方法。最后，通过一个思考题，检验学生知识的迁移能力，运用物理规律来研究具体问题。

活动 1：课前学习检测交流。

实验 1：按图示连接电路，移动滑动变阻器的滑片（从最左端滑至最右端），观察小灯的亮度的变化。

实验 2：按图示连接电路，移动滑动变阻器的滑片（从最左端滑至最右端），观察小灯的亮度的变化。

要求：学生连接电路并说出在实验中所观察到的现象。通过比较及实验的体验，使学生深刻体会滑动变阻器限流式和分压式两种接法，理解滑动变阻器分压式接法的优点。

活动 2：实验 3，完成实验设计。

要求：该实验装置能描绘出小灯泡完整的 U–I 图线。

活动 3：实验 4，完成实验设计。

要求：用滑动变阻器来控制灯的明暗变化。当滑动变阻器的滑片从最左端向最右端移动时，A 灯由亮逐渐变暗，直至熄灭，而 B 灯由熄灭到越来越亮。

器材：电源、滑动变阻器、A 灯和 B 灯各一个、开关及导线若干。

学生设计完毕后，老师选择各种不同的电路设计，在展示平台上展示。大家一起评价，选出正确的符合要求的设计。

活动 4：思维提升训练。

要求：完成一道设计型实验的部分设计。

学生在实验前，对实验原理熟悉，知道如何连接滑动变阻器。在实际实验过程中，学生清楚每步的目的，操作规范和熟练，能在较短的时间内完成实验操作。课堂上相互交流与探讨的时间大大增加。

三、研究型实验

教学的目的不仅是教会学生知识，更重要的是教会学生如何学习，特别是终身学习的能力，而研究型实验是培养学生研究型学习能力的有效途径。所以，开展好研究型实验教学意义重大。

案例 3：重力加速度的测定。

本节课的主要设计分两个阶段：

1. 课前学习：本节课主要包括一些运动规律的梳理，还有就是让学生知道如何从平时接触的事物中去获得知识，比如：上网、上图书馆查阅资料等。通过“微视频”引导学生自主学习，体现学生的主体性，可供学生选择的方法，充分发挥参与性和合作性。教师做好指导、参谋、服务的作用。大部分研究的内容，学生在课外自主进行；课堂上，大家集中展示和讨论交流，共同学习生活中的物理。

2. 课中实施：以重力加速度的测定为抓手，通过研究型的学习方式，理解几种常见的运动规律。具体以“引导设想—资料收集—实验探究—总结评价—联系实际”的模式来探究物体运动的规律。

通过搜索资料、分组讨论、提出设想、实验探究、全班交流及总结评价等过程，感受探究问题的一般方法。

第三节 实验课翻转课堂教学的基本步骤

翻转模式的实验教学，与传统实验教学的主要区别在于课前有与实验课相关的“微视频”学习。而“微视频”学习最大的好处是可以灵活控制学习进度，对不清楚的内容，可以反复观看揣摩，直到弄懂弄透。另一个好处就是全班同学可以获得一个相对齐整的知识水平和实验技能，为课堂顺利进行做好铺垫，可以空出更多的时间来进行更深层次的探究和交流，实现高阶思维能力的提升。教学基本步骤如下：

一、“微视频”的制作

以学生发展为本，是二期课改的最大变化，也是教育教学的主方向。在制作实验教学“微视频”时一定要贴近学生实际。

制作“微视频”前要做好以下分析：学生原有认知（包括对该实验原理的认知及实验技能水平）；课堂学习目标；实验途径等。只有这样，微视频制作时才能更加有针对性和目的性，以学生为本，真正体现“微视频”在翻转模式下实验教学中的效果和作用。

二、“微视频”内容学习的检测和修正

“微视频”学习依托“云环境”，通过学生自学复习巩固原有知识，并加深学生对旧知识的理解。同时，通过新问题的提出或引发学生思考的实验现象，激发学生思考，明确下一节课的学习方向和目标。

若要用好“微视频”，还必须对学生自学情况进行检测。教师要做好反馈，及时掌握情况，制定有效的应对措施，使新课教学做到详略得当，有的放矢。

三、实验的开展

通过教学方式的改变将课堂还给学生，让学生成为课堂的主人。教师在实验教学开展过程中，主要是扮演协调者和观察者的角色。在学生实验过程中，教师可以积极

地参与到学生中去，了解学生所想，知其问题所在，帮助学生认知。在实验交流过程中，教师还要学会倾听，鼓励学生积极参与，热情讨论，做好学生之间相互交流的协调。

四、高阶思维的交流

翻转模式在实验教学中的应用，可以让学生有充裕的时间去体验实验，从中发现问题、解决问题，获得能力的提升，并实现高阶思维的碰撞和交流。

高阶思维的交流开展，需要问题的触发，引起大家的共鸣。而问题的来源设置，可以从以下几个方面着手：

一是学生遇到的问题，可以是基本原理、基本技能方面等。这些问题来源于学生的体验，有同感更能激发学生的讨论热情，开展积极有效的学习和交流。

二是教师发现学生中存在的问题，可以是操作过程规范、误差分析等。这些问题平时往往没有引起学生注意，需要老师提醒。以“问题指出—造成结果—如何改进”的途径去展开问题、分析问题和解决问题，培养学生科学严谨的作风。

三是突发的新问题。这类问题无法预测，恰恰又是激发我们进一步学习的动力来源。教师要注意这类问题的利用，发挥其在教学中的作用。

第四节　实验课翻转课堂的教学示例

对于实验课翻转课堂的教学示例，我们以《滑动变阻器的分压式接法》课堂教学为例加以分析。

一、任务分析

滑动变阻器的分压式接法是物理实验教学的一个重点，也是教学难点。作为经常考查的知识点，它常以设计型电学实验形式呈现，特别是在物理试卷中，滑动变阻器的分压式接法应用题型更是屡屡出现。

由于学生在进行电路设计时，一般情况下都使用滑动变阻器限流式接法，因此，对于滑动变阻器的分压式接法，意识薄弱，体会不深刻。其实，许多电学实验中，限流式接法已不再满足要求，需要使用更加复杂的分压式接法。

本设计是基于翻转课堂教学模式下的教学。学生对滑动变阻器的限流式接法和分压式接法有一定的理论基础。

本设计强调学生动手实验和教师适时引导相结合的教学方法。从学生已有的知识出发，引出问题，引导学生动手设计，并用电路来检验设计，让学生体会“设计—实施评价”的实验过程。在学生遇到困难时，适时发挥教师的指导作用，使问题得以解决。

二、教学目标

（一）知识和技能

1. 知道滑动变阻器的限流式接法和分压式接法及其区别；

2. 理解滑动变阻器的分压式接法的条件，掌握滑动变阻器的分压式接法；

3. 应用滑动变阻器的分压式接法设计电路。

（二）过程和方法

通过学生的亲身体验，感受抽象的物理规律，用理论联系实际的方式，认识到物理知识在我们的生活中无处不在。通过对物理现象的观察分析和归纳，养成科学探究能力，并能解决实际问题。

（三）情感、态度和价值观

养成严谨的作风，实事求是的态度，勇于发现并解决问题及主动探索物理规律的科学意识。

三、教学重点与难点

1. 重点：理解滑动变阻器分压式接法的要求，准确掌握滑动变阻器的分压式接法。

2. 难点：应用滑动变阻器的分压式接法设计电路。

四、教学资源

1. 器材：电池（2 节）、小灯泡（2 个）、滑动变阻器、电流表、电压表，开关和导线若干。

2. 媒体资源：计算机、展示平台等。

五、教学设计思路

本设计的主要思路：在已有的理论基础上，以实验为载体，通过实验操作、简单设计和拓展性实验，步步深入，依据学生认知规律来学习新知识，加深对物理规律的理解与掌握。首先，从简单的实验着手，通过比较，感受滑动变阻器的限流式接法和分压式接法，初步掌握简单的分压式接法。通过描绘小灯泡完整 U–I 图线的设计，练习较为复杂的分压式接法，初步体验分压式电路的设计。然后，通过一个较为复杂的拓展型实验，提高设计的难度，激发学生设计的热情，再用具体实验来检验设计是否正确，经历探索科学规律的一般方法。最后，通过一个思考题，检验学生知识的迁移能力及应用物理规律来研究具体问题的能力。

本设计要突出的重点：滑动变阻器的分压式接法的电路连接、设计和应用。

方法：遵从学生的认知发展规律，电路设计有铺垫有台阶，从最简单的电路连接入手，熟悉基本方法熟练掌握基本技能和规律，逐步提升要求。

本设计要突破的难点：对电路设计要求用滑动变阻器分压式接法的判断的意识；运用滑动变阻器的分压式接法设计电路。

方法：学生实验，亲身体验，感受分压式电路结构的特点，深刻体会分压式电路的优点。

六、教学流程说明

活动 1：通过实验 1 和 2，一是让学生熟练掌握电路连接加深对电路结构的认识；二是加强学生对滑动变阻器的限流式接法和分压式接法的理解，特别是对分压式接法的规律和特点的理解。

活动 2：通过实验 3，学会简单的分压式电路设计，掌握复杂电路的连接，感受实验过程的一般规律。

活动 3：通过练习 1、2 和 3，检测学生对滑动变阻器的限流式接法和分压式接法的认识，掌握复杂电路的连接。

活动 4：通过实验 4，尝试复杂的分压式电路设计，注重知识能力的迁移。

活动 5：通过拓展性的实验练习题，感受创新实验与物理教学的关系激发课外创新实验的意识。

七、教学实录

翻转课堂：滑动变阻器常见的两种接法（视频）。

说明：在课前，学生观看该视频，不懂的同学可以反复观看学习。主要是补齐学生在新课学习中所需的理论知识和基本技能。

翻转视频回放：

滑动变阻器的常见连接方法。

（1）限流接法；

（2）分压接法。

通常滑动变阻器以限流接法为主。但在以下三种情况下，必须选择分压接法。

（1）用电器或某部分电路的电压需要从零开始连续变化。

（2）提供的实验器材、电表量程或电阻的最大允许电流不够。

（3）滑动变阻器阻值小于被测电阻或电路中串联的其他电阻阻值。

新课：

知识回顾：通过前面对翻转视频的自学，知道滑动变阻器常用的两种方式：限流式和分压式。

教师：这节课，我们一起通过实验，来再次体验这两种不同的连接方式，感受它们的不同特点和规律。首先，请同学们根据实验学习单，利用提供的实验器材，完成实验1和2，交流两个电路的现象和实验体会。

学生实验……

实验1：按图连接电路，移动滑动变阻器的滑片（从最左端滑至最右端），观察小灯泡的亮度的变化。

现象：小灯泡的亮度可以改变（变亮或变暗），但无法让小灯泡完全熄灭。

实验2：按图连接电路，移动滑动变阻器的滑片（从最左端滑至最右端），观察小灯泡的亮度的变化。

现象：小灯泡的亮度可以从不亮变到最亮，或从最亮到完全熄灭。

实验完毕，交流实验心得体会。

教师：请同学们说出你在实验中所观察到的现象。

学生：实验1——小灯泡的亮度可以改变（变亮或变暗），但无法让小灯泡完全熄灭。

学生：实验2——小灯泡的亮度可以从不亮变到最亮，或从最亮到完全熄灭。

老师：小灯泡亮度的变化情况不一样。从物理原理的角度来分析，即电压变化不一样。

学生：实验1——滑动变阻器限流式接法电压调节范围小。

学生：实验2——滑动变阻器分压式接法电压调节范围大，且可以从零开始连续变化。

教师：通过前面的理论学习——滑动变阻器限流式和分压式两种接法的比较及实验的体验，感受滑动变阻器分压式接法的优点。

板书：

课题：滑动变阻器的分压式接法。

优点：电压调节范围大，且可以从零开始连续变化。

教师：接下来，请同学们看到实验学习单的实验3，完成实验设计。

学生实验……

实验完毕，交流实验设计。

教师：通过展示平台展示学生设计及实物图连线。

教师：为什么这样设计？

学生：实验要求能描绘出小灯泡完整的 U–I 图线，则说明需要用电压调节来满足需要，即选择滑动变阻器的分压式连接方式。

教师：很好。在实物图连接时，要注意什么？

学生：先将电源、开关和滑动变阻器所有电阻（连下面两个接线柱）组成一个回路，再完成分压部分电路的连接（从滑动变阻器的上面一个接线柱拉一根导线出来，接需要分压的用电器，与滑动变阻器的一部分电路并联）。

教师：接下来我们来检测一下，前面所学知识的掌握情况。

学生练习……

八、学生作业完成巩固练习

九、教学反思

在物理试卷中，有一道就是有关分压电路连接的问题。笔者留心做过一个实验，全班43位同学中，有26人分压电路不会或连接出错。其实这些内容在前面也都讲到过，只能说明以前讲的内容收效甚微。针对这个问题，笔者认为，是不是可以换一种形式进行教学，通过学生实验，去领悟分压式电路的接法，从而加深理解，这是我当时选这个课题的出发点。

这节课是基于翻转课堂的教学模式。为了让学生对限流和分压有系统地学习，做了这样的一个翻转课堂的“微视频”。在前面的视频中对于一些基础知识，比如什么是限流？什么是分压？做了比较详细的阐述分析和示范连接。在教学过程中，我的出发点是通过实验的这种方式，来促使学生对限流和分压加深理解。

我们常说：百闻不如一见，百见不如一试。所以，我想见还不如一试，通过实验比光讲理论，效果肯定要好点。在课堂教学设计中，重点是通过学生的实验，来完成对限流和分压的理解。设计过程中从最简单的电路连接开始，前两个实验很简单，目的是为了让学生熟悉怎样连接电路。其次，通过连接电路，对现象的分析，帮助学生判定第一种方法是限流，第二种方式是分压。现象很直观，加上是学生自己连接的电路，应该会给学生留下更加深刻的印象。有了前面两个小实验的基础，设计了一个分压式接法电路，来描绘小灯泡的 U–I 图线。这个相对前面的内容稍微要复杂一点，主要是后面的设计要用电流表、电压表。电流表接在什么地方？接在与小灯泡直接串联的支路上，电压表用来测小灯泡的电压，这个电路应该比前面两个电路要复杂一点。在内容上，由浅入深，一步步给学生设计台阶，并不是直接从很简单跳到很复杂。通过后面三个小练习，来检测学生对限流、分压的判定，以及如何正确地连接分压电路。接着是实验 4，这个实验涉及两个灯泡都要分压，但是两个分压又不是直接并联，而是两个灯泡串联，这对学生来说就稍微有点难度了，这里的难度相比前面来说有了较大的提升。从实际检测的效果上来看，学生基本上能理解并根据要求设计出正确的电路来。最后，通过高考试题中拓展性的实验，来检验学生对知识的迁移能力。因为这个题目是一道信息题，学生在理解的时候存在一定的困难，一旦和实际结合，学生的迁移能力的不同，就明显的显现出来了。在以后的教学过程中，对学生这方面的能力培养还要加强。

这节课，我觉得最成功的地方是采用翻转课堂的教学模式。学生在课堂上，目的明确，实验操作规范，大多数学生掌握了分压式接法，说明学生对前面的理论讲解有了更加深刻的理解和体会。还有成功之处，就是有较多的时间师生、生生之间的交流。针对难度较大，有需要知识迁移的实验，学生都能很快完成，讨论热烈，能开展高阶思维的交流。

第十二章

习题课翻转课堂

第一节　习题课翻转课堂的学习

一、习题课的概念

在中学物理教学中，习题课是不可缺少的一种课型。广义地说，教师以指导学生进行物理练习为主的课均可被称作物理习题课。深刻理解新课程理念后的物理习题教学应达到以下几个目的:（1）提高学生的基本科学素养，激发学生进行科学探究的兴趣;（2）通过学习团队的组织，指导学生开展合作学习，养成善于与同学合作的习惯；（3）重视物理与技术、社会的紧密联系；（4）进行爱国主义和辩证唯物主义教育，提高应变能力，使学生的智慧、潜能得到充分的发展，培养学生的创新思维。

物理习题课教学是教师指导学生运用理论知识解决实际问题的起点，在解答物理习题的过程中，学生的思维活动处于十分集中和积极的状态，这时，他们凭借自己的力量去克服困难，聚精会神地寻找解决问题的途径，综合运用所学的知识和方法，对问题进行科学的想象、分析与综合、判断与推理，并运用数学知识和方法求得解答。

本章论述的习题课翻转课堂，是在新课程理念指导下，对传统习题课先讲后练、师讲生练的机械训练模式进行翻转，把学生能自主学习的解题所需基础知识和模仿训练放在课前，通过观看视频进行自主学习，发现并提出问题，在“云环境”下师生、生生之间在线解决部分问题，在有限的课堂时间内完成释惑答疑、情境建立、实验验证等需要教师支持才能解决的任务，实现同伴互助，师生或生生合作解决问题。教师把握学生的课前学情，围绕教学目标，预设情境和任务，主导课堂教学活动。学生在问题解决过程中，对陈述性知识进行结构化的建构，对程序性知识进行概括性的建构，并且掌握概括程序性知识的方法。

二、习题课的类型

根据物理习题课的教学时机与教学内容范围的不同，可分成下述三类习题课型：

1. 在概念、规律新授课中，为准确认知新概念、规律的基本运用方法而与新授课结合的习题课，可称为概念规律形成性习题课。如“万有引力定律”的教学，在得到万有引力公式后马上进行的例题示范及巩固练习。

2. 在一个单元或一个知识模块结束时，针对在本单元或本知识模块的学习过程中学生对知识理解及运用知识解决问题时的典型错误，为了纠错和强调而设的带有总结提高性质的习题课，可称为总结性习题课。如“串并联组合电路”习题课、“简单逻辑电路”习题课等。

3. 在讲授完某种典型的物理思维方法，且这种思维方法对物理思维的形成及对今后的学习有着重大影响，因对方法的领悟难度较大，为帮助学生提高认识及减轻学习困难、提高某项物理能力与方法的运用水平而设置的习题课，可称为专题习题课，如：“整体法和隔离法的应用”“图像法的应用”习题课等。

根据物理习题课的教学目的，可分为以下四种习题课型：

1. 思路型习题课。思路型习题课是指在习题课教学中，教师引导学生认真分析题中所涉及的物理现象和所进行的物理过程，分析它们所处的状态和条件，在头脑中形成清晰的物理图像。它包含“找寻关键词”“构建物理模型”“归因解题方法”等过程。在物理习题教学中，思路型习题课占主导地位，旨在帮助学生获得解决问题的正确方法，建立解决问题的思路，加快知识向能力的转化速度。如：“串并联组合电路”习题课中，在翻转视频中教师画解题思路图分析例题，思路图清晰外显教师的思维，比传统课堂上教师讲解题思路留给学生更多的思考时间。学生观看视频练习画思路图，外显学生思维也便于学生自我监控解题过程，教师和学生本人在纠错过程中都更容易查找出思维障碍点。

2. 规范型习题课。所谓规范型习题课，简单地说，就是在习题课的教学中，让学生解题时按一定的格式进行。通过教学，使学生解题做到书写整洁、表达清楚、层次分明及结论明确。有计划地进行规范型习题课教学，能培养学生思维的严密性及处理问题的严谨性。如“机械能守恒定律”习题课课前翻转视频中，教师借助“解题步骤菜单”示范分析过程、审题要点和解题步骤。学生观看视频完全能够领会如何规范解题，课前可以模仿解答基于简单运动过程的机械能守恒类习题，在课堂上就可以重在拓展分析复杂的运动过程，而不是花时间示范解题步骤的规范性。

3. 问题型习题课。问题型习题课是指教师利用某一特定的情境，展示各种不同类型的问题，从不同的侧面揭示事物的本质和区别，使学生从多角度去认知某一物理现象或物理过程，并把它们综合为整体认识，创造性地运用所学知识和方法去适应新的情况，探索新的问题，使自己的视野不断拓宽。

4. 开放型习题课。所谓开放型习题，是指题设条件、解析策略或题目结论具有开放性特点的习题。传统的物理习题条件完备、结论明确，题目条件一般只蕴含着唯一结果，称为封闭性问题。相反，开放性问题则是使题目条件不完备或题目结论不明确，从而使题目条件蕴含多种结果。开放型习题课型的设计需要教师有扎实的基本功和丰富的内涵，课堂教学中能充分体现教师的主导作用和学生的主体地位，适合对优秀学生进行训练。

三、习题课的作用

（一）巩固、系统化知识

物理学科的教学存在学生看懂、听懂容易而做题难的现状，一定量的物理习题教学可以使学生对概念、规律的理解更为透彻、全面，并得到加深和拓展。学生在新授课上能初步掌握所学的概念和规律，但是对它们的理解往往只是表面的、片面的、孤立的。只有通过对适当的具体物理习题的解答，学生才能从不同侧面、不同角度完善对概念、规律的理解，巩固与深化所学的概念、规律。

（二）培养学生解决问题的能力

物理练习是学生运用理论知识解决实际问题的起点，物理定律和公式是用物理量的符号表示的函数关系。学生在做物理练习时，要将学过的物理定律公式应用到个别的具体情况中，这样就能很自然地建立理论与实际的联系。如果习题的题材取自于学生身边的生活、生产、交通或科学技术，那么这种联系就更加明显了。在解题的过程中，教师积极引导，学生合作探究、独立钻研与总结，可以逐步培养学生分析、处理解决问题的思路和方法。

（三）反馈教学效果

教师靠课堂上的“察言观色”和简单的提问，远不能全面了解学生对概念、规律的掌握情况，需要通过学生完成习题的情况来捕捉教学信息，准确地抓住学生学习中问题的症结，以对症下药，及时采取有效措施，进行教学补救，从而为下一步教学活动铺平道路。

四、哪些习题课适合翻转课堂

根据物理习题课的教学的时机与教学内容范围的不同分类的习题课类型中，单元小结性习题课和专题习题课更适合翻转课堂教学模式。根据物理习题课的教学目的分类的习题课类型中，思路型习题课、规范型习题课、问题型习题课和开放型习题课都适合翻转课堂教学模式。另外，有实验情境或复杂物理过程的习题也适合翻转课堂教学模式。

单元小结性习题课，不仅要提高解题能力，还要建构单元知识。教师可以在课前翻转视频中对具体知识点的复习和构建进行引导，甚至提问，并指出本单元知识和解题的重点、难点，以便学生课前进行自我检测。在专题习题课课堂教学前，教师可在课前翻转视频中讲解某专题的一个例题，特别是解题方法类专题习题课，学生只要在课前先借助一个简单例题初步了解这种方法即可。思路型习题课，教师在课前翻转视频中把自己的分析思维过程说出来，向学生示范自己的思考过程，这叫出声思维法。教师边讲边画或讲后接着画出自己的思路图，外显思维过程。规范型习题课，注重解题规范性训练。教师的解题示范过程和对规范要点的强调，以及展示学生的典型不规范案例，完全可以在课前翻转视频中进行。问题型习题、开放型习题和有实验情境或复杂物理过程的习题，都可以在课前翻转视频中预先把课堂习题相关的背景、情境提供给学生，引导学生联系情境思考并提出相关物理问题，为课堂教学奠定基础。

总之，课前翻转视频中的内容是学生可以独立学习并掌握的，不必占用课堂师生同在的时间。宝贵的课堂时间可以用来给学生提供支持和帮助，真正体现课堂教学中学生的主体性。

第二节　习题课翻转课堂的教学设计

翻转课堂颠倒了知识传授和知识内化的教学过程，改变了师生在传统教学中的角色，重新规划安排课前和课堂的教学任务。习题课翻转课堂的教学设计主要是基于对教学目标、教学内容、教学对象的分析，制作教学“微视频”学习任务单和课件，设计教学活动和教学环境（包括教学硬件设备、在线平台和网络资源等）。

一、习题课翻转课堂的教师和学生的角色定位

新课程理念倡导发挥教师的主导性和学生的主体性，物理习题课翻转课堂与新课程理念一脉相承。

（一）教师的角色定位

习题翻转课前，教师创建“微视频”、编制学习任务单以及搜集学生的问题，课堂上教师组织学生分组讨论互助解决问题，发现个体的思维障碍和亮点，引导促进学生间的交流。教师的教学行为主要体现在以下几个方面：

1. 教师引导学生的思维发展

习题课中教师的主导性除了体现在上述的教学活动中，更主要的是体现在帮助学生外显思维、找准并突破思维障碍、理清归纳思路三个方面。

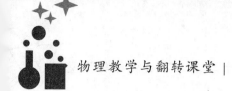

由于对物理知识理解不透，学生往往会出现生搬硬套现象。中学物理习题中涉及的物理过程较复杂，往往涉及某一个物理量在两个状态的不同大小，学生的错误往往就在于没分析清楚物理过程和不同物理状态对应的物理量，往公式中某个物理量乱代入一个状态的数据。教师在学生解题过程中巡回指导，应抓住时机，找准症结，予以指导，使学生突破思维障碍。

对于难度较大，物理过程复杂的综合题，教师可画出自己的解题思路图，外显教师的思维，帮助学生理解；也可以指导学生画解题思路图，外显学生的思维，便于教师把握学生的思考程度，也便于学生自己找出思维障碍；教师也可以用降低梯度、分设疑点的方法，把学生引上正确的解题轨道。

2. 教师激发每一位学生的潜能

“为了每一位学生的发展”是新课程的核心理念。习题课翻转课堂教学前教师搜集学生待解决的问题，因课堂上主要教学活动是学生自主和合作活动，教师可以进行个别化指导，能尊重学生的差异性和认可每位学生的价值，尤其能尊重理解迟缓的学生和与自己意见不一致的学生。教师不仅要尊重每一位学生还要学会赞赏每一位学生，特别是在学生对某道习题有独到见解或是有更好的方法解决时，及时鼓励展示交流，适时地给予鼓励与赞赏。

3. 教师促进学生问题解决能力的提高

记住物理知识、学会解物理题不是习题课最终的教学目的。教师再也不能把知识传授作为自己的主要任务和目的，不能把主要精力放在检查学生对知识掌握程度上，而应成为学生学习的激发者、辅导者、各种能力和积极个性的培养者，把教学中心放在如何促进学生“学”上，从而真正实现“教是为了不教”。巩固构建知识是习题课的主要目的，但是提高学生的问题解决能力是习题课的最终目标。在习题课上培养学生解题能力的实质，是要培养学生的问题解决能力，这才是学生终身发展需要的能力。

（二）学生的角色定位

新课程的重点之一是如何促进学生学习方式的改善。习题课翻转课堂教学前，学生在视频和学习任务单引导下自主动脑、动手或动口发现、解答或讨论物理问题，学生在课堂上主要是互助解决课前解决不了的问题，或者合作完成更为复杂的个人难以独立完成的任务，充分体现学生的主体性。翻转课堂教学模式倡导在物理课堂习题教学中采用学生的自主学习、合作学习和探究学习的学习行为方式。

1. 学生的自主学习

自主学习概括地说就是“自我控制、自我激励、自我导向”的学习。在课前学习翻转课堂“微视频”阶段，尤其体现学生的自主学习。学生可以根据自身条件和喜好，自主选择最佳的学习时空；需要对认知活动能够进行自我监控，并做出相应的调适，以达到最好的学习效果。传统课堂习题教学进度难以满足各层次学生的需求，翻转课堂通过课前观看“微视频”、自我发现问题、在“云环境”下主动寻求帮助解决问题的自主学习方式弥补了传统课堂的这个弊端。

2. 学生的合作学习

合作学习是指学生在小组或团队中为了完成共同的任务，有明确的责任分工的互助性学习。通过课前学习视频，学生带着问题进入课堂，课堂上同伴互助合作解决问题。在物理习题课翻转课堂中，解题评价阶段的生讲生评、师讲生评和互助释惑答疑、合作实验验证等都以合作学习形式进行。合作学习需要小组成员积极地相互支持、配合，特别是面对面的促进性的互动。

3. 学生的探究学习

探究学习即从科学领域或现实社会生活中选择和确定研究主题，在教学中创设一种类似于小课题研究的情境，通过学生自主、独立地发现问题、实验、操作、调查、信息搜集整理与处理、表达与交流等探索活动，获得知识、技能，发展情感与态度，特别是探索精神和创新能力的发展的学习方式和学习过程。在习题课翻转课堂的教学中，教师可选用一些与社会生活、生产实际紧密联系的问题，提供给学生一系列的主题型习题。解题经历的弄清问题、拟订方案、实施方案、解题回顾的过程也是一种探究学习的过程，对习题的实验验证过程最适宜学生探究学习，锻炼学生的探究学习能力。前一节提到的问题型习题课、开放型习题课是更适合学生探究学习的方式。

二、习题课翻转课堂的学习任务分析

物理概念、物理规律是一种陈述性知识，而解题能力中的技能和策略是一种程序性知识。学习者在物理习题课中的学习任务包括对陈述性知识进行结构化的建构，对程序性知识进行概括性的建构并内化解题策略。

（一）对陈述性知识进行结构化的建构

认知结构对物理问题解决有着十分重要的作用。问题解决是以已有的认知结构为基础的，原先习得的概念、规律、方法、技巧等，是问题解决中思维的素材，如果缺少这些素材，学生的认知结构完全不能同化其问题，那么也没有调整改造其原有认知结构的必要和可能，认知也无从发展。所以必要的知识、方法的学习是问题解决的前提，离开必要的知识、方法的积累和掌握去谈培养学生解决问题的能力，只能是“空中楼阁”。

当学生面临一个需要解答的物理问题时，他们便被置于一种问题情境内。若问题只是一些较为简单的、缺乏新意的内容，则已有的认知结构能将它完全同化，在不改变原有认知结构的情况下就可以直接使问题得到解决。若问题较为复杂，有一定新意，

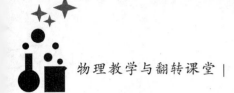

则学生将会发现原有的认知结构不能完全同化新问题，必须重新组织若干已知的概念、规律、方法、技巧等，找出对当前问题适用的形式和内容，这一活动就是顺应。经过同化和顺应这两种活动之后，即形成新的认知结构。从这一新的认知结构出发，使问题得到解决。而问题一旦解决，在问题解决中所形成的“高级规则”将得到强化，被贮存下来作为认知结构中的一个组成部分，以后可以用来解决相同类型的其他一些问题，使学生习有所得。

（二）对程序性知识进行概括性的建构

在教学中仅仅对具体问题中的概念、规律进行反复强调和讲解，并不能有效地发展学生的解题能力。仅仅让学生记住典型例题中的具体解法，也不能使大多数学生形成系统分析、判断和有序推理的概括性解题能力。所以，要使多数学生形成技能和策略，应该是对某类问题解决的程序性知识的概括性建构。这种程序性知识是教材中所没有的，对多数学生来讲也是很难自发形成的，所以需要教师首先总结概括出这些程序性知识，然后围绕这个核心来选择例题和习题，并在课堂上以思维外显的方式传授给学生，并进行迁移练习应用，才能最终内化为学生的能力。与传统的题海战术不同，这里的练习是围绕概括出来的程序性知识进行的，而不是围绕大量的物理知识展开，练习重在外显思维的过程，而不是展示解题步骤的过程。

（三）内化策略性知识

研究和实践表明，在习题课教学中，向学生传授并训练程序性的解题知识，可以有效地提高学生对这部分知识的理解能力，但不能保证学生在其他知识的应用中自己也能够形成这样的能力。为使学生能够自己形成解决问题的程序性知识，还需要引导他们感悟教师概括程序性知识的方法，主动地对自己的解题过程进行分析概括，掌握解题中的策略性知识。在以往的教学中，解题策略的教学并未受到应有的重视，它基本上是依靠学生在解题实践中自然地生成的，或走了许多弯路才最终领悟的。这种掌握解题策略的进程十分曲折而缓慢，往往事倍功半。实践表明，为学生提供或帮助学生概括出解题策略比他们自然生成的策略效果要好些。因此，在物理习题教学中，应当注意将解决物理问题有效的思维策略提炼出来，有意识地、明确地、外显地教给学生，并适时帮助学生对解题思维过程进行概括、总结，让学生在解题实践中内化解决问题的各种策略。

三、习题课翻转课堂的教学目标

巩固、构建知识是习题课的主要目的，提高学生的问题解决能力是习题课的最终目标。

（一）自主完成知识建构，不断完善知识结构

灵活应用知识解答习题，需要的不仅仅是独立的知识，更是多个知识点的有机结合。建构主义认为，学习新知识的过程就是自己原有认知结构中的有关经验对当前新知识的同化和顺应过程，而构建良好的认知结构，能够在应用时灵活提取，也有利于对新知识的同化和顺应。

（二）在互助合作中，增强合作意识

习题课翻转课堂的课堂活动更重视合作学习形式，体现课堂活动中教师和同伴的必要性。学生在合作学习活动中，体会与教师和同伴间互相帮助对学习带来的促进作用，增强合作意识。

（三）在理清解题思路过程中，提高问题解决能力

习题解决是局限于学习中的任务，而问题解决能力是学生发展终身需要的能力。在习题解决过程中，习题课翻转课堂教学模式在视频中和课堂教学中都更加强调理清解决问题的思路，留给学生更多的时间去分析思路，而不是简单地进行数值运算。

（四）加强反思，提高自主学习能力

不论是课前自主学习视频内容，还是课堂合作探究，或者是解题所需的知识的掌握以及解题过程中的审题、分析和计算等都需要学生个体加强反思，明确自己在解决问题中存在的障碍并不断扫除障碍，使问题解决顺利地进行。

四、习题课翻转课堂的教学模式

（一）问题评议模式

评议模式是建立在学生已经学完了该部分的概念和基本规律，且在学习这些规律的同时接触过一些例题，已经具备了进一步分析、演算的条件的基础之上的。习题课翻转课堂的评议模式即学生课前观看视频并完成课前任务单后，学生带着不会解决的视频中的提问或者自主学习过程中产生的问题进入课堂。课堂上由一个学生讲，小组成员议，或者一个同学讲全班同学议，也可以由教师抛出问题，部分或全体学生议。最后教师指导、学生总结问题解决的要点。实践证明，采用问题评议模式进行习题教学不仅可以帮助学生突破解题难关，而且可以培养学生的交流评价能力。

（二）实验验证模式

物理习题中有一类与实验密切联系的问题，包括实验题和以生活、实验为背景的计算题。对这类问题，教师可在课前翻转视频中演示全部或者部分实验过程，也可以引导学生根据题意猜想可能发生的实验现象；在课堂上通过实验让学生观察发生的实验现象，引导学生运用所学知识加以分析解答习题。教师也可以把习题涉及的实验录像放在课前翻转视频中，引导学生思考实验相关的问题，课堂上对实验现象原理、误

差等进行讨论分析，或进行与视频中实验相关的拓展训练。

采用实验验证模式进行物理习题课教学关键是多选用有实际科技背景或以真实的物理现象为依据的习题。这些习题所依托的物理情境如能在课堂上再现，让学生动脑、动手，观察思考，将有利于激发学生的学习兴趣，培养学生的探索精神，养成学生理论联系实际，实事求是的科学素养。

第三节　习题课翻转课堂教学的基本步骤

在翻转课堂中，学生的学习过程被重新建构。知识传授是学生在课前进行的，教师提供视频和针对性的测评练习，师生提供在线辅导；知识内化在课堂完成，教师必须提前了解学生的学习困难所在，合理创建合作学习环境，独立探索与合作学习结合，师生交流促进知识内化，最后由学生反思总结学习过程中的得失。

一、课前教学步骤

（一）分析学情、学习任务等

分析本节习题课涉及的陈述性知识、程序性知识和策略性知识，准确把握学生学习水平，创设适当的学习情境促进对陈述性知识的构建、对程序性知识的概括和对策略性知识的内化。

（二）设计与制作“微视频”和学习任务单

教师认真分析教学内容，根据教学内容和“最近发展区”理论，利用学生意想不到的错误，学生对某一问题的不同看法或者有趣的实验，设计一定的问题情境，采用测试习题、预习提纲、内容对比等形式结合视频内容设置学习任务单。

（三）自主预习，明确问题

学生在课前观看教学“微视频”，并完成一些针对性的问题，这些问题是用来巩固学习内容和检测学习情况的，也用来发现学生存在的疑难之处。教师利用信息技术提供网络交流支持，同时提供合适的可扩展学习的网络资源链接。学生可以通过QQ群、微信群等在线群体聊天工具，或者用电子邮箱，与教师和同学及时在线交流彼此的收获与疑问，师生之间、生生之间互动解答，对于没能在线解答的疑问，学生要及时记录下来，课前反馈给教师。教师根据教学要求，在课前整合、归纳有价值的问题待课堂上继续解决，并在此基础上精心设计适合学生合作解决的问题。这里的明确问题指教师在设计“微视频”内容时要明确学生在自主学习后应该能解决的问题，学生自主学习过程中明确自己存在什么不懂的问题，教师在课前要明确学生经在线讨论仍存在什么待解决的问题，需要设计什么样的课堂问题促进学生应用内化策略性知识。

二、课堂教学步骤

（一）交流讨论，探求方案

翻转课堂通常采用小组合作学习的形式进行交流讨论。一般按照“组内异质、组间同质”进行分组，每组设组长，课前负责汇总、记录预习问题的情况。

如果某个问题涉及的内容范围较小，就由各小组成员独立思考解决，如果个人不能解决，再和小组成员合作解决。如果某个问题涉及的内容范围较大，教师事先把问题分解为几个部分，分为小组进行合作探究式学习。

由于学生的个体差异，学生问题解决的途径不同，遇到的困难也不同，教师要在巡视中及时根据情况给予个别指导，规范学生的学习。如果发现学生对已知信息搜集不全面，教师的指导不是直接给出学生问题解决的相关信息，而是提供解决问题的相关信息的来源，让学生学会如何查阅信息。如果学生不知如何深入进行问题解决活动，就应提出能使问题不断深入的后续问题。如果发现学生解决过程中的失误，就针对失误提出引发学生思维冲突的问题。总之，不应直接给出解决方案，而是应该根据情况提出相关问题，用问题启发学生思维，激发学生思考，由小组合作形成问题解决的方案。

（二）独立尝试，应用内化

在实施问题解决的方案的过程中，不同基础的学生还会遇到不同的问题。学生经过独立实施方案，听教师的讲解是他们的迫切需要。讲解时教师要针对学生感到困难、不能统一认识的地方，点破学生认知模糊的地方；要讲教学重点，强调问题解决的关键之处；要外显概括程序性知识的思维方法。在独立应用的过程中，建构陈述性知识、概括程序性知识和内化策略性知识。

（三）迁移拓展，反思评价

练习是学生巩固知识的重要途径，学生在讨论和教师点拨的前提下，对课堂上的例题看似已经掌握，但实际上学生还可能不完全理解和掌握，因此，教师要选择合适的题目让学生独立进行课堂练习，加深学生对所学知识的理解，使学生掌握这一类问题的解题思路，能够做到举一反三。教师需要设计一些新问题，帮助学生对新知识理解更深刻，并建构起融会贯通的知识体系，实现知识的广泛迁移。新问题的设计不是简单地套用，而是对知识应用的迁移和拓展。

在解决物理问题后，反思的内容主要有：第一，分析题解的相关因素，即根据题解表达式，分析其相关物理量对题解的影响；第二，特殊状态讨论，讨论题解的特殊情况下的结论，使思维从抽象到具体；第三，一题多解，即分析问题还有无其他解答方法、还有哪些新的方法，这样有利于学生养成从不同角度去分析和解决问题的思维习惯；第四，一题多变，即改变题设条件进行解答，训练思维的灵活性和提高概括能力；第五，提炼新认知，即审视求解过程，发现在先前学习中未认知的新规律，总结同类问题的新解法；第六，总结经验教训，即思考为什么要出这道题，考察什么知识或者解题方法，我是如何探求到合适的方法的，有什么教训等。

翻转课堂与传统课堂的教学流程和教学组织形式都不同，因此评价体制也有着本质的区别。翻转课堂不但要评价学习结果，还注重对学习过程的评价，真正做到定量和定性评价结合形成性和总结性评价结合、对个人的和对小组的评价结合，自评与他评结合、师评与生评结合。

第四节　习题课翻转课堂的教学示例

本节以物理课本中“电路”中“串并联组合电路”习题课为例，阐述利用翻转课堂教学模式进行习题教学的实践过程。

一、教学目标

（一）知识与技能

1. 掌握简单串联、并联电路的规律和特点；

2. 尝试简单的电路设计，体会串、并联电阻的分压和分流作用；

3. 能应用串联、并联电路的规律和特点对简单的串并联组合电路进行分析计算。

（二）过程与方法

1. 会用分析、推理的方法进行电路设计。

2. 通过对电路设计方案的评价，感受辩证地评价事物的方法。

3. 会用画思维导图的方法分析解决问题的思路。

（三）情感、态度与价值观

1. 形成合作交流的态度，养成自我监控学习的习惯。

2. 联系生活实际，感悟电路知识的社会价值。

二、教学重点、难点

重点：串并联组合电路的分析和计算。

难点：对电路设计的评价。

三、教学资源

翻转课堂“微视频”、课堂教学 PPT、电路示教板、学习任务单。

四、教学任务分析

串并联组合电路是电路单元的学习重点，物理学业水平考试中常以选择题形式考查基础知识和电路的设计选用，以计算题形式考查电路串并联关系分析和各用电器的电学物理量之间的关系。学生在学习初中物理过程中对简单电路串联、并联的特点和规律已经掌握，本节习题课只需要把基础知识部分作为课前检测即可。任何串并联组合电路都可以简化为两种典型的串并联组合电路，熟练掌握这两种典型的串并联组合电路中各用电器的电学物理量之间的关系，是正确设计电路和解此类计算题的必要条件。因此在课前设计了对典型电路的计算，以便学生自我监控是否此处有知识障碍，或达到更加熟练的目的。电路的正确简化，是正确解决电路计算题的前提，因此把课堂任务中的电路简化部分任务放到课前供学生有更多的时间琢磨体会如何简化电路，而不至于课堂上因错误简化电路造成计算过程的无效。课堂教学中，设计电路比选用电路有更大的难度，因此为学生提供合作学习的环境，并结合生活中的实例，课堂提供电路示教板供学生体验生活中的物理。本节课设计了课前、课堂、课后学习任务单，系统串联起本节课的教学内容。

五、教学流程

（一）传统课堂的教学流程及相关说明

第一环节：复习基础知识，讲练结合。

第二环节：复习两种典型的简单串并联组合电路计算，讲练结合。

第三环节：复习电路简化方法，讲练如何简化非典型组合电路为典型电路并计算。

第四环节：课堂小结基础知识和基本方法。

（二）翻转课堂的教学流程及相关说明

第一环节：自主预习，明确问题。课前自主学习“微视频”和参考其他学习资料，在课前学习任务单引导下复习基础知识和基本方法，并进行自我检测。课前通过QQ群、微信群等在线群体聊天工具，或者用电子邮箱，与教师和同学一起及时在线交流彼此之间的收获与疑问，同学之间互动解答、讨论解决问题。课堂之初，教师根据教学要求将学生在观看视频和做课前练习中发现的问题进行整合归纳，明确设计电路的问题，要求在课堂上讨论解决。

第二环节：交流讨论，探求解决方案。先独立思考，再交流讨论设计电路的思路。

第三环节：应用内化，实施解决方案。在独立设计电路过程中，内化串并联电路基础知识和分析电路的基本方法。实施不同的设计方案，交流评价各方案的优劣之处。

第四环节：迁移拓展，反思评价。拓展到电路中的逻辑推理及理论解释、实验验证生活中的物理现象，反思对简单串并联电路特点及规律的基础知识和对串并联组合电路简化和分析方法的掌握，自评、互评在学习过程中的参与和收获。

六、教学过程

（一）课前自主学习翻转课堂“微视频”

内容包括简单电路串联、并联的特点及基本规律和简化电路的基本方法，以及生活中的用电现象。并完成学习任务单—课前学习任务单。

1. 简单电路串联、并联的特点和规律

课前任务 1：

物理量	串联电路	并联电路
电流		
电压		
电阻		
电压或电流分配		
功率分配		

课前任务 2：

已知电阻 R_1 和 R_2 串联，电路两端电压为 U，则 R_1 两端的电压 U_1=____，R_2 两端的电压 U_2=____，R_1 上消耗的电功率 P_1=____，R_2 上消耗的电功率 P_2=____。

已知电阻 R_1 和 R_2 并联，电路中总电流是 I，则 R_2 支路中的电流 I_1=____，R_1 支路中的电流 I_2=____，R_1 上消耗的电功率 P_1=____，R_2 上消耗的电功率 P_2=____。

在实际应用的电路中，大多是既包含串联电路又包含并联电路的串并联组合电路。熟练运用前面我们讲过的串并联电路的知识就可以对组合电路进行分析和计算。

2. 电路结构的分析

熟练掌握串并联电路的特点和规律，是识别和简化电路的基本出发点。简化电路的主要根据是：

（1）怎样判断两个电阻是串联的？根据串联电路中，电流处处相等，如果流经不同电阻的是同一路电流，那么为串联连接。

（2）怎样判断两个电阻是并联的？根据并联电路中，各支路电压相等，如果各支路两端分别连接，那么为并联连接。

（3）电流表理想化为电阻无穷小，看作导线短路，认为是“有电流、无电阻”；电压表理想化为电阻无穷大，看作短路。

（二）课堂教学

1. 简单电路串联、并联的特点和规律

先讨论解决课前任务单中学生有困惑的问题。

课堂任务 1：关于并联电路，下列说法不正确的是（ ）

A. 总电阻阻值必小于任一支路电阻阻值

B. 其中一支路电阻值增大时，总电阻阻值必增大

C. 增加一条并联支路时，总电阻阻值必减小

D. 并联电路功率分配规律为 P_1：P_2：P_3=R_3：R_2：R_1

课堂任务 2：

有两盏灯，灯 L_1“110V，40W”和灯 L_2“110V，100W”，请设计电路：利用其他电阻将它们接入 220V 的电源中，使得它们都能正常发光。

提示：灯 L_1 的已知信息是额定电压 U_1=____，额定功率 P_1=____；可以推算出额定电流 I_1=____，电阻 R_1=____。

灯 L_2 的已知信息是额定电压 U_2=____，额定功率 P_2=____；可以推算出额定电流 I_2=____，电阻 R_2=____。

（1）设计电路：按 4 人一组，进行讨论并画出电路图，算出所需要串联或并联的电阻的阻值。

设计思路 1——串联分压。

设计思路 2——并联分流。

（2）展示电路，交流设计思路和算电阻的方法。

（3）若使用时间相同，哪个电路更节能？

（4）哪个电路中的灯 L_1 和灯 L_2 互不影响？

2. 课堂小结

3. 布置作业

4. 教学反思

这节课是单元复习中的习题课，教师精心设计了课前、课堂、课后环环相扣的学习任务单，起到引导学习和逐层加深巩固的作用。课堂教学基于学生课前自主学习翻

转课堂“微视频”，通过思维导图形式引导学生构建该章的知识结构和复习知识点。教师设计问题：合作设计电路来练习巩固串联分压并联分流的作用，培养合作意识，并体现电路知识的社会价值。在定量计算前，学生通过画解题思路思维导图方式，感受到执果索因的逻辑推理思维方法。

本节习题课翻转课堂，因学生在课前完成了知识储备，在课堂教学之初又通过讨论解决了在课前任务中存在的问题，故课堂上学生能够自信、积极地参与教学活动。因课前发现了问题，课堂上的讨论也成了必要；因设计电路的思维过程要求较高，合作设计成为必须；因从未看到过实际生活中的电路连接，课堂上的实验探究促进理解。借助画思路图分析计算题思路，外显师生的思路，轻易突破思维障碍，清晰突出解题要点。本节习题课教学既复习了基础知识，又发展了高级思维能力，教学目标达成度较高。

第十三章

结束语

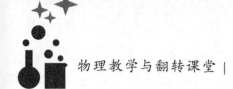

信息时代的到来，必然给学科教学改革带来挑战与机遇。从信息技术（IT）到数字技术（DT）的运用，必然推进学校课堂教学的超越。“云计算”的技术革新与学校运用，必然带来课堂教学环境的根本性变革，为中学物理教学流程再造提供现实的空间与未来的展望。翻转课堂成为“云环境”下中学物理教学流程再造必须研究的重要课题。

不可否认，环境的变化必然带来物理教学的变革。物理教学有其固有的本质，对学生的思维方式与科学精神的培育是其应当坚持的独特功能，环境的变化最终是为了凸显物理学科的本质以及为激发学生学习物理兴趣潜能的开发服务。“云环境”下中学物理教学流程再造的目的就是为了激活学生学习的主体性，培养学生的物理学科素养，而这种素养又能够使学生主动适应社会发展需求乃至促进未来社会的飞速发展。

常规课堂学习内容很难跟上物理科学的发展节奏，在数字技术与“云环境”的支撑下，我们会发现中学生能够翻转学习的内容变得丰富多彩，他们的物理学习兴趣与潜能得到最大限度地开发。通过“云环境”下的翻转课堂学习，我们会对原来中学物理教学内容、教学方式、教学手段、教学方法进行新的审视，会对自己学生的学习能量与创造意识“刮目相看”。整合数字化内容的物理知识与主题，成为学生们翻转学习的拓展领域，如“光学虚拟实验室”“现代科技与生活中的光科学与技术”“暗物质和反物质”“弦理论”等，都可以成为学生自主学习、探究的范畴。

学生们在这些新内容的翻转课堂学习中，也会不断提出了自己的创新课题与研究领域，提升与科技发展、时代接轨的物理素养，如开展“OTDR 实验系统的波形分析及应用”“利用步进电机测量光斑强度及其在光能追踪中的应用”“核磁共振成像（MRD）”等课题探究；经历了这样的学习与洗礼，我们的学生就能不断在推进物理学习与数字化内容、环境的整合下迸发出新的创新火光，形成为时代发展需要的物理素养。

在未来的数字时代，如果我们的学科教学内容不能跟上科技的发展，学生的创新能力培养从何谈起？如果我们的教学形式不能跟上科技的发展，我们的学生素养又怎样适应现代社会、科技的发展，成为未来社会的主人？因此，我们探究“云环境”下中学物理教学流程再造，开展“云环境”下的中学物理翻转课堂研究是一个造福于当代学生、当代学校教育的重要课题，是一个具有前瞻意义、适应未来中学物理教学变革挑战的重大课题，是一个深化中学教师认识数字化环境下物理教学内容与功能的核心课题。

参考文献

[1] 王海兰 . 翻转课堂在中学物理教学中的实施研究 [D]. 山东师范大学 ,2018.

[2] 付财婷 . 翻转课堂在初中物理概念教学中的应用研究 [D]. 四川师范大学 ,2017.

[3] 李岩 . “互联网 +” 时代下翻转课堂的价值——微课、慕课及翻转课堂对中学物理教学的意义 [J]. 现代交际 ,2016（17）:183–182.

[4] 尹雪奇 .“翻转课堂”在中学物理教学中的实践与反思 [D]. 哈尔滨师范大学 ,2017.

[5] 徐小红 . 基于翻转课堂的中学物理教学设计及实效研究 [D]. 陕西师范大学 ,2017.

[6] 王磊 . 翻转教学环境下中课堂管理的实践研究 [D]. 宁波大学 ,2017.

[7] 洪炎红 . 视频分析技术在中学物理教学中的应用研究 [D]. 云南师范大学 ,2017.

[8] 刘俊 . “翻转课堂” 教学模式在中学物理规律教学中的应用研究 [D]. 云南师范大学 ,2017.

[9] 方照明 . 中学物理实验教学中翻转课堂教学模式的研究 [D]. 南京师范大学 ,2017.

[10] 杨煦程 . 翻转课堂在中学物理教学中的应用研究 [J]. 中国校外教育 ,2016（32）:193.

[11] 马鹏 . “翻转课堂” 教学模式及其在初中物理教学中的应用 [D]. 华中师范大学 ,2016.

[12] 濮晨香 . 翻转课堂在中学物理教学中的应用 [D]. 苏州大学 ,2016.

[13] 王晶莹 , 张跃 . 基于建模机制的中学物理翻转课堂教学效果研究 [J]. 电化教育研究 ,2016,37（09）:116–122.

[14] 李有余 . 浅议“翻转式”课堂在中学物理教学中的应用 [J]. 黑龙江科技信息 ,2016（19）:75.

[15] 吴双 . 基于翻转课堂的中学物理教学法的教学模式建构 [A]. 当代教育评论 2016（第 3 辑）[C].2016:4.

[16] 黄娇 . 基于翻转课堂的中学物理教学设计研究 [D]. 四川师范大学 ,2016.

[17] 张亚玲 . 基于微课资源的初中物理翻转课堂教学案例设计与实践研究 [D]. 合肥师范学院 ,2016.

[18] 王正平 , 罗光 , 范思思 . 翻转课堂模式引入物理教学的必要性思考 [J]. 潍坊工程职业学院学报 ,2016,29（01）:102–105.

[19] 张启 . 趣味物理实验在中学物理教学中的实践运用 [J]. 科学大众（科学教育）,2015（12）:9.

[20] 翟小铭 , 郭玉英 , 陈颖 . 中学物理核心能力要求的百年沿革与展望——基于课程标准和教学大纲目标文本分析 [J]. 课程 . 教材 . 教法 ,2015,35（09）:59–67.

[21] 李刚 , 张小巍 , 侯恕 . 中学物理教学方法现状调查与实用分类 [J]. 教学与管理 ,2015（18）:108–110.

[22] 唐香玉 , 邓昭友 , 陈鹏 , 唐利强 . 中学物理教学内容中的前沿知识分类探讨 [J]. 当代教育理论与实践 ,2015,7（06）:9–12.

[23] 黄娇 , 张廷蓉 . 中学物理翻转课堂教学模型设计 [J]. 广西物理 ,2015,36（02）:51–54.

[24] 朱智文 . 中学物理教学中数学方法的应用研究 [D]. 赣南师范学院 ,2015.

[25] 陈常芬 . 基于翻转课堂的中学物理教学设计探究 [D]. 江西师范大学 ,2015.

[26] 陈培隽 .“翻转课堂”在中学电磁学教学中的应用研究 [D]. 上海师范大学 ,2015.

[27] 田艳 . 初中物理“翻转课堂”教学设计及实践研究 [D]. 上海师范大学 ,2015.

[28] 孙爽 . 中学物理微课的设计与开发 [D]. 山东师范大学 ,2015.

[29] 王敏 . 翻转课堂教学模式对初中生物理实验思维深刻性的影响 [D]. 广西师范大学 ,2015.

[30] 翁宗琮 . 翻转课堂模式在中学物理校本培训中的应用 [J]. 软件导刊 ,2015,14（03）:152–154.

[31] 连清阳 . 中学物理教学渗透科学方法教育的问题与对策 [J]. 科教导刊（上旬刊）,2014（11）:149–150.

[32] 和清霖 , 李随源 . 前概念对中学物理教学的影响及对策分析 [J]. 焦作师范高等专科学校学报 ,2014,30（03）:69–72.

[33] 陈红 . 浅谈中学物理教学与信息技术的有效结合 [J]. 电脑知识与技术 ,2014,10（16）:3948–3952.

[34] 谢娅 . 中学物理翻转课堂教学理论及实践研究 [D]. 华中师范大学 ,2014.

[35] 孙海玲 . 浅析物理实验在中学物理教学中的作用 [J]. 现代阅读（教育版）,2013（02）:175.

[36] 黄学奇 . 中学物理教学中的问题情境创设 [J]. 教育教学论坛 ,2014(11):199–200.

[37] 李化南，张健．物理模型在中学物理教学中的应用 [J]. 菏泽学院学报 ,2013,35（05）:113–115.

[38] 刘廷军．中学物理教学中学生思维能力的培养 [J]. 黑河学刊 ,2013（04）:108–115.

[39] 汪海．中学物理实验教学的价值及策略 [J]. 教育理论与实践 ,2012,32（35）:59–61.

[40] 李光辉，吴松安，李文斌．大学物理教学对接中学物理的探讨 [J]. 当代教育理论与实践 ,2012,4（09）:84–86.

[41] 朱铁成，张晶．中学物理"生活化"教学的策略 [J]. 教育科学研究 ,2010（01）:62–64.

[42] 王杰，尹钊．趣味物理实验在中学物理教学中的应用 [J]. 科教文汇（中旬刊）,2009（08）:201–202.

[43] 陶宏义．新课程标准下中学物理教学的思考 [J]. 湖北师范学院学报（自然科学版）,2009,29（01）:87–91.

[44] 许红，王建中．在中学物理教学中渗透物理思想教育 [J]. 高等函授学报（自然科学版）,2007（03）:16–18.

[45] 兰智高，周宏弟．中学物理探究性教学现状及其影响因素的调查 [J]. 黄冈师范学院学报 ,2006（06）:90–94.

[46] 李春密，王丽芳，李多．新课程理念下中学物理教师对教学技能需求情况的调查研究 [J]. 课程．教材．教法 ,2006（09）:67–70.

[47] 张海涛．中学物理教学中表现性评价的设计与实施 [J]. 教育科学研究 ,2006（05）:26–28.

[48] 曾志旺．探究性学习在中学物理教学中的应用 [J]. 学科教育 ,2001（09）:22–25.

[49] 乔际平，孙海滨．中学物理教学中的 STS 教育 [J]. 首都师范大学学报（社会科学版）,2000（04）:113–118.